石《いし》谷《がい》家《け》文書
将軍側近のみた戦国乱世

浅利尚民
内池英樹【編】

吉川弘文館

はしがき

林原美術館が所蔵する石谷家文書は、ながらく日の目を見なかったが、開館五〇周年記念企画展に向けて所蔵品の調査をおこなっていたところ、歴史的意義の高い文書群であることが判明した。全三巻四七点からなり、大別して①長宗我部元親に関するもの、②本能寺の変前後のもの、③その他の戦国武将や石谷家の由緒・権利関係などに関するものが含まれている。

石谷家文書は、石谷光政（生没年不詳）・頼辰（?～一五八六）の親子二代にわたる文書群で、彼らは第一三代将軍足利義輝の奉公衆として仕えた。光政の娘が長宗我部元親に嫁ぎ、また頼辰の実弟は明智光秀重臣の斎藤利三であるなど、重要な局面に立ち会ったことが想定される。一六世紀半ばの戦乱の時代状況をよく伝え、とくに本能寺の変直前の長宗我部元親から斎藤利三宛の書状などは、いまなお謎につつまれたままの本能寺の変の原因を解き明かすカギとなりうるものだろう。

よって、本書では、石谷家文書三巻の全容を明らかにするために、収載されている書状四七通のすべての写真とその翻刻を掲載し、解説を付して出版することにした。本書刊行によって、さらなる戦国期研究の進展に寄与できるならば、望外の喜びである。

目次

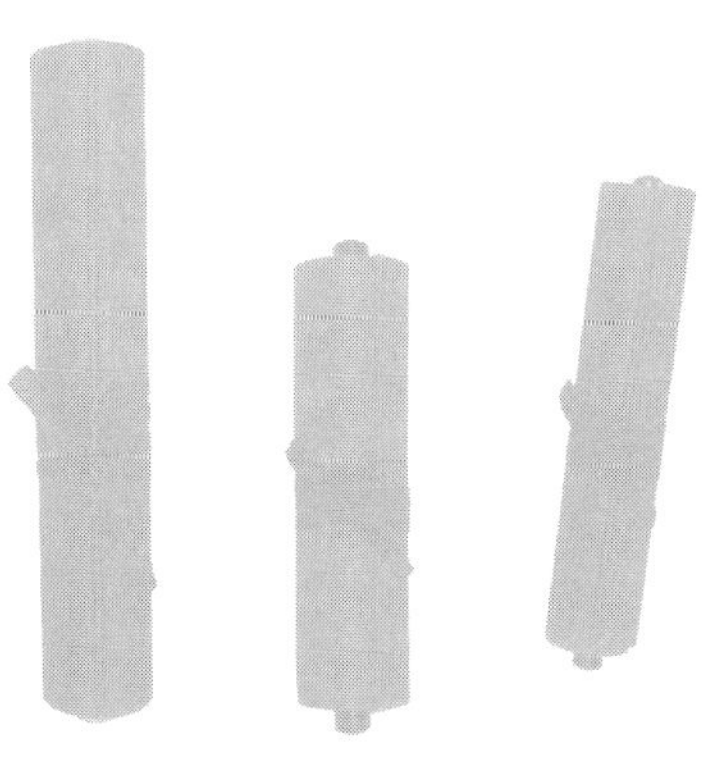

史料編細目次

1 林原美術館什物

浅利尚民

平成二六年六月二三日、林原美術館と岡山県立博物館が共同で、「林原美術館所蔵の古文書研究における新知見について—本能寺の変・四国説と関連する書簡を含む—」と題した記者発表をおこなった。当日はマスコミ一三社から三〇名の取材陣が、林原美術館のロビーに集結した。石谷家《いしがいけ》文書が、長い眠りから覚めて現代によみがえった瞬間だった。その後数ヶ月を経て、歴史関係の雑誌をはじめ、戦国時代の研究者の著書に石谷家文書の内容の一部が引用されはじめ、徐々にこの文書の影響があらわれてきている。今後、さらに研究が進んでいけば、石谷家の人々の活躍した様子が、ドラマや小説、漫画などで取り上げられ、一般の方々にも広く認知され、従来の歴史の見方を変えていくことになる可能性が高い。石谷家文書は、そのような可能性を秘めた重要な文書である。

そのため、この文書を世に送り出した当事者の一人として、文書の発見から発表にいたる経緯を、正確な記録として残すことにしたい。ここでは石谷家文書の内容に入る前に、①石谷家文書を所蔵している林原美術館の略歴と収蔵品の概要、②石谷家文書の発見と発表に至るまでの経緯、③石谷家文書の現状と伝来、④石谷氏の概略の四つの事項について簡単にまとめてみたい。

林原美術館の略歴と収蔵品の概要

一般財団法人林原美術館は、昭和三九年（一九六四）一〇月一日に開館した私立美術館である。

国宝三件、重要文化財二六件を含め、資料の収蔵件数は約一万件にのぼる。林原美術館の収蔵品は、岡山県の実業家の林原一郎氏《はやしばらいちろう》（一九〇八～六一）によって蒐集されたものがほとんどで、その内訳は林原氏が個人的な審美眼で蒐集した個人コレクションと、昭和二六年に旧岡山藩主池田家からまとめて引き受けた、池田家伝来の大名調度品（池田家旧蔵品）とに大別できる。

池田家旧蔵品に関しては、収納されている外箱に、明治～昭和二〇年頃までに池田家で整理した際の整理札が付されており、内容も池田家に関することが多いため、一見して判別が可能である。また近代池田家の家政《かせい》機関が残した関連史料も、岡山大学附属図書館所蔵池田家文庫に現存しており、近代以降の池田家で所蔵していた文化財の整理過程や分類方法も明らかになってきている。

一方、林原一郎氏の個人コレクションは、同氏のもとに出入りする道具商などから購入していたようであるが、いつ、どんな筋から、どのような種類のものを入手していたのか、残念ながら詳細は不明である。ただしコレクションの蒐集時期は、太平洋戦争が終結した昭和二〇年八月ごろから、同氏が没した昭和三六年四月までの間に集約されると考えられる。そのため石谷家文書は、この期間のどこかで、林原氏を訪れた人物によって同氏に納められ、コレクションに加えられたものと推定される。現状、箱の中には文書の釈文や解説などは入っておらず、同氏が石谷家文書になぜ興味を示したのか、また実際に箱の中を開いて見たことがあるのかも判然としない。

同氏の没後、他の多くの文化財とともに、石谷家文書は林原美術館の収蔵品となった。なお石谷家文書は、林原美術館の収蔵庫で全くの未確認資料として眠っていたわけではなく、収蔵品目録にきちんと記載されていた資料であったことを、あらかじめお断りしておく。目録では「邦画」というカテゴリーに属しており、内部的な資料名は「石谷古文書」であった。通常、「邦画」は文字通り日本で描かれた絵画が属するカテゴリーである。しかし現状では、石谷家文書のように一部の文書（文字）史料が「邦画」に分類されているのだが、その経緯は不明である。林原美術館でおこなった過去の調査結果を記した調書などによれば、石谷家文書は過去に三回調査されたことがわかっている。一度目は一九八〇年代後半で、この時は収蔵する「邦画」の調査時だったため、絵画の専門家によるものだった。そのため、A・B・C・Dの四段階評価のうち、下から二番目の「C」（資料性のあるもの）という評価に留まっている。二回目は一九九〇年代前半で、書の専門家による調査だったが、この際も「C」（展示にはやや不向き、資料性のあるもの）という評価だった。この頃の林原美術館で開催する展覧会は、美術館らしく見て美しい資料を中心におこなわれていたと聞いており、そのような方針も影響したのかもしれない。三回目は二〇〇〇年代前半で、このときは収蔵品の悉皆調査をおこなった。この調査には筆者も参加していたが、資料の所在確認と目録の作成が主な目的であり、個別の資料内容の精査には至らなかった。このように三度の調査を経ても、石谷家文書は日の目を見ずに、収蔵庫にただ保管されている状態であった。

石谷家文書の発見と発表に至るまでの経緯

状況が変わったのが平成二五年九月、筆者が担当していた企画展の資料調査中に、全三巻・四七点からなる石谷家文書の重要性を初めて認識し、岡山県立博物館の内池英樹氏に連絡した。これを契機に文書の調査に着手し、内池氏の昭子夫人とともに、三人で書状の内容を精査していく日々が続いた。この間、当館開館以来の五〇年間で開催した三四〇回をこえる展示目録をひもといても、目録に「石谷古文書」やそれに類した資料名を見つけることはできなかった。

同年一一月末、内池氏が長宗《ちょうそ》我部《かべ》元親《もとちか》書状に関して高知県立歴史民俗資料館の野本亮氏に相談。一二月には、林原美術館と岡山県立博物館とで正式に共同調査することとなった。翌二六年一月に内池夫妻と筆者が高知県立歴史民俗資料館を訪問し、野本氏に長宗我部元親書状四点を写真で確認していただいた。同年二月、野本氏が来岡し林原美術館にて同書状を実見。同月、野本氏、内池夫妻、筆者の四名で高知大学の津野倫明氏を訪ね、元親書状四点の写真を確認していただいた。最終的には、六月に津野氏にも林原美術館で当該文書を実見していただいた。同月一七日、岡山県立博物館を通して岡山県教育記者クラブに、一週間後に石谷家文書に関する記者発表をおこなう旨と、その概略を記したお知らせを投げ入れた。またこの中で、本書状群の名称を、館内の目録に記載されていた「石谷古文書」から、「石谷家文書」と改めることにした。

そして同月二三日、林原美術館からは谷一尚館長と筆者、岡山県立博物館からは谷名隆治館長と内池氏が出席し、記者発表をおこなった。この記者発表では、石谷家文書のうち史料3・18・19・20・32・40・42の七点を紹介した。そして七月一九日に開催した林原美術館特別展「武士のダンディズム」で、石谷家文書の史料18・19・31・32・40・41の六点を初公開した。林原美術館が開館してから実に四九年九ヶ月を経てのことであった。

石谷家文書の現状と伝来

石谷家文書は桐材を用いた印籠蓋造《いんろうぶたづく》りの箱（縦三九・〇センチ×横二三・四センチ×高九・八センチ）に収納されており、蓋表には「石谷　御文書　三巻」との墨書があるが、それほど古い箱には見受けられない。文書は巻子本三巻に表装されており、第一巻（縦二一・八センチ×横八八〇・四センチ）に一七点、第二巻（縦二一・八センチ×横九二五・〇センチ）に一七点、第三巻（縦三二・〇センチ×横七八二・〇センチ）に一三点、計四七点におよぶ。第一巻と第二巻には主に天正年間の書状が、第三巻には主に天文～永禄年間の書状が貼り付けられている。巻子本の表具裂《ひょうぐぎれ》は、幕末期以降に多く見られるものであり、三巻とも同じ裂を用いている。第一巻、第二巻の書状の多くは、切紙《きりがみ》や続紙《ぞくし》を用いていることも、この文書群の特徴である。第三巻のみ、折紙《おりがみ》をそのまま張り込めるよう縦幅が長くなっており、軸端も他の二巻とは異なり象牙を使用している。このことから、本文書を現在のように表具した際には、第三巻に納められた書状が最も重要であると認識されていたことがわかる。事実、第三巻は他巻に比して文書の年代が古く、室町幕府奉行人連署奉書《ぶぎょうにんれんしょほうしょ》や、石谷家の有していた権益に関する内容のものが含まれている。書状が貼り付けられた台紙は質の良いものではなく、現状では大きく波打っている箇所もある。おそらく明治時代以降の紙と推定される。書状は、台紙の中央より少し下、具体的には書状の下端と台紙の最下部の隙間の大きさを一とすると、上部は約二・五倍の広さを設けて貼り付けられているが、これは中央に貼るよりも美しく見えるためである。いつこのような状態に整理されたのか、正確なところは不明である。なお、ほぼすべての書状裏面の四辺のへり紙が、本紙より少し大きい状態で残っているため、現在のように表装される以前にも一度巻子装に表装されていた可能性があることを指摘しておきたい。ただし書状の本紙と台紙がともに文化財害虫の被害にあっている箇所もあるため、現在のように表具されてからも、ある一定の時間は経過しているものと考えられる。

　このように、表具裂や使用されている台紙の材質は、おおむね明治時代以降を示しているため、元の所蔵者（現時点では幕臣として存続していた斎藤家を推定している）のもとを離れたのは幕末から明治ごろと推定しておきたい。では当初の所蔵者は、この文書群をどのように扱っていたのだろうか。限られた痕跡から推定してみたい。

　近世の大名家が所蔵していた文書類は、什器《じゅうき》（＝調度品・宝物）と記録（＝藩政資料・記録資料）に大別される。什器とは、家の宝物であり、掛軸や巻子本などに仕立てられ桐箱に収納されているものが多く、鑑賞することも視野に入れて作成される。後述する記録の中から、特に文書の場合、藩主らが家の由緒《ゆいしょ》に関する重要な史料だと判断し、もともとは記録として管理していたものを、什器に変更する場合もある。一方、記録とは、家に関する古記録として伝来し、表具はされないことが多い。現状、推定される当初の所蔵者（斎藤家か）は武家であるため、このような視点から考えると、明治以前まではおそらく記録として大切に家で保存されていたと思われる。本文書群には、他の古文書などで写しが伝わっていないものが多いことも、このことを裏付けているといえよう。その後、同家を離れたのちに、入手した人物らによって一度巻子装に仕立てられ、さらにそれをはがして表装しなおして現在のようになったものと思われる。

石谷氏について

ここでは古田憲司氏の先行研究に導かれながら（注1）、石谷氏の概略をまとめてみたい。石谷氏とは、室町幕府の奉公衆（将軍の側近）で、美濃国方県郡《かたがたぐん》石谷（現、岐阜市石谷）に本領を有する土岐《とき》氏の一族である。石谷とは、岐阜の伊自良川《いじらがわ》と長良川《ながらがわ》の合流地点から八キロほど逆のぼった、急峻な岩山に挟まれた集落で、現在もその地名が残っている。

嘉慶元年（一三八七）一二月二五日に美濃・尾張・伊勢三国の守護だった土岐頼康《よりやす》が没した後、甥の土岐康行《やすゆき》が守護につくと、足利義満《あしかがよしみつ》が康行を挑発し、いわゆる土岐康行の乱（美濃の乱）がおきる。この乱の最中、嘉慶三年二月七日の「足利義満袖判《そではん》御教書《みきょうじょ》」で、足利義満は土岐石谷遠江守氏久に莚田《むしろだ》庄と石谷郷の地頭職を安堵《あんど》している。このことは、石谷氏が幕府側についたために、その恩賞として所領を安堵されたものと理解できる。その後の幕府と石谷氏との関係を考慮すると、この時から石谷氏は幕府の直接の家来、つまり奉公衆になったと考えられている。

奉公衆とは、御家人のうちお目見え以上の直勤御家人のことで、土岐一族は石谷氏を含めて一八～二〇家を数え、奉公衆の中では最多だった。奉公衆の名前を記した「文安年中御番帳」には「土岐石谷孫三郎」、「永享以来御番帳」には「土岐石谷孫九郎」、「常徳院殿様江州御動座当時在陣衆着到」には「土岐石谷兵部少輔」、「東山殿時代大名外様附」には「石谷兵部大輔」が、いずれも四番衆《よんばんしゅう》として記されている。つまり石谷氏は、代々四番衆として仕えており、「孫三郎」または「孫九郎」を名乗り、「兵部少輔」もしくは「兵部大輔」の官名をつけていたことが知られる。また「永禄六年諸役人付」には、「御小袖御番衆《おんこそでごばんしゅう》」として石谷兵部大輔光政《みつまさ》、外様詰衆《とざまつめしゅう》以下に石谷孫九郎頼辰《よりとき》（兵部少輔）が記載されている（『群書類従』第二九輯）。このことから石谷光政・頼辰父子は、第一三代将軍足利義輝《あしかがよしてる》（一五三六～六五）の奉公衆として仕えていたことがわかる。御小袖御番衆とは、足利氏の重宝御小袖の鎧《よろい》を安置した御小袖間を守る番衆のことで、奉公衆の中でも忠実な者一〇人ほどが選ばれていた。外様詰衆は、将軍寝所の次の間に詰める任務を足利一門がおこなっていたが、それを一門以外の外様で勤めた者を意味する。つまり石谷光政・頼辰ともに、将軍からの信頼が厚い人物だったといえる。なお「土岐系図」（『系図纂要』）や日記、古文書などの史料からは、石谷家の系図はおおむね左記のようになると考えられている。

親衡（慈房）―義氏―頼実―頼久―氏久―光久―淳久―行久―頼久―□□―□□（高信）―光政
┗頼辰―加兵衛

このように足利義輝に仕えていた石谷光政・頼辰だが、永禄八年（一五六五）五月一九日に、義輝が松永久秀《まつながひさひで》に襲われ自害する事件が起こる。この時、多数の奉公衆が義輝と運命をともにしたが、光政と頼辰は運よくこの危機を乗り越えたようである。その後の二人の動向には不明な点が多いが、『言継卿記《ときつぐきょうき》』には永禄九年三月から、頼辰が頻繁に山科言継宅を訪れる様子が記されており、永禄一一年九月までは頼辰の足跡を確認できる。その後、永禄一一年から一二年にかけて、頼辰は本領である美濃に戻ってきていたが、第一五代将軍の足利義昭《よしあき》には奉公していなかったようである。『言継卿記』の永禄一二年七月一三日によれば、山科言継が織田信長の招きで岐阜を

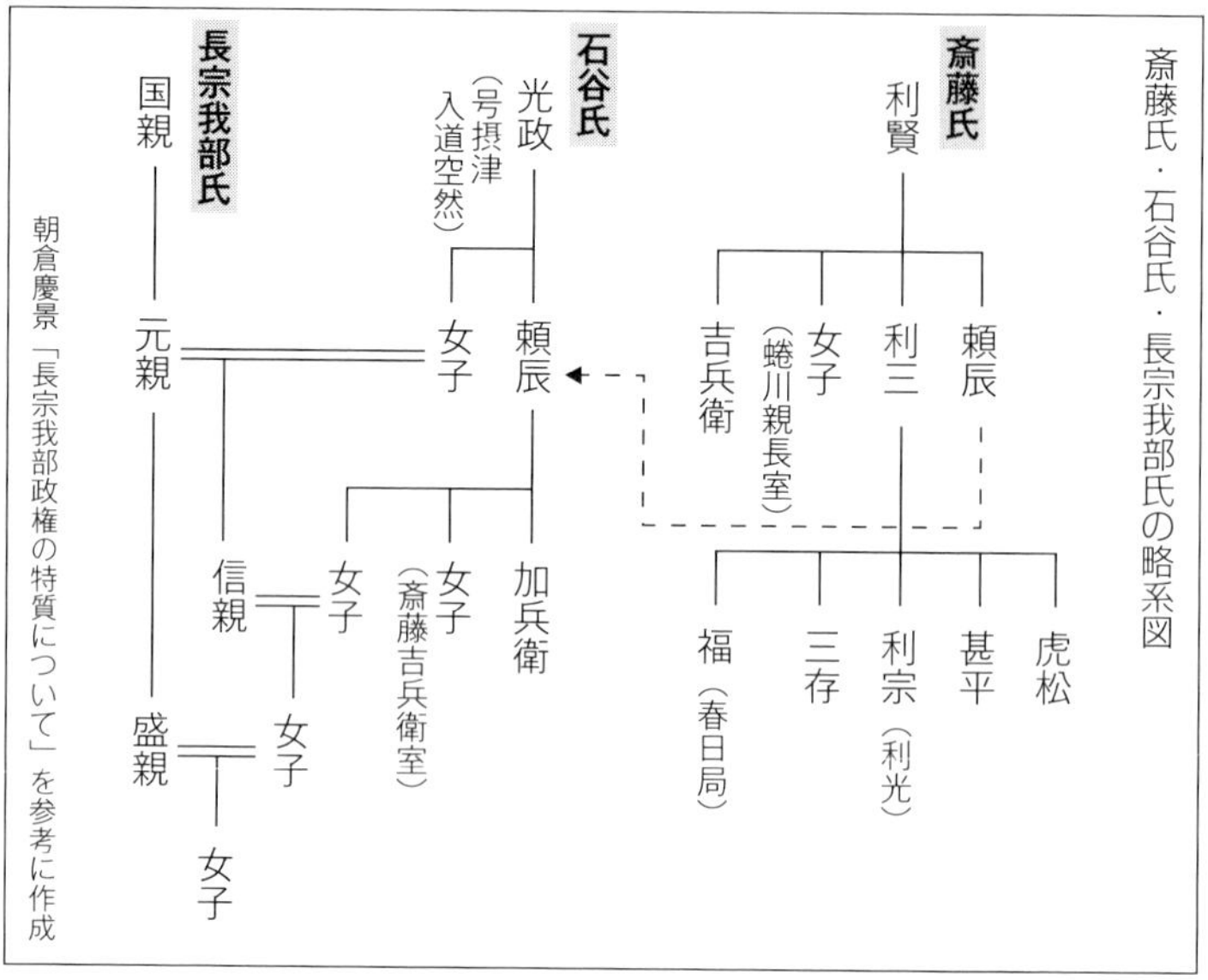

斎藤氏・石谷氏・長宗我部氏の略系図
朝倉慶景「長宗我部政権の特質について」を参考に作成

訪れた際、牢人していた頼辰と偶然会っており、雑談を交わしたことが記されている。

ここで石谷光政・頼辰二代の血縁関係について触れたい。先学の研究ですでに明らかになっているように、「斎藤氏系図」（「蜷川《にながわ》家文書《けもんじょ》」所収）によると、石谷光政の跡を継いだ頼辰は光政の実子ではなく、斎藤伊豆守利賢《としかた》の息子であり、頼辰は養子として石谷家を継いだのであった。[注2] この頼辰の実の弟が、後に織田信長重臣の明智光秀《あけちみつひで》（?～一五八二）に仕えた、斎藤利三《としみつ》（一五三四～八二）である。話は前後するが、永禄六年に、土佐の戦国大名である長宗我部元親と石谷光政の娘が結婚している。元親が石谷光政の娘と結婚した理由については、現時点では不明であるが、石谷家・斎藤家・長宗我部家との間は略系図のような関係になっていた。つまり三つの家は互いに親戚で、濃密な血縁関係によって支えられていたのである。いつのころからかは不明だが、光政が娘婿にあたる元親の側に居住していたことも、石谷家文書に含まれた彼に宛てられた書状などからわかっている。

頼辰は牢人を経て、時期は不明だが明智光秀に仕えていた。実弟である斎藤利三の強い後押しがあった可能性もある。そして石谷家文書の史料19・32で、明智光秀や斎藤利三、そして長宗我部元親の使者として、織田家と長宗我部家の命運を握る書状を運んでいたことが明らかになった。このことは、これまでは謎に包まれていた頼辰が、大きな歴史的役割を果たしていたことを示している。石谷家文書によって、石谷光政・頼辰父子が、史料的

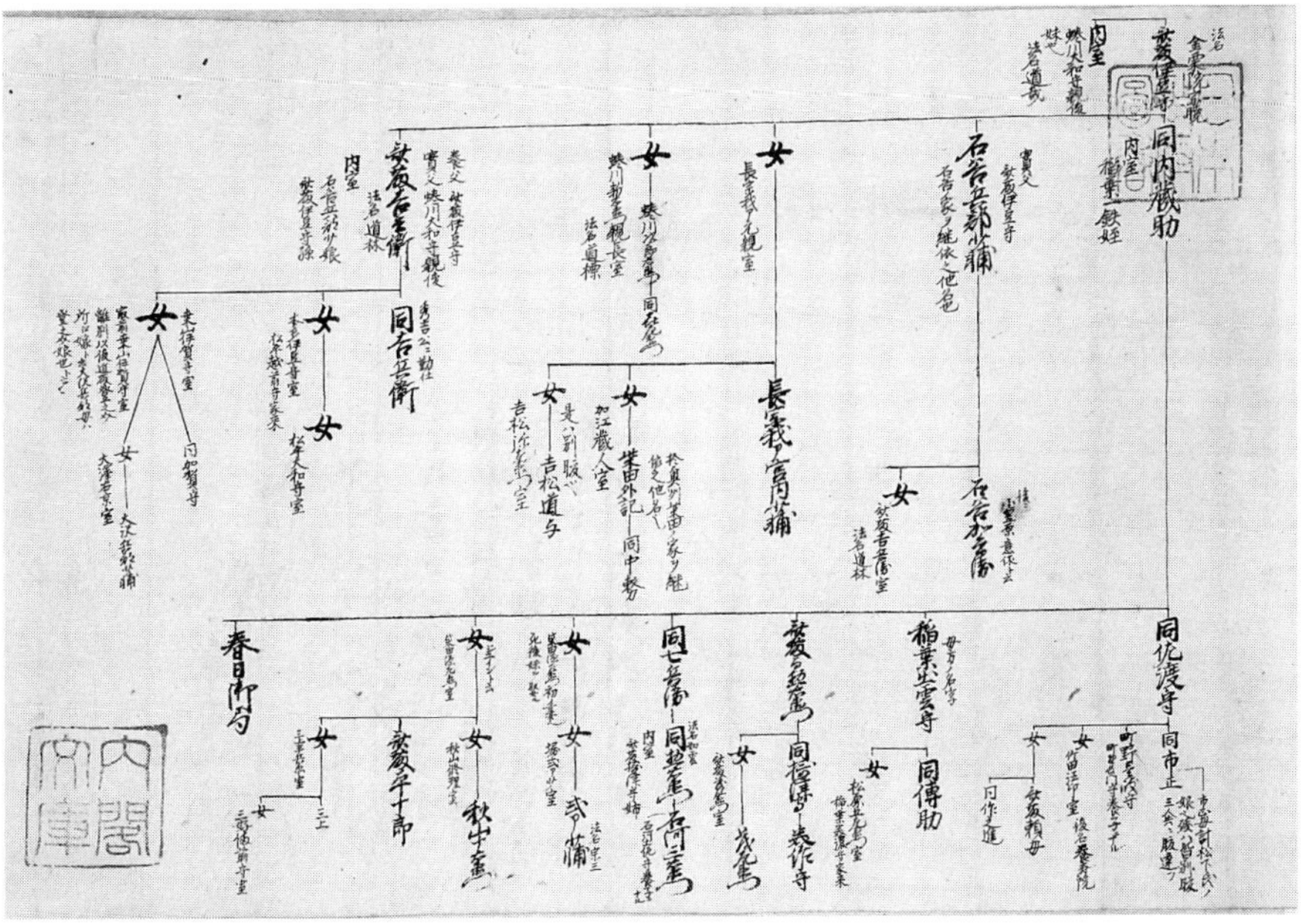

長宗我部氏系図（「蜷川家文書」国立公文書所蔵）

な裏づけをともない、血の通った戦国時代の武将として、歴史の表舞台によみがえったのである。

天正一〇年（一五八二）六月二日に発生した本能寺の変の直後に、明智光秀軍と羽柴秀吉軍が戦った山崎の戦いを経て、光秀や利三が相次いで没したことは、石谷家にとっては大きな打撃だったであろう。その後の頼辰は、土佐の長宗我部元親のところへ身を寄せたことがわかっている。おそらく美濃の石谷郷を捨て、安全な場所へ避難してきたのだろう。なおこのとき、親族である稲葉《いなば》一《いっ》鉄《てつ》と、斎藤利三の息子の行方についてやり取りしている書状（史料31）も、石谷家文書には含まれている。当時の血縁関係の強さや、家族のあり方を知ることができる貴重なものである。石谷家が土佐に移ってから、光政は舅として、頼辰は義兄として、元親から厚い信頼を得ていた。長宗我部検地帳によれば、石谷家は岡豊《おこう》城の真下の重要な場所に屋敷を構え、頼辰には所領として四四町あまりが与えられていた。

天正一三年春、長宗我部元親は四国の統一まであと少しと迫っていたが、同年三月に羽柴秀吉が紀州を平定すると、秀吉から伊予と讃岐の返納命令が出された。伊予の返納で和を結ぼうとした元親だったが、秀吉は許さず、

長宗我部元親木像（秦神社所蔵）

弟の羽柴秀長を総大将とする一〇万の軍勢を派遣した。同年七月二五日、元親は降伏し、土佐一国を安堵された。翌一四年、全国統一を遂行する秀吉の命で、九州の島津家《しまづけ》攻略のために元親も遠征した。同年一二月、島津家と激突した戸次川《へつぎがわ》の戦い（大分県大分市）で、元親嫡男の信親《のぶちか》と、信親の舅となっていた石谷頼辰が激戦の末に戦死した。信親はまだ二二歳の若さだった。この一ヶ月後、縁者の者に宛てた元親の悲しみながらも冷静さを保ってしたためた書状（史料20・21）も、石谷家文書に含まれている。

慶長四年（一五九九）五月一九日、元親が没した。その後の長宗我部氏は、元親四男の盛親《もりちか》（正室は長宗我部信親と石谷頼辰の娘との間の子）が跡を継ぐが、翌慶長五年の関ヶ原の合戦では西軍につき領国を没収された。慶長一九年と二〇年におこなわれた大坂の陣でも、盛親は豊臣方に属し敗北した。この間、石谷家の人々がどのような状況下に置かれていたのか、詳細は不明であるが、石谷氏の活動を伝える痕跡はこのころを境にして途絶えた。それからほぼ四百年の時を経て再発見された石谷家文書は、歴史に埋もれていた石谷家の活動の詳細を我々に示してくれている。

2 石谷家文書の概要

内池英樹

四七通の書状は、天文四年（一五三五）から天正一五年（一五八七）の約五〇年間に書かれたもので、天正年間の前後で大きく分けることができる。

天正年間以前の書状

天正年間以前の書状（史料22・24・35〜47）一五通は、ほぼすべてが室町幕府奉公衆としての石谷家の収入や権限を、幕府奉行人や三好長慶《みよしながよし》らが追認するものとなっていた。これまでにも、石谷氏の経済基盤などを断片的に知ることはできていたが、石谷家文書の発見によって、より具体的に奉公衆石谷氏の収入や権限を把握できるようになった。

たとえば、天文四年の室町幕府奉行人連署奉書（史料35）が、石谷家文書では一番古い。幕府奉行人布施元通・飯尾為時が石谷光政に宛てて、光政の父高信《たかのぶ》に認められていた伊勢国富永筑後守富春の番代銭を保証するものとなっている。史料35以外からは、伊勢の番代銭以外に洛中洛外の塩合物《しおあいもの》、高荷公事役《たかにくじやく》、木幡役所《こはたやくしょ》等、周辺地域から京都へ入ってくる関銭《せきせん》が記されており、関銭等の運上が石谷氏の主な収入であったと考えられる。したがって、これらの奉書は、石谷氏の経済基盤の由緒を物語るものともいってよいだろう。

室町幕府奉行人以外では、三好長慶や十河一存《そごうかずまさ》ら三好氏から石谷光政に出された書状（史料22・24・40・41・44〜47）や、細川晴元奉行人飯尾為清も含まれている（史料37・38）。

天文二二年一〇月に、石谷光政と公家の葉室頼房との間で、桂西《かつらにし》庄新坊分《しんぼうぶん》をめぐって争論が起こった。天野忠幸氏の仕事からまとめると、前年に足利義輝によって石谷光政は安堵されてい

三好長慶像（聚光院所蔵）

足利義輝像（国立歴史民俗博物館所蔵）

たにもかかわらず、葉室頼房が山科言継の協力を得て、三好長慶による裁許を得ることに成功した（注3）。

石谷家文書は、数通の三好長慶やその政権に関係する書状が含まれている。発給年が現時点では不明のため、はっきりとはわからないところもあるが、葉室氏との争論の前後に出された長慶実弟の十河一存の書状（史料41）を見てみると、石谷氏に安堵された職を守るように家中に伝えた旨の、十河一存から三好長慶への返事であろう。

また、史料22は三好氏家臣の一人である松山重治が石谷光政に対して、三好長慶と面談。木幡口の役所の直務を仰せつけられたことを述べている。さらに、この内容が長慶の被官小泉秀清から申し下されることが明らかである。このようにしてみると、石谷家文書の奉行人連署奉書や三好氏関連の書状からは、三好氏がどのように政権運営をおこなっていたのかも含めて、多くのことを知ることができる。

史料42は、木幡口代官職に関する訴訟に関するものである。土岐家文書に収録されている永禄五年（一五六二）三月一〇日付奉行人連署奉書（今谷明・高橋康夫編『室町幕府文書集成奉行人奉書篇』三八七一）と、史料42は同日付である。土岐家文書で、石谷孫九郎（頼辰）宛に代官職を認めたことが述べられているが、史料42では役所に対して石谷の職を認めたことを伝えるものとなっており、室町幕府においてどのように通知が実行されたのかを知ることができる。

永禄八年に、足利義輝が三好三人衆によって殺害されたとき、石谷親子は戦死することはなかった。翌九〜一〇年には石谷頼辰が足繁く、山科言継のもとを訪れている（『言継卿記』）。永禄九年閏八月二八日には「石谷孫九郎被来、土州長宗□《(我)》部相尋之、手日記七八ケ条被尋之」とあり、頼辰と長宗我部氏の交流があったようだ。石谷氏と長宗我部氏との密接な関係は、石谷光政娘と長宗我部元親の婚姻によるものではあるが、両者がどのような経緯でつながりを持てたのかは現時点で不明である。

現在の岐阜城復興天守

ただし、土佐国内に細川氏一族とされる石谷民部少輔がおり、奉公衆の石谷氏と何らかの関連性があることも想定される。今後、土佐国の石谷氏の様子が明らかになっていくと、長宗我部氏と奉公衆石谷氏とのつながりの経緯がより明瞭になってくるだろう（コラム7を参照されたい）。

史料43は、永禄一一年三月六日に出されている。石谷頼辰が三好政権下で、信長が足利義昭を率いて上京するまで京都にいたことを示すものではないかと考えられる。そして、翌年七月一三日の『言継卿記』には、山科言継が岐阜城下で頼辰と出会ったことが「奉公衆石谷兵部少輔牢人、当国近所之由」と書かれ、頼辰が浪人して、美濃国へ帰っていたことを伝えてくれる。今後の研究を俟つしかないが、石谷頼辰は足利義輝死亡後、三好氏政権下に所属し、信長が足利義昭を奉じて上京したことによって浪人し、美濃へ逼塞《ひっそく》したのではないだろうか。永禄一二年以降の頼辰の動向は不明だが、天正年間の早い段階で、実弟斎藤利三とともに明智光秀の下にいたのではないかと考えられる。

天正年間の書状

永禄一二年に石谷頼辰は浪人となっていたが、父光政は天正年間までに土佐へと下向していたようである。京都の公家や武家とのつながりを有する石谷光政（空然《くうねん》）や蜷川親長《ちかなが》（道標《どうひょう》）の土佐への下向は、長宗我部元親と京都の政治勢力とのつながりを強いものに変えていった。

天正元年（一五七三）年と推定される史料7と、同三年と推定される史料14～16の三通の書状は、土佐中村を本拠とした一条内政《いちじょううちまさ》のことを記しているものである。天正元年に一条兼定《かねさだ》が土佐を追い出されて、豊後国の大友氏の所に身を寄せたのをきっかけに、同二年に長宗我部元親によって一条内政が当主として推戴《すいたい》された（大津御所《おおつごしょ》体制）。一条内政の名は、京都にいた一条内基《うちもと》からの偏諱《へんき》と考えられ、史料7は、京都の一条氏と元親との繋がりを示す書状として注目される。

史料14～16には、元親が「若上さま」（一条内政）を大切に扱っていることを、兼俊という一条方の人間がそのことを喜び石谷頼辰に伝えている点も注目できるだろう。特に、史料15には、天正三年のいわゆる渡川《わたりがわ》（四万十川）の戦いについて記述が見られ、一条内政を擁している長宗我部元親勢が一条兼定勢に勝利しているので、安心して欲しいと石谷頼辰に伝えている。

この三通の書状からは、一条兼定を追い出し、内政に代替わりすることは、京都の一条氏の同意があったことや、土佐にいた兼俊から、石谷頼辰に対して戦闘状態が逐次報告される等、朝廷と長宗我部氏とが近い関係であったこともうかがわせる内容になっている。

一条内政を推戴した大津御所体制を確立した長宗我部元親は、天正六年に織田信長と音信を結び、嫡男に「信」の字をもらって信親と名乗らす等、信長との距離を縮めていく。従来は、天正三年と考えられていた信長との関係だが、史料18を見ると、天正六年ごろである可能性が高くなったといってよいだろう。

長宗我部氏は、頼辰を介して、頼辰実弟斎藤利三との関係を深めていった。天正六年と考えられる史料29で、中島重房《なかじましげふさ》らが明智方と考えられる井上氏（ウハ書には石谷頼辰・斎藤利三の名がある）に対して、四国での戦闘状態を国別に分けて、詳細に報告している。この内容を見てみると、勝瑞城《しょうずいじょう》の戦闘をどのようにするか、斎藤利三と石谷頼辰を通じて信長の朱印状の発給を依頼していること等、この時期の長宗我部氏の活動が、少なくとも明智側の賛意を得ながらおこなわれていたことを伝えてくれる。さらに、空然、道標らがいる岡豊《おこう》の様子も伝えながら、阿波国の戦闘が落着すれば、どのような連絡もできるようになると言い切っていることから、長宗我部氏が織田氏との連携を指向していたことを知ることができる。

これまで長宗我部氏の阿波への侵入は、天正三年とされてきたが、石谷家文書を見ている限りでは、天正六年以降と考えざるをえない。もちろん、今後新規の史料の発見・確認や、研究が進むことによって、数年のずれが生じることもあるだろうが、長宗我部氏の四国制覇については、慎重な議論をおこなっていく必要があるだろう。

織田信長像（長興寺所蔵）

本能寺の変前後

天正一〇年に入り、それまで友好的だった長宗我部氏と織田氏との関係が悪化してきた。研究上、従来から指摘のあった大津御所体制の崩壊が、両者の関係の悪化の主な原因と考えてよいだろう。秋澤繁氏の研究によると、一条内政を推戴していた元親だったが、天正九年、内政が元親家臣と共謀して元親殺害を計画したとして、内政を国外に追放し、事実上御所体制が崩壊するにいたった。（注4）

それまで、一条内政を補佐する人物として元親を認知していた信長は、従来認めていた元親の四国制覇（手柄次第に領地を切り取ること）を否定して、阿波半国と土佐一国にとどめるという朱印状を元親に出した。そのことをきっかけに両者の関係が悪化したのだが、直接対決を避けるべく、取り次ぎをしていた明智光秀は、使者として石谷頼辰を土佐に派遣した。その時、頼辰が携えたのが史料32である。

天正一〇年一月一一日に比定される史料32は空然宛だが、厳密には斎藤利三が長宗我部元親に宛てたもので、東京国立博物館等に残されている利三書状と比較しても、花押も似ており、場合によっては自筆書状と考えてもよいのではないか。この書状の中で、信長からの朱印状に沿った対応をすることが元親のためであること、すべては頼辰から聞いてほしいこと等、信長との直接対決を避けるように呼びかけている。文中に出てくる信長に関連する語句は、「御」が付いたり、闕字《けつじ》の礼が取られたりする等、敬意を持って表記されている。これらのことから、この段階で利三たちが信長を殺害しようと考えてはおらず、とにかく信長との戦闘回避を第一に考えていたことが明らかである。

その四ヶ月後に、長宗我部元親から斎藤利三に出された返書が史料19である。この書状に出てくる信長に関係する言葉は、史料32と同様に敬意が込められているが、信長が突然天正六年以降の取り組みを否定したことに対して、元親が不満を持っていることを読み取ることができる。ただし、元親自身は信長の殺害を依頼したわけではなく、数年信長の意を受けておこなってきたにもかかわらず、この裁定はないということを、静かに述べている感がする。さらに、ここでも頼辰が使者となって斎藤利三（そして明智光秀）のもとに向かっていることがわかるが、口頭での伝言や頼辰の意思がどのようなものであったのかまでは不明である。また、この書状が斎藤利三のもとに届いたのかどうか、どの程度本能寺の変に直接影響を及ぼしたのか等、具体的なことはわからない。ただし、本能寺の変の一〇日前の元親の考えを知ることができる史料として、今後の研究利用が期待される。

史料28は、六月一〇日と考えられる河村新内宛書状で、包紙ウハ書に差出人は「中与一兵衛尉」、宛先は「頼辰様」とあることが判明した。堺から頼辰が出した書状に対しての返書で、頼辰の早々の上洛に対する喜びと、それが元親の身上に関わることなら協力したいとある。詳細は不明だが、本能寺の変直後の可能性もあり、頼辰の動きが元親の動静と連動して認識されていたことを物語っているのかもしれない。

天正一一年以降の書状

天正一一年に限ってみると、一八通の書状が石谷家文書に収録されていた。差出人は、近衛《このえ》前《さき》久《ひさ》、稲葉一鉄《いなばいってつ》、小早川隆景《こばやかわたかかげ》ら各地の公家や武将、そして細川信良《ほそかわのぶよし》（昭元）、真木島昭光《まきしまあきみつ》、小林家孝ら足利義昭に関係する人物たちである。

史料1については、コラムで取り上げているのでここでは簡単な紹介に留める。本能寺の変の後、徳川家康を頼って三河へ下向した近衛前久だが、天正一一年二月二〇日に現状と今後場合によっては土佐へ下向することもあり得ると、空然（石谷光政）・頼辰に述べている。同日付で島津氏に出された書状（「島津家文書」東京大学史料編纂所所蔵）はこれまで知られていたが、長宗我部氏に対しても同様の書状を送っていたことや、島津氏に宛てたものとは異なり元親との関係や内情が記されていて、前久が元親のことを信長に取りなしていた点に注目したい。これまで「蜷川家文書」に収録されている前久書状によって知られていて、天正五年に薩摩へ赴いた前久の京都への帰還に際し、元親は船などを用意した。元親は、幕府奉公衆石谷氏を身近に置いたことによって、中央政権との意思疎通がうまくできていたことをも知ることができる。なお、史料2は公家

鞆城跡　遠景

正親町《おおぎまち》三条《さんじょう》公仲《きみなか》からの書状であり、近衛前久同様、信長生前に信長に協力的だった公家たちの苦境が伝わってくる。

史料3～6の細川信良書状は、天正一一～一二年に書かれたものと推定される。細川信良（昭元）については、これまでにも元親の弟の香宗我《こうそか》部《べ》親泰《ちかやす》宛の書状が『土佐国蠧簡集《とさのくにとかんしゅう》』に数多く掲載されており、細川信良はもちろん、織田信雄や信孝、徳川家康らと香宗我部親泰経由で元親がつながっていたことは知られていた。しかし、石谷家文書の確認によって、石谷氏経由でも元親へのアプローチがおこなわれていたことがわかった。

細川信良とは別に、当時備後国鞆《とも》（現、広島県福山市）にいた室町幕府第一五代将軍足利義昭側近である真木島昭光と小林家孝からも、石谷氏に対して働きかけがおこなわれていたことが確認できた。『土佐国蠧簡集』に、足利義昭と真木島昭光が香宗我部親泰に出した天正一一年六月と思われる書状があるのだが、石谷家文書にはその前に出されたものと考えてよい書状が含まれる。

まず、真木島昭光が出した史料10～13の書状を見てみよう。10・11・13からは賤ヶ岳《しずがたけ》の戦い直前の情報が、柴田勝家から昭光たちに寄せられていたことや、そのことを元に元親への協力要請をおこなっている様子がわかる。さらには、その動きに、実現可能かどうかは別としても、毛利氏も加わることを申し添えており、西国の毛利氏と長宗我部氏を連携させながら、上洛を試みていた義昭の戦略がうかがえる。賤ヶ岳の戦いで柴田勝家が敗れ、四月二四日に北庄《きたのしょう》城《じょう》で自害した後の史料12からは、元親から義昭のもとへ使僧が派遣されていたことや、御内書《ごないしょ》が二回に渡って発給されていたことなどが判明する。

真木島昭光と同じく、足利義昭のもとにいた小林家孝の書状（史料25〜27）は、天正一一年七月五日付の三通となる。史料26・27は頼辰に対しての書状で、主に伝えたかった内容は史料25に集約されている。

天霧城《あまぎりじょう》（現、香川県善通寺市・仲多度郡多度津町）の香川信景《かがわのぶかげ》が間に入って足利義昭とつながっていく算段を付けていたこと、元親に対して義昭が馬を渡そうとしていたこと、この扱いに毛利輝元・小早川隆景が関わっていたこと等、興味深い事実が列挙されている。史料33にある小早川隆景書状が頼辰のもとに届けられた時期は、史料25の前と考えられ、隆景自身が前向きに土佐と伊予、安芸の和談を求めていたこととも一致し、秀吉包囲網を積極的かつ比較的強固に推進する動きがあったことは、一連の書状から推測できる。ただし、実際には天正一二年に入ると、小早川隆景らは伊予の河野氏《こうのし》支援に動き、この和平は一時期のものでしかなかった。

これまで、足利義昭と長宗我部元親との直接の結びつきは、『土佐国蠹簡集』で知ることができたが、石谷家文書に含まれる書状から、従来指摘されてこなかった鞆と土佐の関係が浮かび上がってきた。今後の研究の進展にかかってくるが、足利義昭が羽柴秀吉に対しておこなった包囲網に、四国の長宗我部氏も加えられることは間違いないだろう。

木俣秀勝書状（史料17）も、天正一一年に現時点では比定した。詳細は、史料17の解説に付しているが、秀勝は、徳川家康の直臣木俣守勝《きまたもりかつ》と考えられる。守勝は一時期、明智光秀に仕えていたこともある。天正一〇年一月、織田信長が、明智光秀・斎藤利三を通じて長宗我部元親に「別而被申渡義」（土佐一国と阿波南半国の支配を認めたこと）を申し伝えていたが、この件については、信長死後もいまだに保障がなされているとして、石谷頼辰を通じて元親に対し家康への忠信を求めていると考えてよいのではないか。

天正一一年に関する最後の内容は、斎藤利三の遺族たちを取り巻く四通の書状だろう。日付順に並べると、史料8・30・31・23の順になる。

斎藤利三と稲葉一鉄の関係は、一鉄のもとに利三が所属していたということもあるが、一鉄の姪もしくは娘と利三が結婚していたという親戚の関係も存在している。斎藤利三が刑死した後、残された家族は美濃にいて、当初は稲葉一鉄が保護していたようである。

史料8は名前が不明だが、斎藤利三遺族から頼辰に宛てて出されたものと考えられる。天正一〇年一一月六日に頼辰が出した書状を、天正一一年一月一四日に拝見したことや、利三遺族たちは一日も早く土佐に行きたいが思うようにいかないことが書かれている。注目すべきは後半の部分で、織田信雄や信孝・柴田勝家・徳川家康らが、羽柴秀吉を取り囲んでいることを、冷静に把握している点である。これらの情報をも踏まえながら、土佐への下向を望んでいたようである。

二月一三日に一鉄が頼辰に出した史料30からは、頼辰と一鉄とが頻繁に使者をやりとりしていることがわかってくる。約一ヶ月後に出された史料31は、さらに長文で一鉄の思いが満載である。書き出しにある「小僧」とは、利三の三男の利宗《としむね》（利光《としみつ》）のことと考えられ、すでにこの時点で土佐に向かって移動を始めていたことがわかる。この段階でも、一鉄は利三遺族を美濃に置きたがっているが、遺族たちは土佐への移動を希望していたことが書かれている。一鉄自身、周辺を敵に囲まれ大変な状態にもかかわらず、自らの娘や孫のことを守り抜こうとしていたのだろうか。

三月一八日付の史料23は、秀吉に捕縛されて一鉄のもとに預けられていた利光書状で、史料31の直後に土佐にいた頼辰へ送ったものである。一鉄の心配をよそに、利三の遺族たちはそれぞれ動ける範囲で、土佐へと移動をおこなっていたようである。六月四日付の史料17は、斎藤三存《みつなか》（利三の子息）のことが明記されているが、この時点では三存はまだ土佐に来ていなかった。本能寺の変の後、斎藤利三遺族たちがどのようになったのかははっきりしていなかったが、石谷家文書の確認により、歴史の狭間に隠れていた事象が明らかになってきたといえるだろう。

小松谷《こまつだに》寺《じ》覚桜《かくおう》書状（史料34）は、内容から考え、天正一一～一四年と現時点では考えている。

小松谷寺覚桜は、京都から土佐へ呼び寄せられた和歌の宗匠である。土佐以外にいた覚桜が、古《こ》今伝授《きんでんじゅ》の仕方について伝えているようである。長宗我部氏は和歌等の文化に通じており、元親によって岡豊別宮八幡宮には三十六歌仙の額が奉納されていたり、伝信親筆の軸があり、今後の長宗我部氏の文化を考察していく上で貴重な史料の一つとなってくるだろう。

残り三通は、天正一四年の豊臣秀吉のおこなった九州出兵へ長宗我部氏が従軍した際のものである。

長宗我部信親墓（高知県雪蹊寺）

天正一四年七月五日の書状（史料9）は、豊後の大友氏援軍として出かけた長宗我部元親と石谷頼辰が戦果を挙げたことを喜んだものとなっている。文中に小林家孝が見えることから、鞆にいた足利義昭関係の人間が出したのだろう。

最後の二通が、天正一五年一月二二日に出されている小笠原又六宛（史料20）、斎藤利宗宛（史料21）の長宗我部元親書状である。宛先の二人は、それぞれ石谷頼辰と斎藤利三の子どもと考えられ、叔父から甥たちに出されたまさにプライベートな書状である。

史料20を見ると、「不慮之失利」が起こり、頼辰と信親がともに討ち死にしたことが書かれている。そして、大名である元親が面目を失うことになったと書いてあり、相手が「愁歎《しゅうたん》」していることも含めて、大変思いやりに満ちた文面となっている点が注目される。史料21の中に、三存の名が見え、やはり史料20と同じく親族間での書状と考えたらよいだろう。こちらも、相手を気遣いながらも頼辰の戦死を伝えている。

従来、信親の戦死をきっかけに元親の性格が暗いものになっていったという評価があったが、史料20・21を見る限りでは冷静さを保ちながら、粛々と対応をしており、津野倫明氏がいう「しと〳〵」（物事をゆっくりときちんとするさま）の元親の様子をかいま見ることができる。(注5)

以上、石谷家文書四七通を大きな出来事や人物ごとにまとめて、概要を述べてきた。史料調査をする過程で把握できた事柄にとどまっているため、今後、それぞれの専門分野の研究の方々が利用されるなかで、加除訂正をおこなっていただければ幸いである。

注

（1）古田憲司「室町幕府奉公衆石谷氏について」（『'99美濃源氏土岐氏研究講座』講義録、美濃源氏フォーラム事務局、一九九九年）を主に参照した。
（2）朝倉慶景「長宗我部政権の特質について」（『土佐史談』二一五号、二〇〇〇年）。
（3）天野忠幸『三好長慶—諸人之を仰ぐこと北斗泰山—』（ミネルヴァ書房、二〇一四年）。
（4）秋澤繁「織豊期長宗我部氏の一側面—土佐一条氏との関係（御所体制）をめぐって—」（『土佐史談』二一五号、二〇〇〇年）。
（5）津野倫明『長宗我部元親と四国』（吉川弘文館、二〇一四年）。

史料編

■凡例

一、林原美術館が所蔵する「石谷家文書」を掲載する。当史料は巻子本三巻からなり木箱に収められている。文書数は、一巻目一七点、二巻目一七点、三巻目一三点で、合計四七点である。

一、巻子本の一巻から三巻の順番は、林原美術館が付した目録番号にしたがっているが、三巻目が最も古い年代になっている。しかし、この一巻から三巻をそのままの順で構成した。史料番号1〜47は、一巻から三巻まで順序を追って文書一点ごとに付した通し番号である。

一、翻刻にあたっては、常用漢字を使用した。

一、変体仮名は、一部格助詞として使用されたものをのぞき、通用の平仮名に改めた。異体字・略字なども通用の文字に改めたが、合字の「ゟ」（より）はそのまま使用した。

一、くりかえし記号は、「々」（漢字）、「ゝ」（ひらかな）、「ヽ」（カタカナ）、「〳〵」（二字以上の熟語）を使用した。

一、花押は、（花押）と表記した。

一、読みやすくするために、適宜、読点（、）、並列点（・）を付した。闕字・平出は一字あけて示した。

一、校訂者による注記は、行間に（　）を付けて記した。

一、ウハ書がある場合は、巻子本の本紙に貼り付いていて肉眼で判読しにくいため、赤外線撮影による写真を載せて「　」を付して記した。

一、文書の体裁にできるだけ近づけるため、（行間書）（文書右上）（文書上段）という表記を記した箇所もある。また、書状の封じ目がある場合は、（墨引）と記した。

一、本文にある訂正・抹消・挿入などは、基本的に訂正・抹消・挿入後の状況を記載した。必要な場合には、訂正は右行間に記した。

一、文字が判読できない場合、字数がわかるときは□□□で示し、わからないときには［　　］で示した。推定できることは、右行間に（　）を付けて注記した。

一、明らかに誤字・誤記と思われるものは、右行間に正しいものを（　）で示し、疑念が残る場合は（ヵ）とした。意味不明の場合は（ママ）とした。

一、和暦には対応する西暦を（　）で示したが、換算は厳密ではなく、一般の慣例に従って単純な換算によった。

一、当史料の写真は、東京大学史料編纂所史料保存技術室の谷昭佳氏、高山さやか氏の撮影により、同所から提供を受けた。

一、史料1〜47の翻刻・校訂・解説は、主に浅利尚民と内池英樹が担当し、内池昭子が翻刻に加わった。

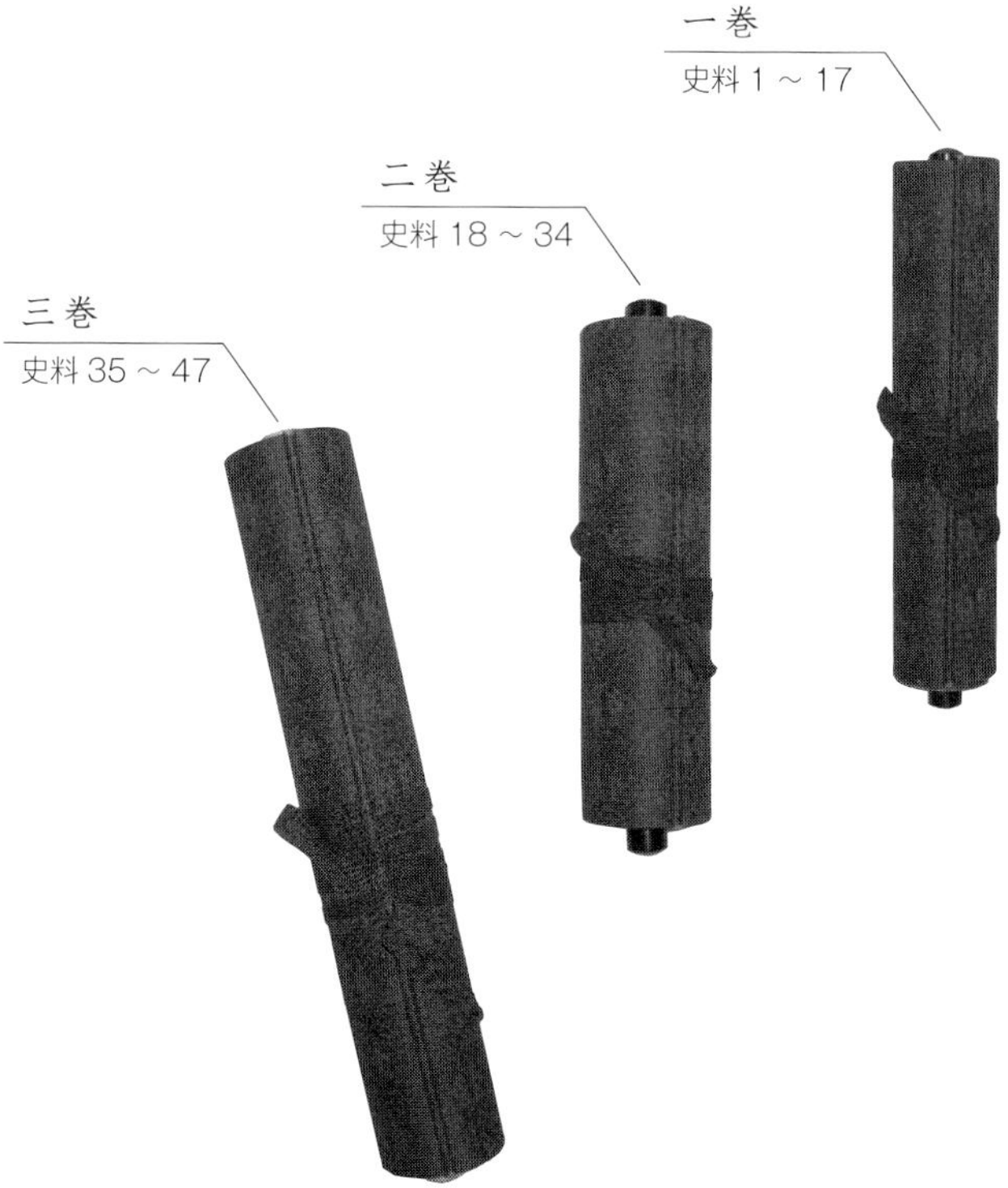
一巻
史料 1 ～ 17
二巻
史料 18 ～ 34
三巻
史料 35 ～ 47

1 近衛前久書状

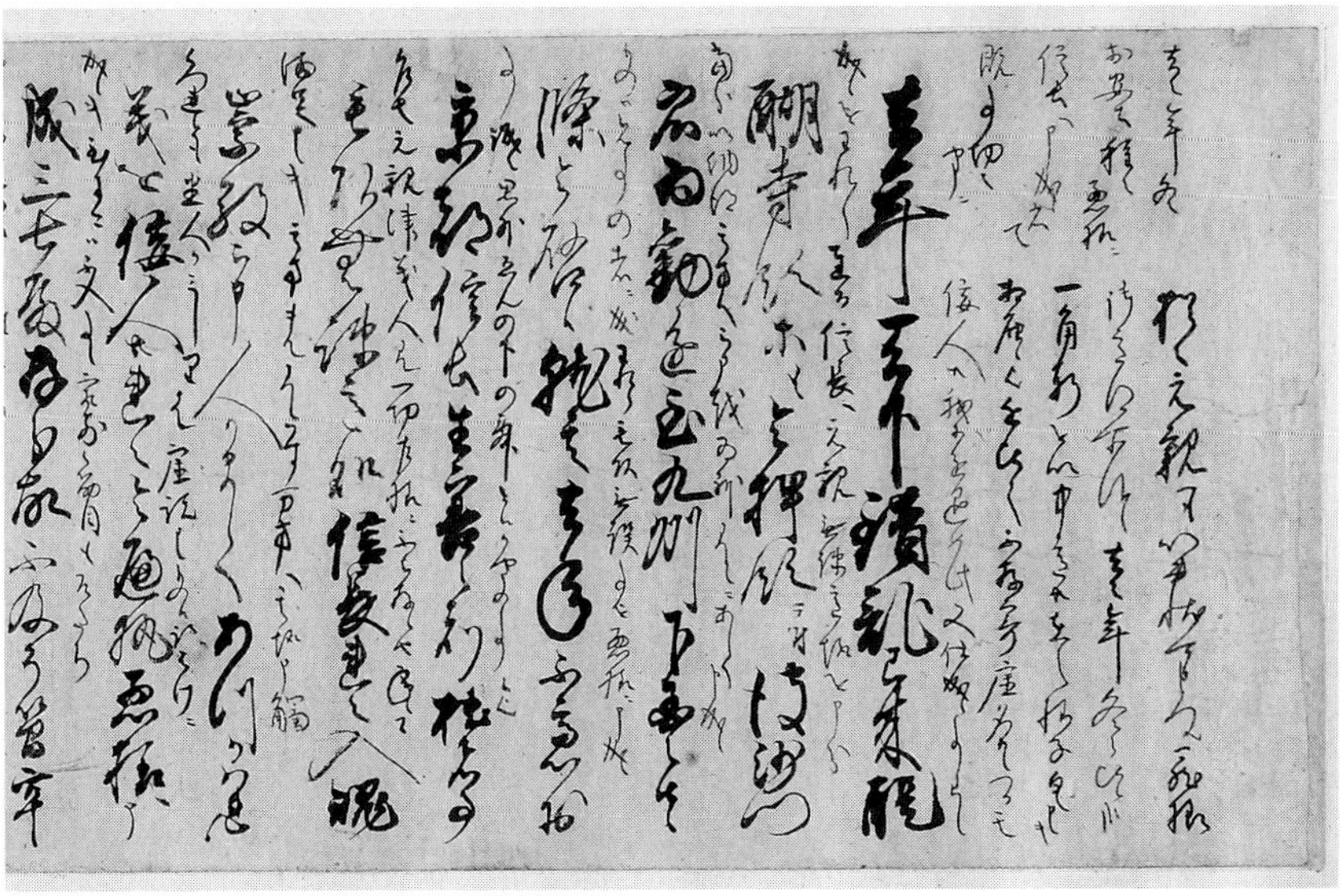

猶々、元親（長宗我部）へも以書状可申候へ共、可然様
御意得所仰候、去々年冬之比候哉、
一角軒を以、中意共在之様子具申候キ、
相届候歟、近比之不存寄*虚名も候つる、其
*佞人共我等*進退如此又仕成候事にて候

（右上）
去々年冬、
於安土種々悪様ニ
信長（織田）へ申成候者（候脱カ）て、
既事切之
やうニ

（行間書）
成候を、われ〳〵達而信長へ元親無疎意趣を申分、
当分御納得、其方へ被申越*為躰にて候ニ、あしく申成候
ものハ見事の者ニ成、われら毛頭無誤事を悪様ニ申成候
事、誠ニ思外*ゑん（縁）の下の舞とハかやうの事候歟、
乍去、元親律義人にて一切左様ニ不被存候由承候間、
満足申候キ、其方までにて候ハす、万方へ其趣申触
候つれとも、悉人かミしり（見知）候て、虚説申候ものハ跡はけ（実）ニ

---

*虚名…事実とは違っている悪いうわさ。
*佞人（ねいじん）…口先巧みにへつらう、心のよこしまな人。
*進退…職を辞めるかとどまるかという、身の去就。
*為躰…様子。ありさま。
*ゑんの下の舞…だれも見てくれないところで苦労すること。

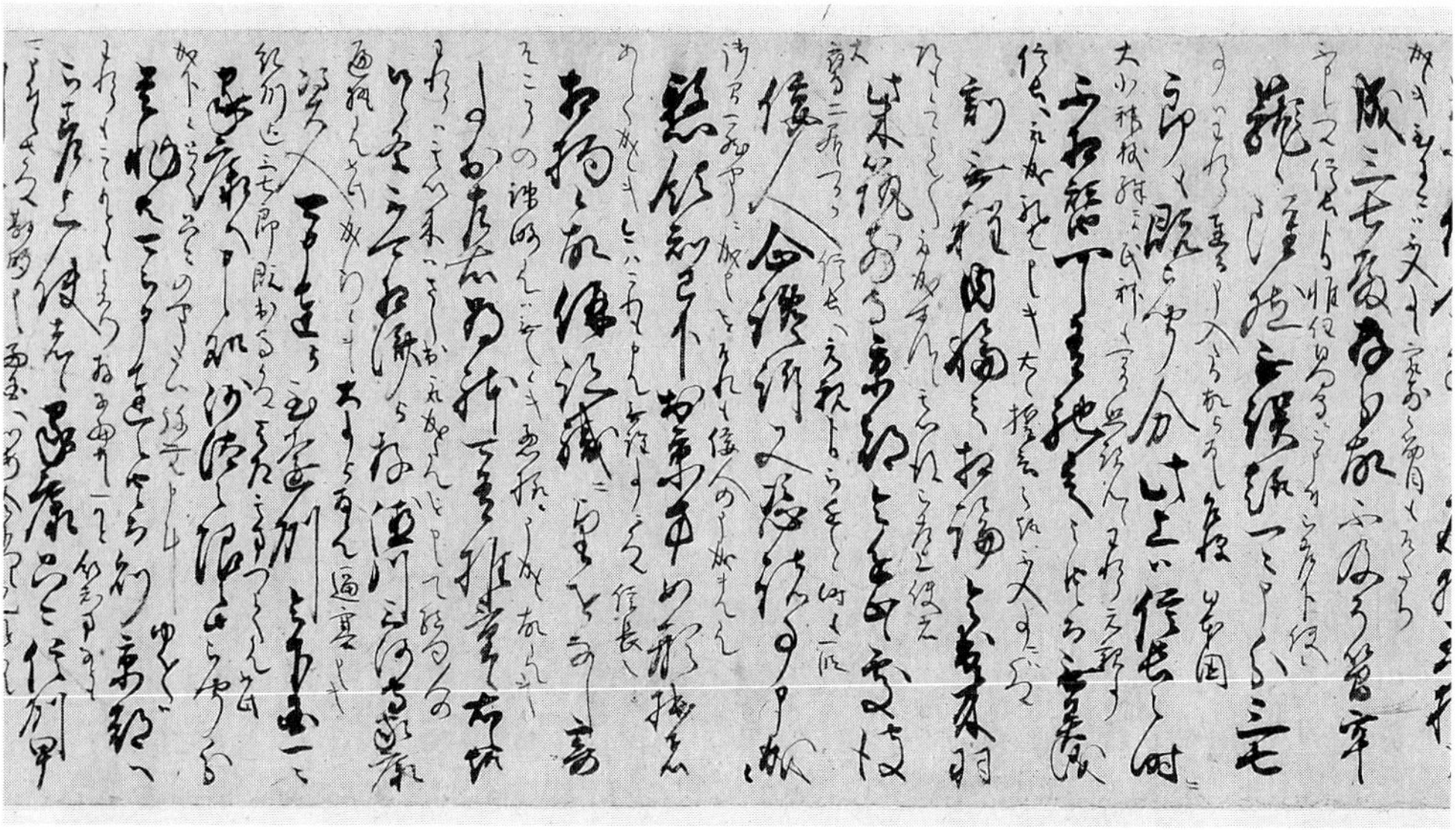

成候キ、至于今ハ不入事候、最前之筋目もそたち（立）
不申候へ共、信長より惟任日向守（明智光秀）ニ被申付被差下使候
事ハ、われら達而申入たる故与存候、乍憚、日本国
大小神祇、殊ニハ氏神も可有照覧候、われら元親事、
信長へ取成馳走申候キ、右之誓言之趣不入事ニハ候へ共、
左も候へハ、よく〳〵取成所仰候、其以後被差上使者
大鷹二居候つるか、信長へ元親より被進之候時も、一段
御間可然やうニ成申を、それも佞人の申成までにて
あしく成候キ、今ハこれも申て無詮事ニ候へ共、信長へ
そこらの疎略にてハ無之候キ、悪様ニ申成候故にて候キ、
われらハ其以来ハさし出、取成たてを申候て、結句人の
*遍執にて如此成行候キ、大事与存候て逼塞申候キ、
紀州迄三七郎（織田信孝）既出馬候へ共、天道其方つよく候て如此
成下候、とかく只今のやうたい（様体）弥無申斗候、ゆく〳〵ハ
われらもこゝもともよろつ（万）存子細共候、一かと領知方なとも
可申付之由候へ共、*斟酌申候、西国へ心安令下向候ハんかと存候、
上洛之上にてふと可令下向候間、其刻依時宜頼可申候、
京都・若州なとニ候奉公衆なとハ、こと〳〵く跡を取上
牢人候、京方心にくゝハおもひ候ましく候、こま〳〵しき
書中憚入候、万事〳〵たのミ入候、女房衆何事も無之候哉、御
言伝之由よく〳〵申度候、かしく

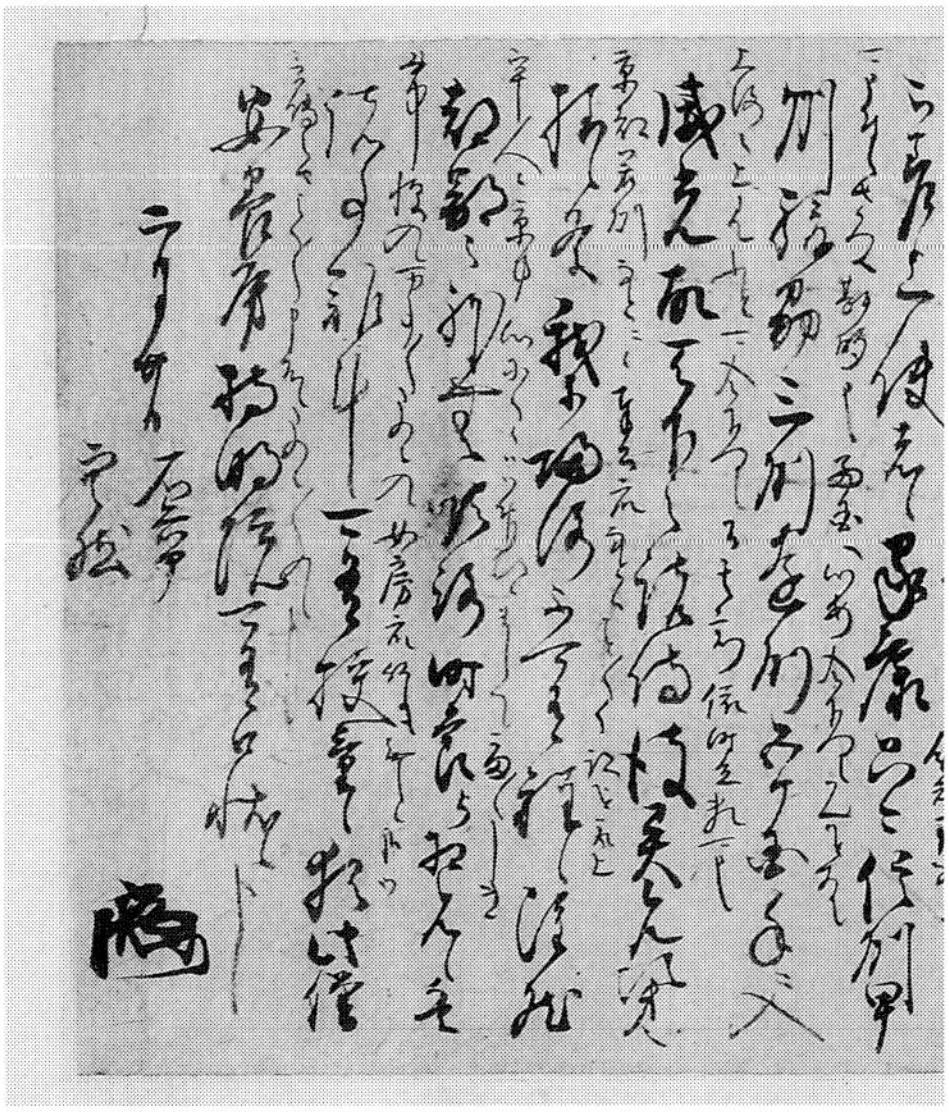

去年天下*錯乱已来、*醍醐寺領等も令横領ニ付、彼*沙門衆為勧進、至九州下国之由候条令啓候、就其去年不慮、於京都信長*生害之刻、拙者事毛頭無疎意処、信長連々*入魂崇敬被申、人かましくあつかハれ候義を、佞人共連々令*遍執、悪様ニ申成、*三七殿存分故、*不及了簡*牢籠候、雖然無誤趣一々申分、三七郎も既被聞分、此上ハ信長之時ニ不相替可有馳走之由候而、無異儀刻、無程*内輪之相論令出来、羽柴筑前守（秀吉）京都令*進止候処、彼佞人企*讒訴、又恣諸事申成候、懃領知已下、於京方如形拙者相拘候故、併跡職ニ望をなし、*寄事於左右為躰、可有推量候、右之趣候之条、不可相済与存、徳川三河守家康憑入可申達与、至遠州令下国、一々

*遍執（偏執）…他をねたましく思うこと。

*斟酌…相手の事情や心情をくみとること。

*錯乱…入り乱れて秩序がなくなること。

*醍醐寺…現、京都市伏見区にある真言宗醍醐派の総本山。

*沙門（しゃもん）…僧となって仏法を修める人。

*生害（しょうがい）…自害。

*入魂（じっこん）…親しく打ち解けてつきあうこと。

*三七殿…織田信孝。信長の三男。

*不及了簡…どうにもしようがない。

*牢籠…引きこもること。ここでは、前久が醍醐山で剃髪して竜山と号し、嵯峨に逼塞したことをさす。

*内輪之相論…ここでは、清洲会議のこと。

*進止（しんし）…支配すること。

*讒訴（ざんそ）…他人をおとしいれようとして、

家康へ申候処、*沙汰之限之由被聞分、
是非共可被申達之由候而、則京都へ
被差上使者候、家康只今信州・甲
州・駿州・三河・遠州五ヶ国手ニ入
威光故、天下之諸侍、彼異見次第之
様候条、我等*帰洛不可有程候、雖然
都鄙之躰無順路時節与相見候条、
諸事難計候、可有*校量候、猶此僧
*安養房(坊)・*持明院可有口状候、かしく
二月廿日(天正一一年)　石兵部(石谷頼辰)　(花押)(近衛前久)
空然(石谷光政)

事実を曲げて言いつけること。
*寄事於左右（ことをそうによせ）…色々理由をつけて。
*沙汰之限…もってのほか。
*帰洛…都、特に京都に戻ること。
*校量（きょうりょう）…くらべ合わせて考え、おしはかること。
*安養房…現、京都市左京区修学院安養坊にあったとされる寺院。
*持明院…現、京都市上京区の光照院門跡の付近にあったとされる寺院。

解説

この書状の差出人は花押のみであるが、近衛前久である。「去年不慮、於京都信長生害之刻」とあり、これは本能寺の変で織田信長が自害したことを示し、書かれた年代は天正一一年（一五八三）である。前久は、このとき遠江浜松の徳川家康のもとにいた。

天正九年の冬、安土城で、長宗我部元親のことを悪様に言う人がいたので、信長に元親には疎意がないことを納得してもらい、元親と信長の間を取り持ったのは前久であった。しかし、前久は信長と懇意であったので、佞人にねたまれて悪様に言われたため、醍醐山へ登って逼塞している。佞人とは、信長と前久との仲をうらやんだ公家衆であろう。信長の三男信孝にも弁明して了解してもらった。その後「内輪之相論（清洲会議）」が起こり、羽柴秀吉が京都の支配をおこなうようになり、佞人らが讒訴を企てた。そこで、京に抱えている領地のこと、跡職のことについて信州・甲州など五ヶ国を入手して威光のある家康を頼ることにした。だから帰洛も程なくである。その上で西国へふと下向するときにはよろしく頼みたいと石谷頼辰・光政へ伝えている。

信長は、前久の所領を非常に優遇した。そのため、信長死後その所領を取り戻す動きが公家衆の中にあった。また、京都や若狭の奉公衆も跡職を取り上げられて牢人しているような状況があり、帰洛したとしても前久は西国下向を考えたものと推測される。

この書状と全く同じ日に、前久が薩摩の島津義久に宛てた書状（「島津家文書」東京大学史料編纂所所蔵）がある。行間書にみられるような元親との個人的な事柄は含まれていないが、本文の内容はほぼ同様のもので、島津氏を頼って下向したいと書かれている。内容の同じ書状をいくつかの有力な戦国大名に届けることで、前久は自分の身の保全をはかってもらおうと画策した可能性は高い。

天正五年、前久の九州下向からの帰路、豊後から土佐まで吉良親貞（元親の弟）が船で送り、土佐の浦戸に逗留中には元親が馳走をして、さらに、本願寺合戦の中を摂津兵庫まで警固船を手配して前久を送り届けている。元親は、摂関家の一条内基だけでなく、近衛前久とも親密な関係をもつことで信長との友好関係を築こうとしていたようである。

2

正親町三条公仲書状

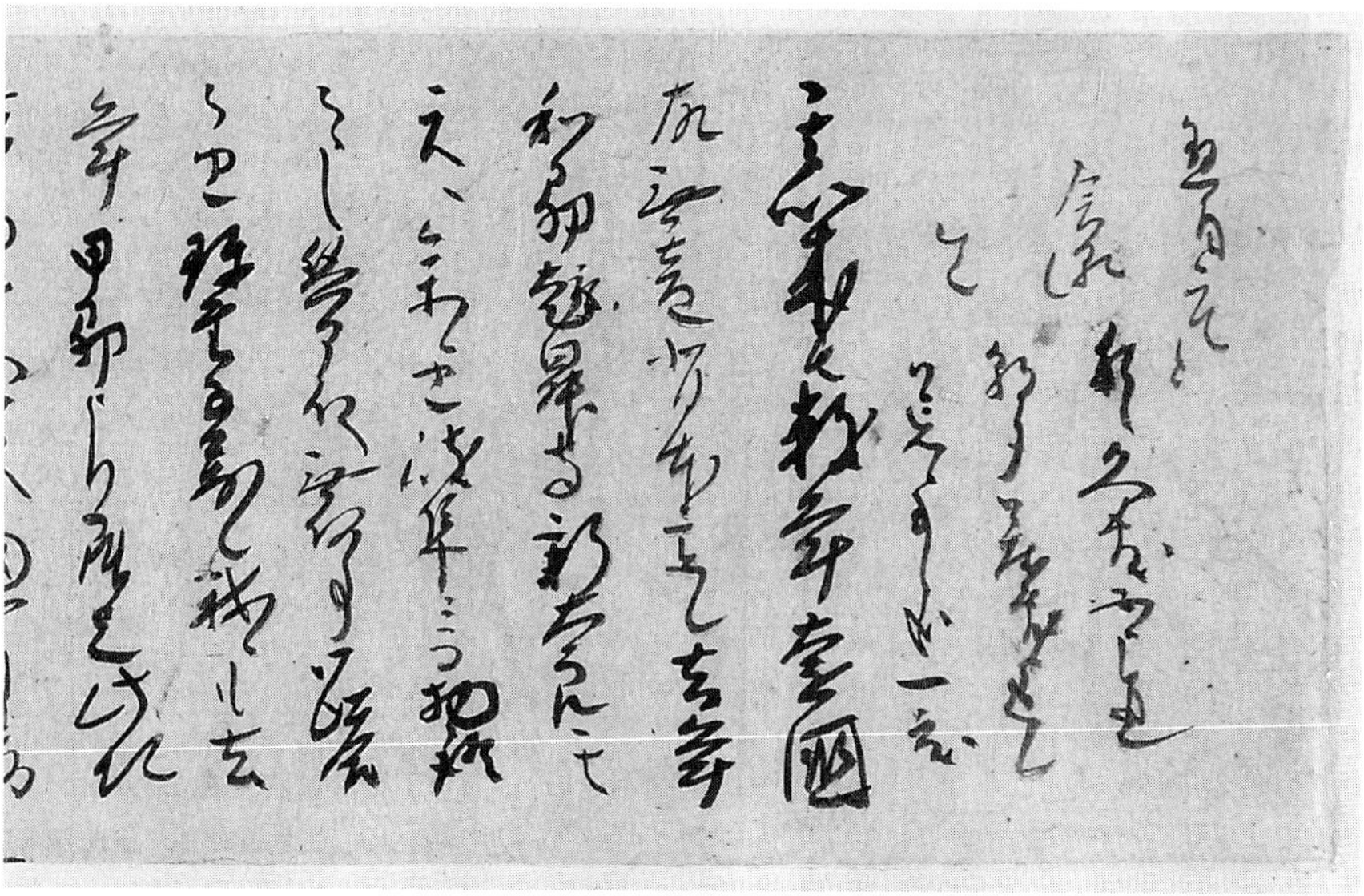

猶々、久敷不申通、
朝夕御床敷候、返々
御忘候事候哉、一度
（文書右上）
懸御目度と
念願候、
以上

其以来者数年遠国
故無音、背本意候、去年
*和州趣（超）昇寺新太郎其
元へ参候由、岐阜ニ而物語
被申候、兵部殿（石谷頼辰）無何事御仕合
之由、珍重千万候、我々も去
年甲州より罷上、此次
濃州ニ候へハ、又当四月落*
居候て、只今在京候分候、如何ニ
成行申候ハん哉不存候、仍此
人其元へ下国之事候、御馳
走候様ニ頼入存候、別而我々

---

*和州超昇寺…現、奈良市佐紀町にあった寺。平城天皇の皇子が創建。

*落居…落ち着くこと。

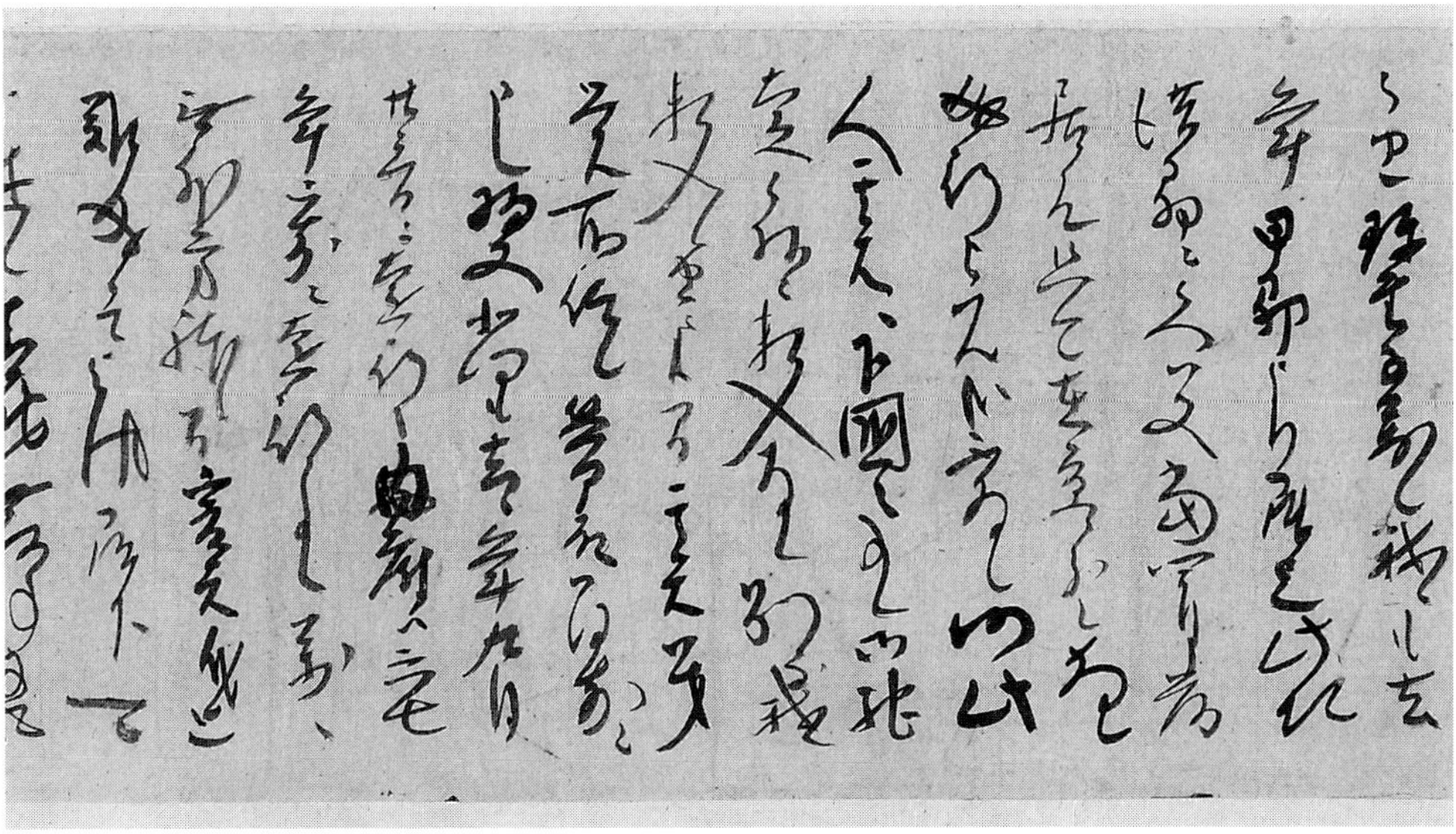

頼入候由ニ候間、其元御才
覚所仰候、兵部殿御同前ニ
申候、将又北向も去々年九月
廿三日ニ*遠行候、*内府ハ六七
年已前ニ遠行候事候、万々
無外方躰候間、爰元身廻
難成候ハヽ、与風罷下可
申述候、*青地（元珍カ）無何事有之事候、
委旁可申入候、恐々
謹言
六月廿七日（天正一一年カ）　　*公仲（正親町三条）
石谷入道（光政）殿
同兵部少輔（頼辰）殿
御両所

*遠行（えんこう）…死ぬこと。

*内府…三条西実枝、天正七年正月没。

*青地（あおち）…青地元珍（もとたか）カ。織田信長の旗本となり、本能寺の変の後は、信長の三男信孝に仕えた。天正一一年（一五八三）、賤ヶ岳の戦いの後に信孝が自害すると羽柴秀吉に所領を召し上げられ、浪人となっている。

*公仲…正親町三条公仲。弘治三年（一五五七）～文禄三年（一五九四）。

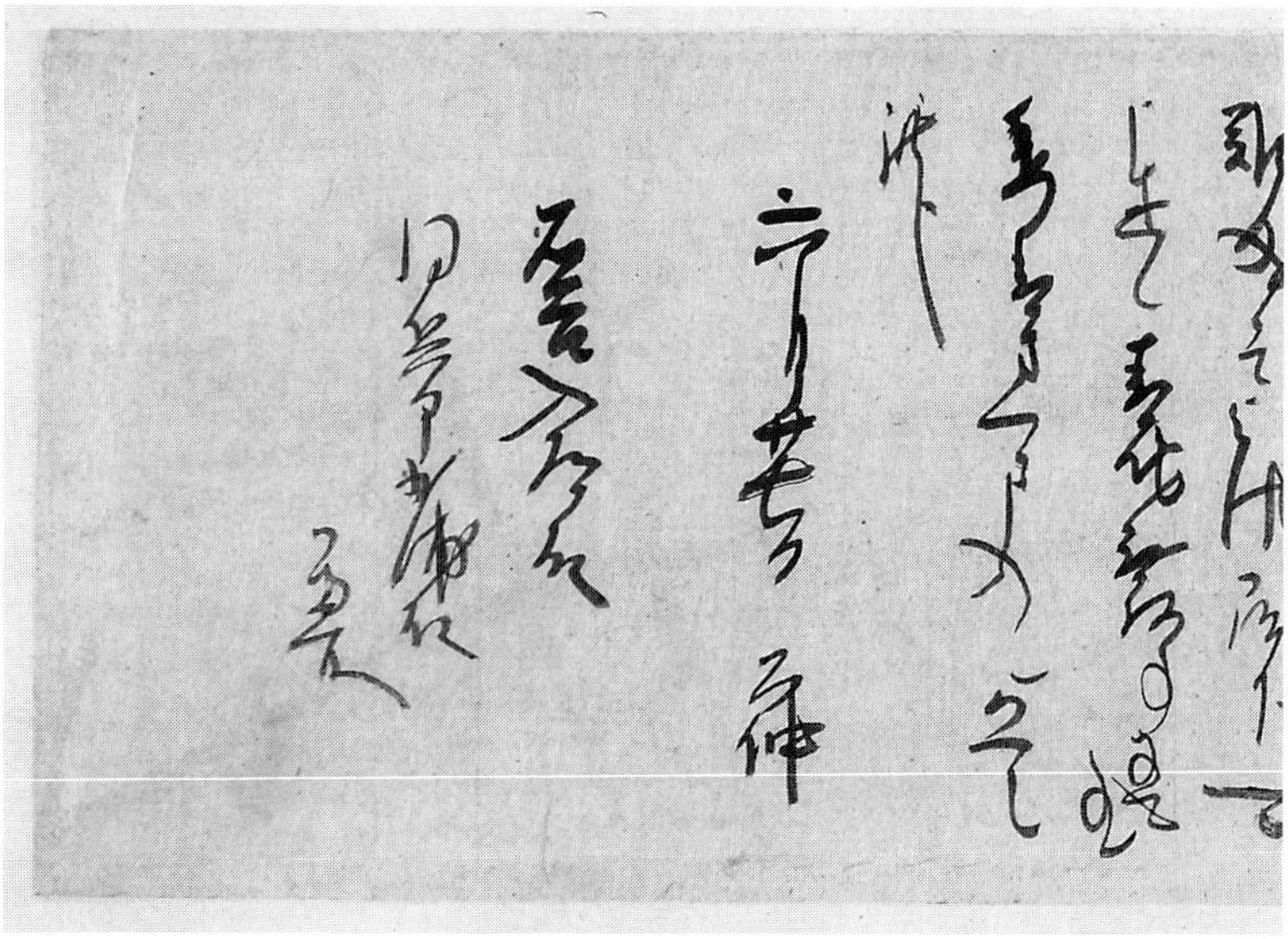

解説

この書状は、正親町三条公仲のものと推定される。宛名に石谷光政と頼辰がともに書かれていることから、このとき頼辰はすでに土佐にいると考えられ、年代は天正一一年（一五八三）以降となる。「去年甲州より罷上、此次濃州ニ候へハ」とあり、去年とは天正一〇年の甲州征伐で、その後、美濃国岐阜城の織田信孝のもとにいたのではないかと推測される。

甲州征伐で織田信長に従軍し、また信孝を頼みにしていたことを考えれば、近衛前久同様、信長に厚遇されていたため、本能寺の変後、周辺の公家衆などと軋轢があった可能性がある。「北向」「内府」が亡き後は、「無外方体」で身の回りが成りがたいと言い、そのため、長宗我部氏へ支援を求めたのであろう。

3 細川信良書状

其後者不申承候、
仍就東国表之儀、
以一札申候、可然様ニ
御気遣頼入候、将又
我等進退之儀、此砌
元親(長宗我部)別而馳走候様
被成申候者可為喜悦候、
猶西雲(橋本)可申候、恐々
謹言
四月二日(天正一二年カ)　*信良(細川)（花押）
石摂(石谷光政)
石兵(石谷頼辰)

---

*信良…阿波・摂津・丹波の守護で、細川氏の本流京兆家（けいちょうけ）の当主。元亀二年（一五七一）、将軍足利義昭より諱（いみな）の一字をもらい昭元と称したが、天正五年（一五七七）、信長の妹お犬の方を娶り、信良と改名した。

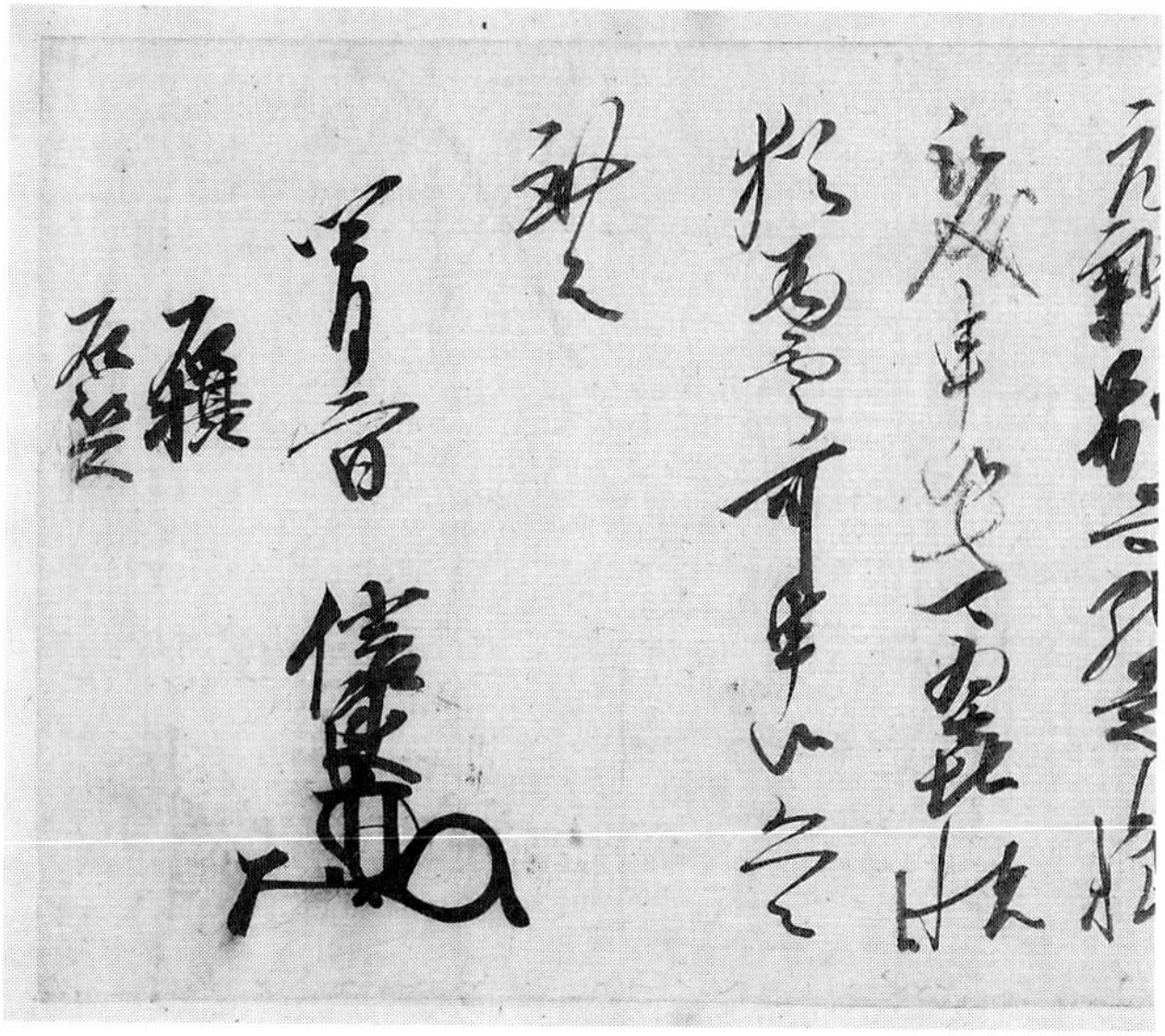

解説

「東国表之儀」について、長宗我部元親の協力を求めた細川信良の書状である。「東国表之儀」とは、天正一二年（一五八四）三月一七日から始まる小牧・長久手の戦いだと推測される。織田信雄・徳川家康は、羽柴秀吉に対抗するため、広範囲にわたって作戦計画をたて、その一環として元親に協力要請をした。元親は、前年の天正一一年四月に秀吉の命を受けた仙石秀久と戦って引田（現、香川県東かがわ市）で撃破している。秀吉は、元親に牽制されて家康・信雄との戦いに出発できず、三月二七日にようやく背後の備えを終えて尾張の犬山城に入った。家康は、伊勢の北畠朝親に命じて元親が淡路へ渡海するように促すと、元親は根来寺の僧徒に書状を送って淡路から摂津への出兵を約束した。家康・信雄は、元親が海を渡って摂津・播磨方面へ出兵するようにしきりに促している。しかし、元親は四国制覇に手間どり出兵要求にこたえられないでいた。そのうち一一月一五日に秀吉は信雄と和睦し、二一日には家康と講和を結んだ。

この文書は、細川信良を通じて信雄らが小牧・長久手の戦いに協力を求めたものであり、さらに信良の身のふり方にも気を配ってくれるよう元親へ求めている。なお、この合戦について信雄・家康、元親との協力関係がわかる書状は、香宗我部親泰を経由して届けられたものも残っている。

4 細川信良書状

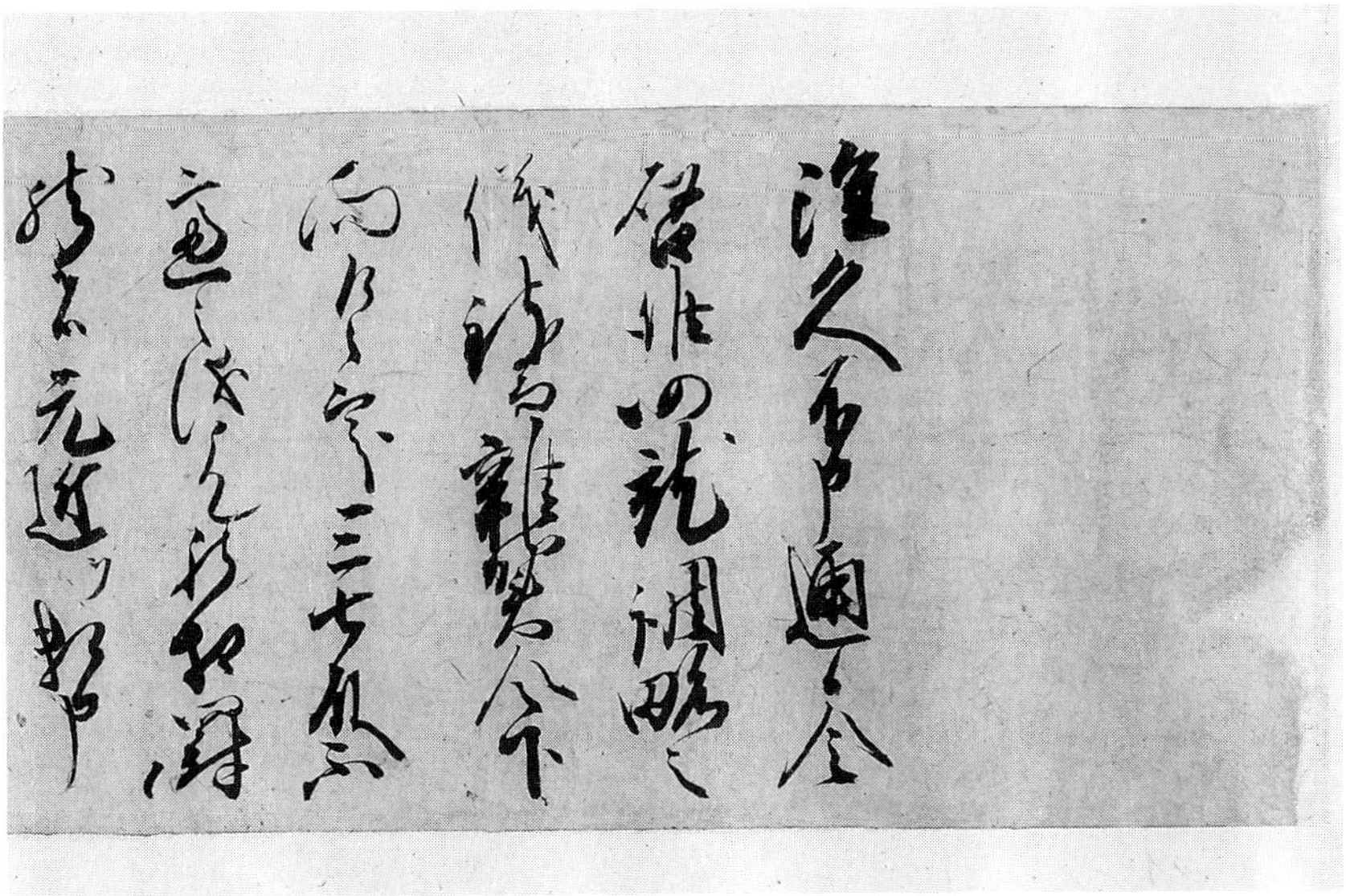

雖久不申通候、令
啓候、仍就調略之
儀、致而*雑賀令下
向候之処、三七殿（織田信孝）不
慮之儀にて被相罰候、
然者元近（親）ヲ頼申、
是非可令出張覚
語（悟）候間、御入魂候様、
別御才覚頼存候、
猶*橋本伊賀入道可
被申候、恐々謹言
六月（天正一一年）六日　信良（細川）（花押）
石飼（谷）（光政）摂津守入道殿
まいる

---

*雑賀（さいか）…雑賀衆。紀伊国の雑賀荘・十ヶ郷（じっかごう）など五つの地域からなる地縁的一揆集団で、鉄砲で武装した傭兵集団である。本願寺との関係が深いため一向宗門徒が多い。

*橋本伊賀…織田信雄の家臣。信長の鉄砲師範である橋本一巴（いっぱ）の子息道一（みちかず）か。

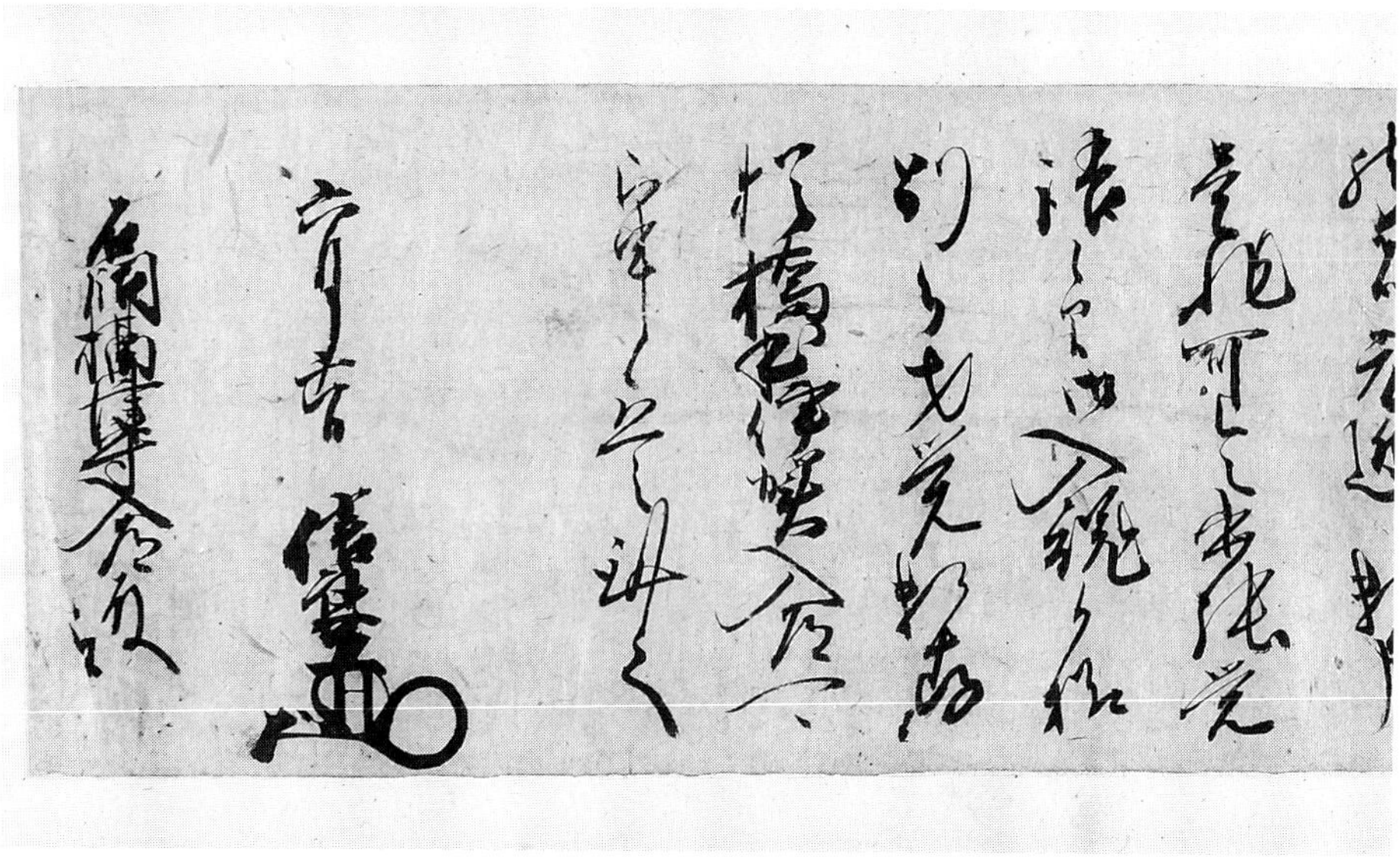

解説

「三七殿不慮之儀」とは、天正一一年（一五八三）四月、羽柴秀吉と柴田勝家による賤ヶ岳の戦いが始まり、この戦いで再度挙兵した織田信長の三男信孝が、勝家の敗北により自らも切腹した出来事である。長宗我部元親は、この信孝・勝家と手を結び、紀伊の雑賀衆を取り込むなどして秀吉の後方を脅かした。この合戦の最中、雑賀衆は和泉岸和田などにも攻撃を仕掛けている。

本能寺の変まで織田信長のもとにいた細川信良は、その後羽柴秀吉とは別れ、織田信雄・徳川家康と共闘した。勝家・信孝が秀吉に破れた後の書状と考えられ、信良が元親へ協力を求め、元親の義父である石谷光政に依頼している。雑賀に調略を実施したと信良が述べている点も興味深い。

5 細川信良書状

（ウハ書）
「（墨引）
石兵　　信良　」
上洛以来不申入候、
誠渡海之節者
御馳走共祝着之
至候、将又元親（長宗我部）上洛ニ而
一段仕合能、我々迄
満足候、此中之御肝
煎喜悦候、尚重而
可申候、恐々謹言
正月十七日（天正一一年カ）　信良（細川）（花押）
石兵（石谷頼辰）

ウハ書赤外線写真

解説

細川信良は、天正一〇年（一五八二）の本能寺の変の後、動乱を避けて阿波へ避難したことが知られている。その後信良は、香宗我部親泰の肝煎りで土佐に赴き、長宗我部元親の厚遇を受け、同年一二月初めに帰洛して京都の自邸に戻った。この書状は、その節の礼状と考えられ、翌一一年一月一七日に送られたものである。さらに、元親の上洛を心待ちにしている様子もうかがえる。

6

細川信良書状

先度者至讃岐、
使者差越候刻、
色々御馳走之段
祝着候、向後別而
元親（長宗我部）可然様申成
頼入斗候、猶正田（清右衛門尉カ）
可申候、恐々謹言
（天正一一年カ）九月十五日　信良（細川）（花押）
石兵（石谷頼辰）

解説

細川信良が讃岐に入っていることから、讃岐天霧城主香川信景を訪問した際のものかもしれない。香川氏は、元讃岐守護細川氏の被官であった。信良が石谷頼辰の奔走（馳走）に対して、礼をのべている。

なお、「香宗我部家伝証文」の中には、九月三日、信良から香宗我部親泰に宛てた書状があり、信良が今津宿（現、丸亀市）に来ていることが知られる。

岌州書状

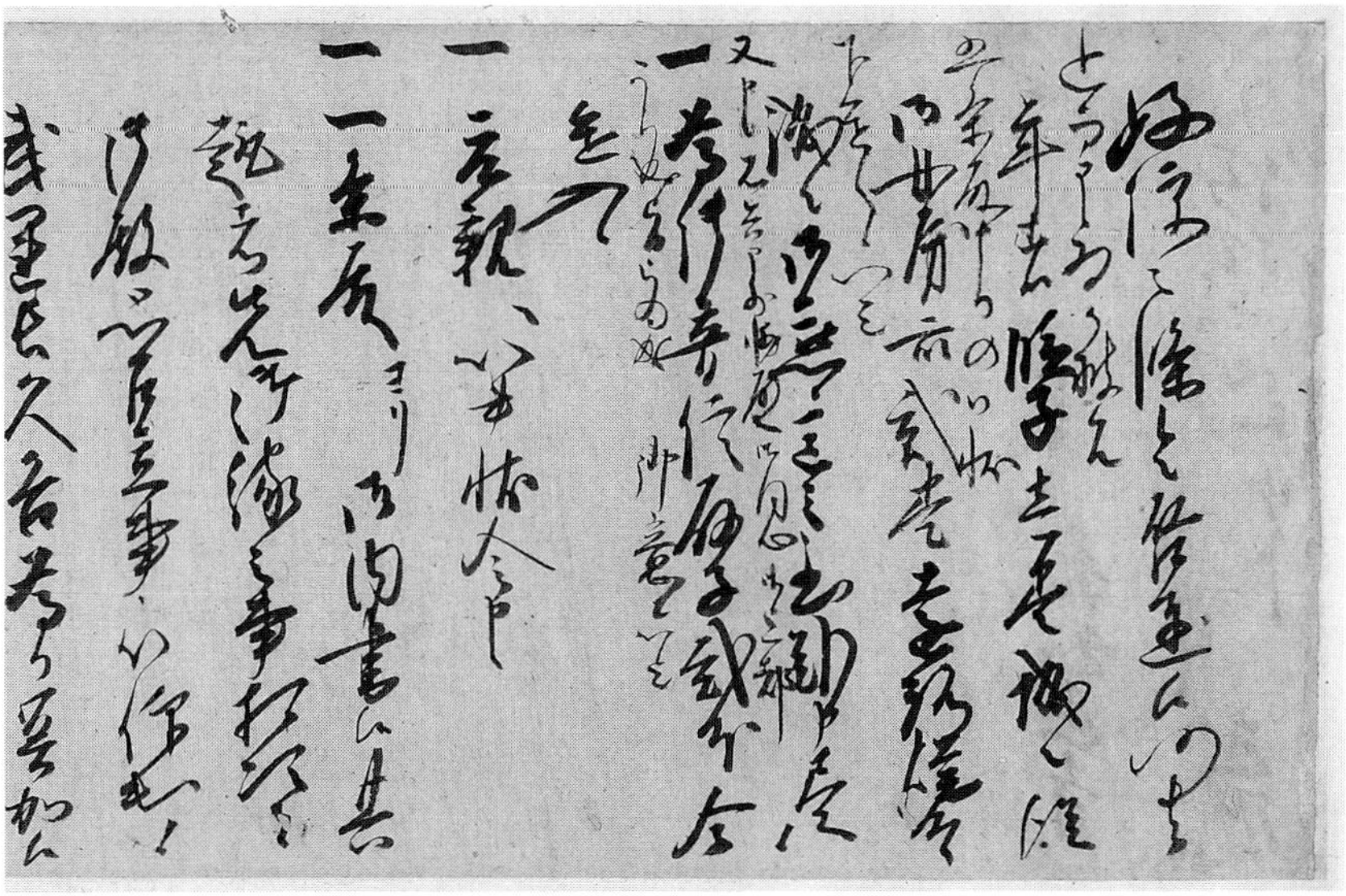

（端裏切封ウハ書）

「何払斎　（墨引）　前知恩寺

参几下　　　　岌州」

（行間書）

追而申候、為御披見

五条殿よりの御状

下進之候、以上

又申候、石兵部《（石谷頼辰）》少輔殿御同心、御上都*

可被成返旨被為成　御意候、以上

好便之条、令啓達*候、仍去

年者、*段《（緞）》子壱巻城ニ、従

御女房衆弐巻、遠路徒故、

誠ニ御懇意之至難申尽候

一為御音信、扇子弐本令

進入候

一元親《（長宗我部）》へ以書状令申候

---

*上都…みやこ。

*啓達（けいたつ）…文書をもって申し上げること。

*段子…緞子（どんす）。絹の紋織物。

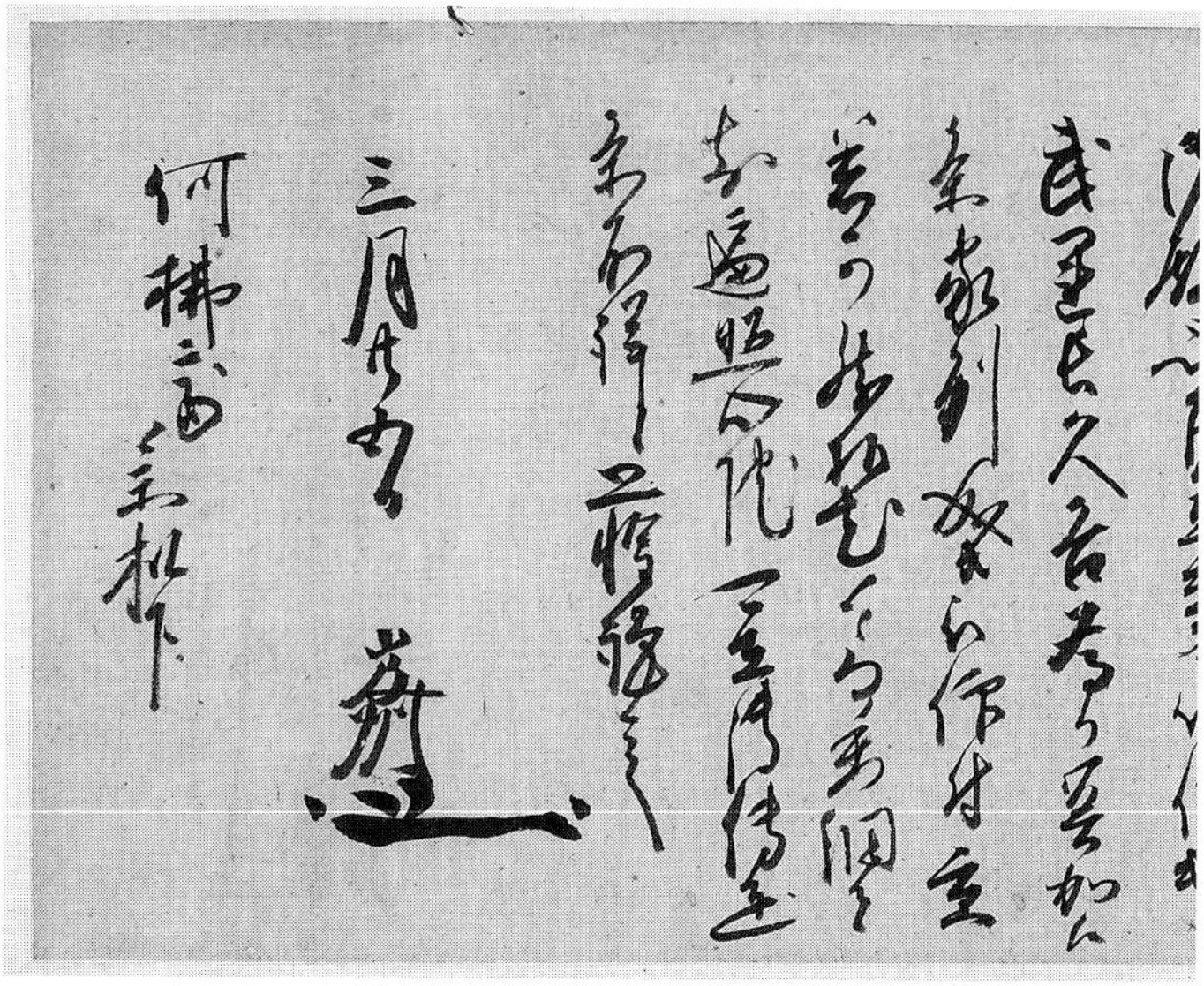

一＊一条殿ヨリ御内書候、其
趣者先＊御縁之事、相次者、
＊御殿思召立事被仰出候、
武運長久各為御冥加候
条、家別成共被仰付、京
着可然様尤候、尚委細者
別＊遍照心院可在御伝達
条不詳候、恐惶謹言
（天正元年カ）三月廿五日　＊岌州（花押）
何払斎
参机下

＊一条殿…京都一条内基（うちもと）カ。内基は、天正元年（一五七三）九月、土佐一条兼定を出家させ、その子息内政（うちまさ）を元服させた。天正元年七月～天正三年五月まで、京から下向して土佐に滞在している。
＊御縁…天正二年、内政が長宗我部元親の娘を娶る。
＊御殿…土佐国長岡郡大津城。大津御所と称される。
＊遍照心院…京都、万祥山大通寺遍照心院。
＊岌州（ぎゅうしゅう）…陸奥会津の出身で諸国を行脚した後、京都知恩寺の住持となる。朝廷から紫衣（しえ）を賜るなど信頼も厚く、特に上杉謙信と朝廷間の仲介役として活躍、謙信の関東出兵時にも同行した。

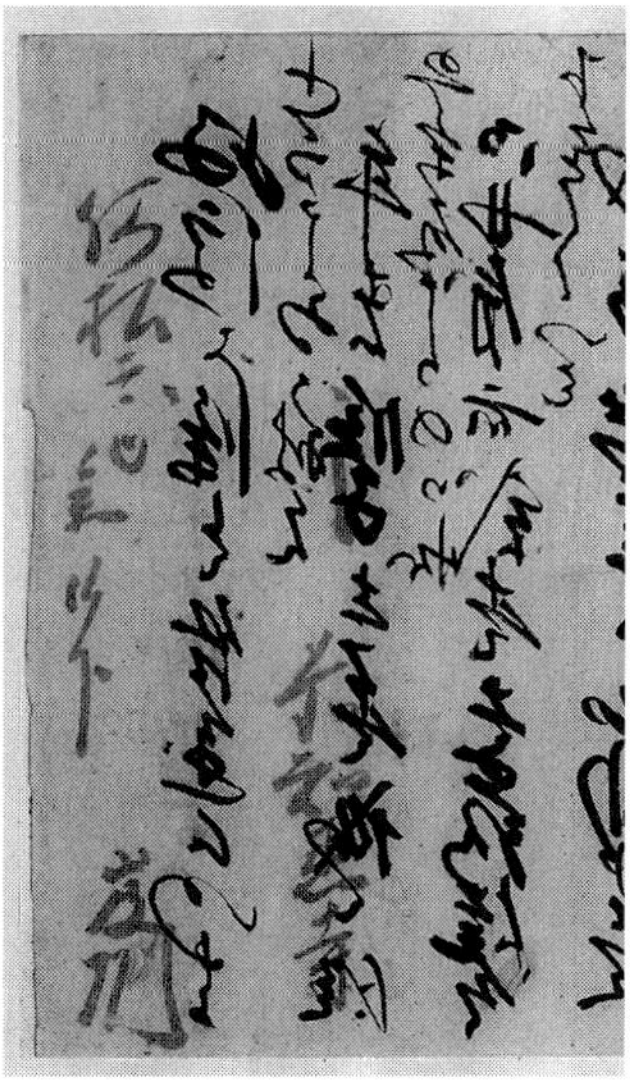

ウハ書赤外線写真

解説

岌州は京都知恩寺の僧侶で、関白近衛前久が上杉謙信へ書状を届ける際、外交僧としての役目を果たしている。

この書状では、岌州は知恩寺を退いた後、一条家からの伝言を、石谷氏を通じて長宗我部元親へ伝達しようと取り次いでいる。宛名の「何払斎」が誰かは不明であるが、内容から、土佐で石谷氏が懇意にしている寺の住持ではないかと推測される。

「一条殿ヨリ御内書」があり、「御縁之事」「御殿思召立事」について仰せ出された。元親は、一条兼定の嫡男内政を岡豊城からほど近い大津城に移して庇護・後見することになるが、「御殿」とは大津御所設立のことであり、また「御縁」とは元親の娘と内政の婚姻を示し、京都一条家からの指示があったことがわかる。

実際には、これらの事柄が一条内基の土佐滞留中におこなわれるので、この書状は内基が土佐へ下向する以前の天正元年（一五七三）三月二五日のものであると推定される。詳しくはコラム3を参照のこと。

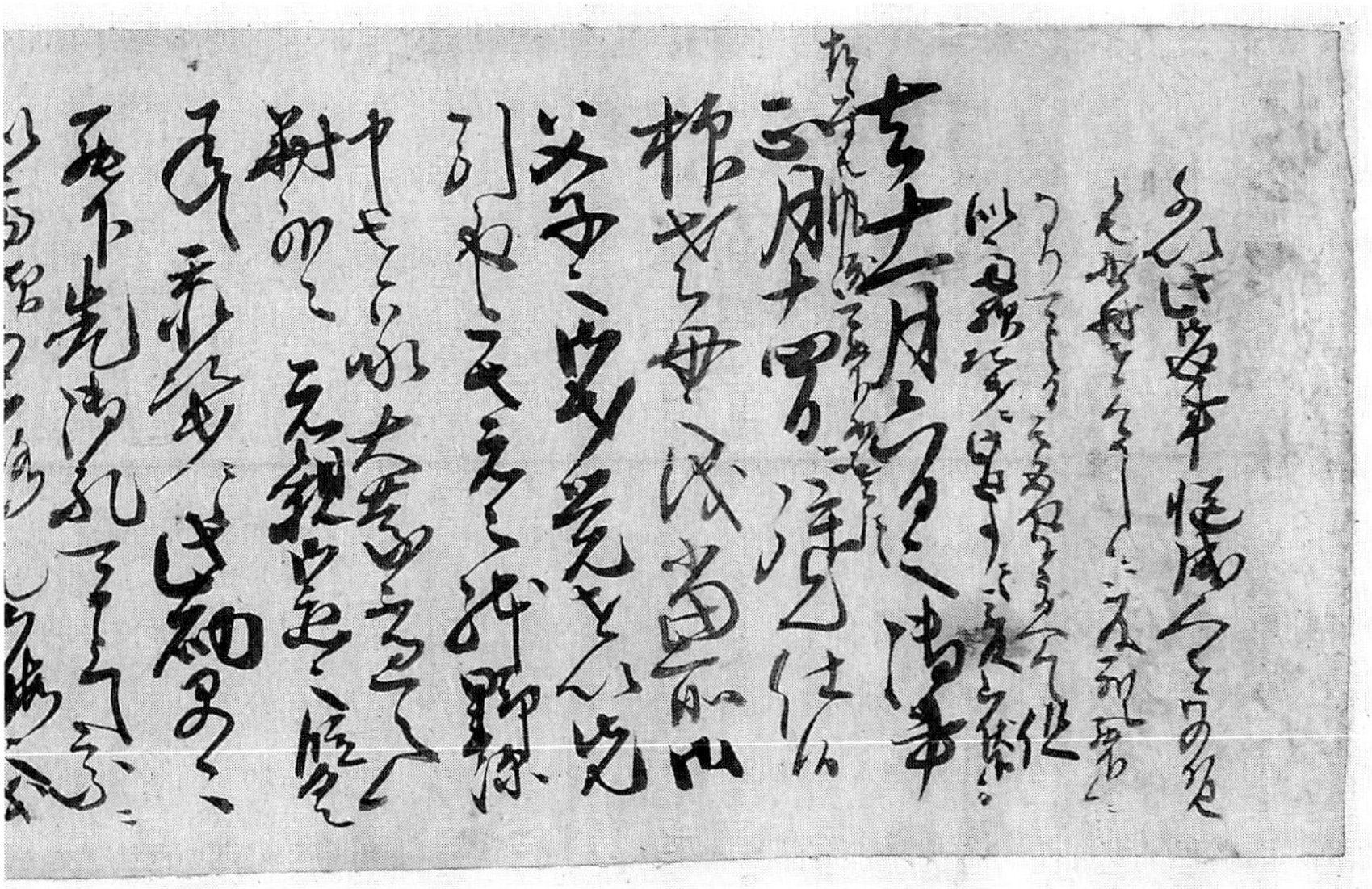

8 斎藤利宗ヵ書状

（端裏切封ウハ書）
「　　　平入
（墨引）　渓草斎
頼辰様　御返報　秀（利ヵ）和」

尚以此御返事、慥成人を御のほせ
候者、野村をくたし候ニ不及、我々罷下候ニ
なり可申候間、其御心得有るへく候、但
*似斎（稲葉一鉄）様次第ニ此御返事ニも不及、山伏下候か、
（行間書）
左候ハす共、風渡可罷下外無御座候

去十一月六日之御書、
正月十四日ニ拝見仕候、
抑*老母之儀、当所*御
父子之御才覚を以先
引取候、其元之躰、野源（野村）
申を承、大慶不過之候、

---

*似斎様…稲葉良通、一鉄。美濃曽根城主。西美濃三人衆の一人。

*老母…斎藤利宗の母。

*御父子…稲葉一鉄と子息。

*御本所様…織田信雄。織田信長の次男。天正一二年（一五八四）には、徳川家康と結び、小牧・長

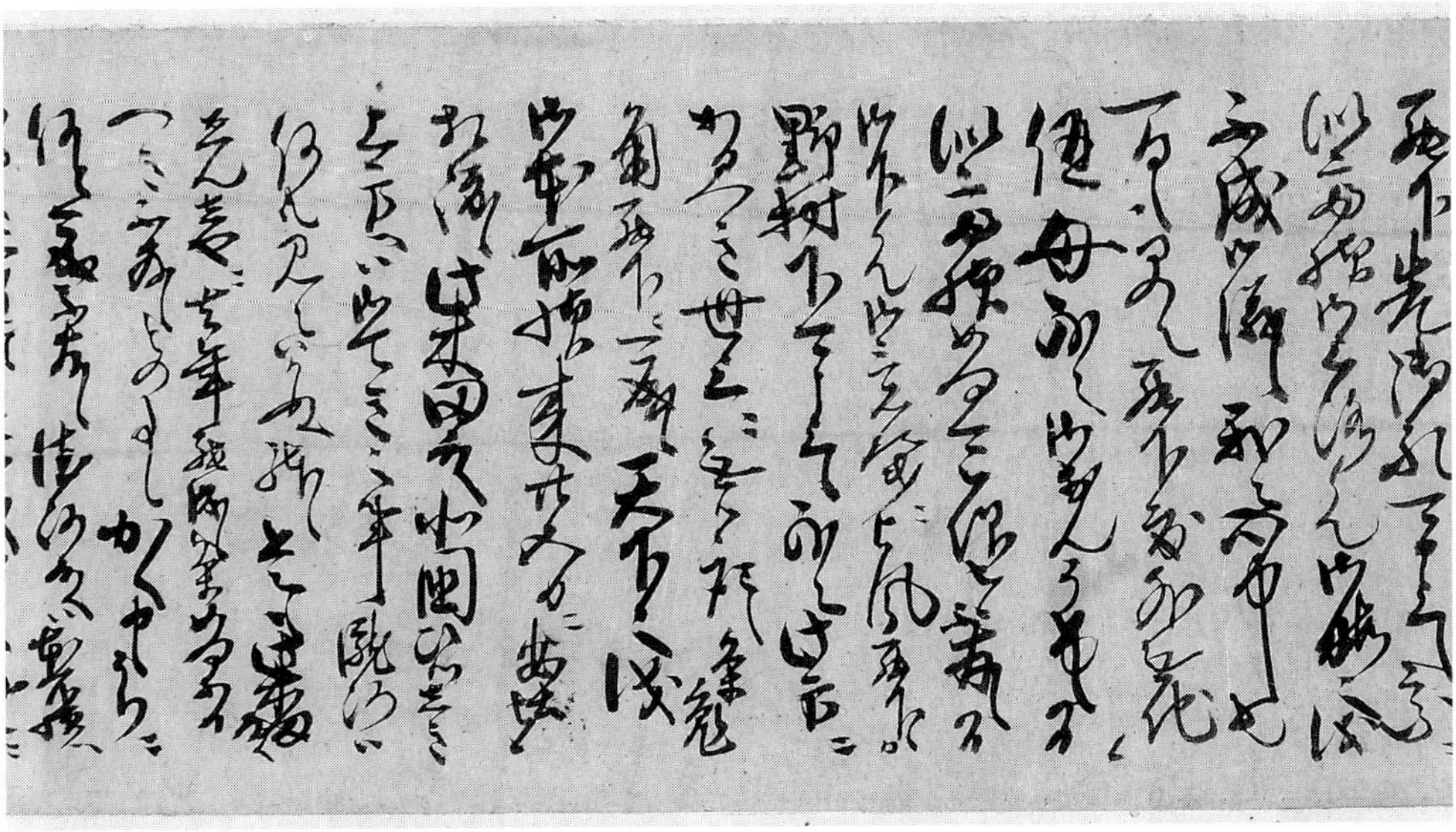

対外ニ　元親《(長宗我部)》御懇之段、具
承候、忝次第ニ候、此砌早々
罷下、先御礼可申上候処ニ
似斎様御上洛候て、御暇之儀
不成御儀候、我々心中者
一日も早々罷下度外無他候、
併母外ニ御おん《(恩)》うけ候間、
似斎様如何可被仰を不存候間、
御下候て御意次第ニ与風罷下候か、
野村下可申上候、外ニ此方ニ
あるへき世上ニ無御座候条、兎
角罷下ニ可成候、天下之儀、
*御本所様《(織田信雄)》来廿五日ニ安土を
相渡候、*柴田殿《(勝家)》北国　*ひつしき《(引っ敷き)》
上方へハ御てき《(敵)》之事、*滝河《(一益)》ハ
何共見えいかぬ躰候、是も*柴田殿
ゑんしや《(縁者)》ニ去年罷成候条、如何ある
へき不存候との事候、かく申候うちニ
何と可成不存候、*徳河殿《(家康)》ハ本所様へ
かたき一身ニ候、*三七殿《(織田信孝)》いまた岐阜ニ
御座候、去年これも上方へ御ふくろ・

久手の戦いで羽柴秀吉と戦う。

*柴田殿…柴田勝家。天正一一年、賤ヶ岳の戦いで秀吉と対戦して敗れ、越前北庄城にてお市（信長の妹）と共に自刃した。

*ひつしき…腰当て。

*滝河…滝川一益。伊勢長島一揆の平定後、長島城主。賤ヶ岳の戦いでは、長島城で秀吉を迎え撃つ。勝家が自刃後も籠城し続けたが、ついには降伏して出家した。

*柴田殿ゑんしや…天正一〇年本能寺の変後、勝家は、信長の妹お市の方と結婚している。信雄と縁者ということか。

*徳河殿…徳川家康。小牧・長久手の戦いでは、秀吉と対立した信雄を援助して尾張に出陣し、勝利を得た。

*三七殿…織田信孝。天正一〇年の清洲会議の後、岐阜城に籠もって秀吉に抵抗する。賤ヶ岳の戦いで勝家が自刃後、岐阜城を開城するが、幽閉の後

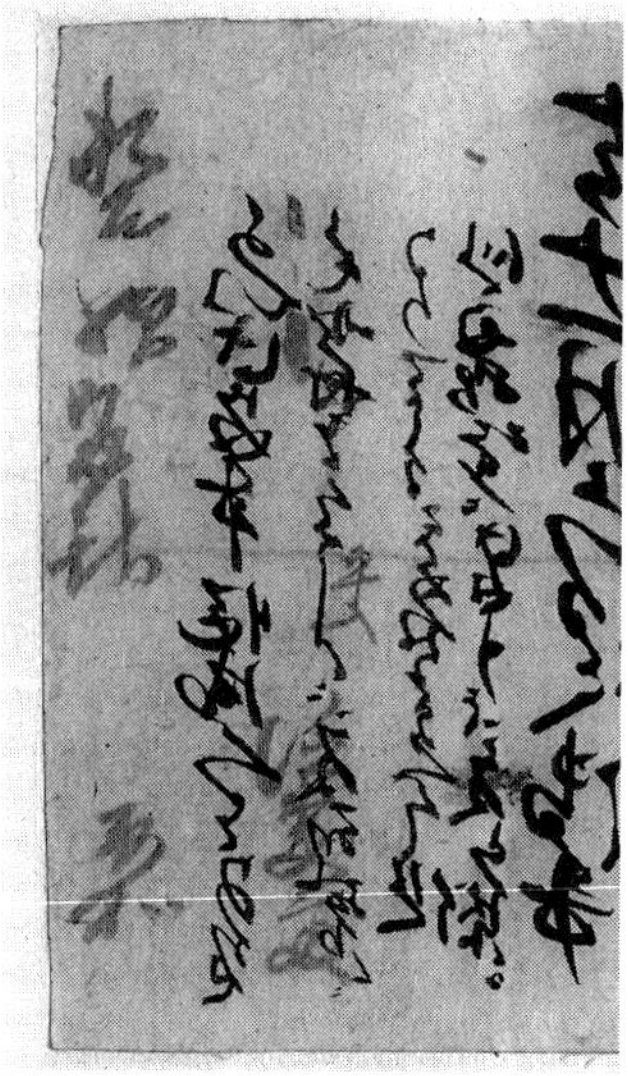

ウハ書赤外線写真

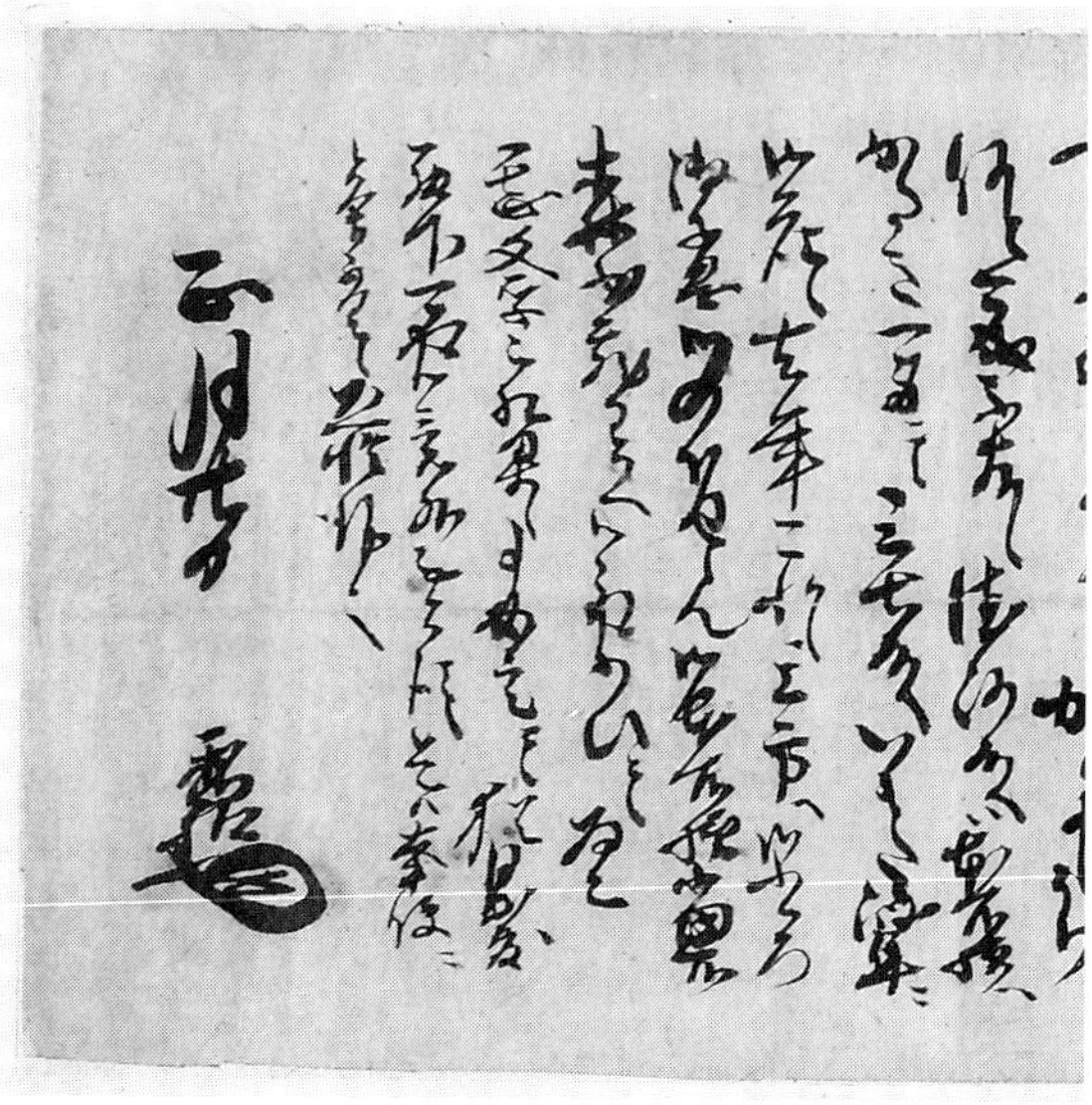

＊御子息御のほせ候て、御本所様当所
＊森少蔵（長可）なとへ御取あひニ候、将亦
甚文字被相果候事必定ニ候、猶目出度
罷下可得御意外無御座候、是ハ幸便ニ
候条不具候、恐惶謹言
（天正一一年）正月廿日　　秀和（利カ）（花押）

切腹させられた。

＊御子息…三法師（さんぼうし）。織田秀信。清洲会議で織田家の家督を相続。信孝によって岐阜城に抑留されたが、秀吉が秀信を奪い返して安土城へ入れた。

＊森少蔵…森長可（ながよし）。美濃金山（かねやま）城主。本能寺の変後、織田信孝に属すが、翌年背いて秀吉に仕える。小牧・長久手の戦いでは、舅の池田恒興とともに秀吉方に参加するが戦死した。

解説

この書状の年代は天正一一年（一五八三）である。差出人の名はとりあえず「秀和」としたが、花押は史料23斎藤利宗（利三の子息）のものと同一であり、斎藤利宗の書状ではないかと推測される。利三は、天正一〇年の本能寺の変に従軍するが、山崎の戦いで羽柴秀吉に敗れて打ち首に処せられた。利宗は、罪人の子として時折名前を変えた可能性も考えられる。この書状から、その後の利三の妻および子どもたちは、稲葉一鉄のもとで世話になっていることがわかる。長宗我部元親が、利三の遺族らの受け入れに応じるとしているので、一日も早く土佐へ下向したいという強い意志を伝えている。しかし、一鉄が上洛しているため暇は出されず、また一鉄の意向にもよるとしている。

世間の情勢として天正一一年一月、賤ヶ岳の戦いで滝川一益が柴田勝家への旗色を明確にするかどうかの状況にあることや、昨年の一二月に羽柴秀吉が岐阜城の織田信孝を降伏させて、甥の三法師（織田秀信）が秀吉に引き渡されたこと、信孝の母らを人質として上方へ送らされたこと、さらに一月二五日には、織田信雄が安土城を三法師に渡し、信雄と徳川家康は同盟関係にあることなどを伝えている。

9
寿顕書状

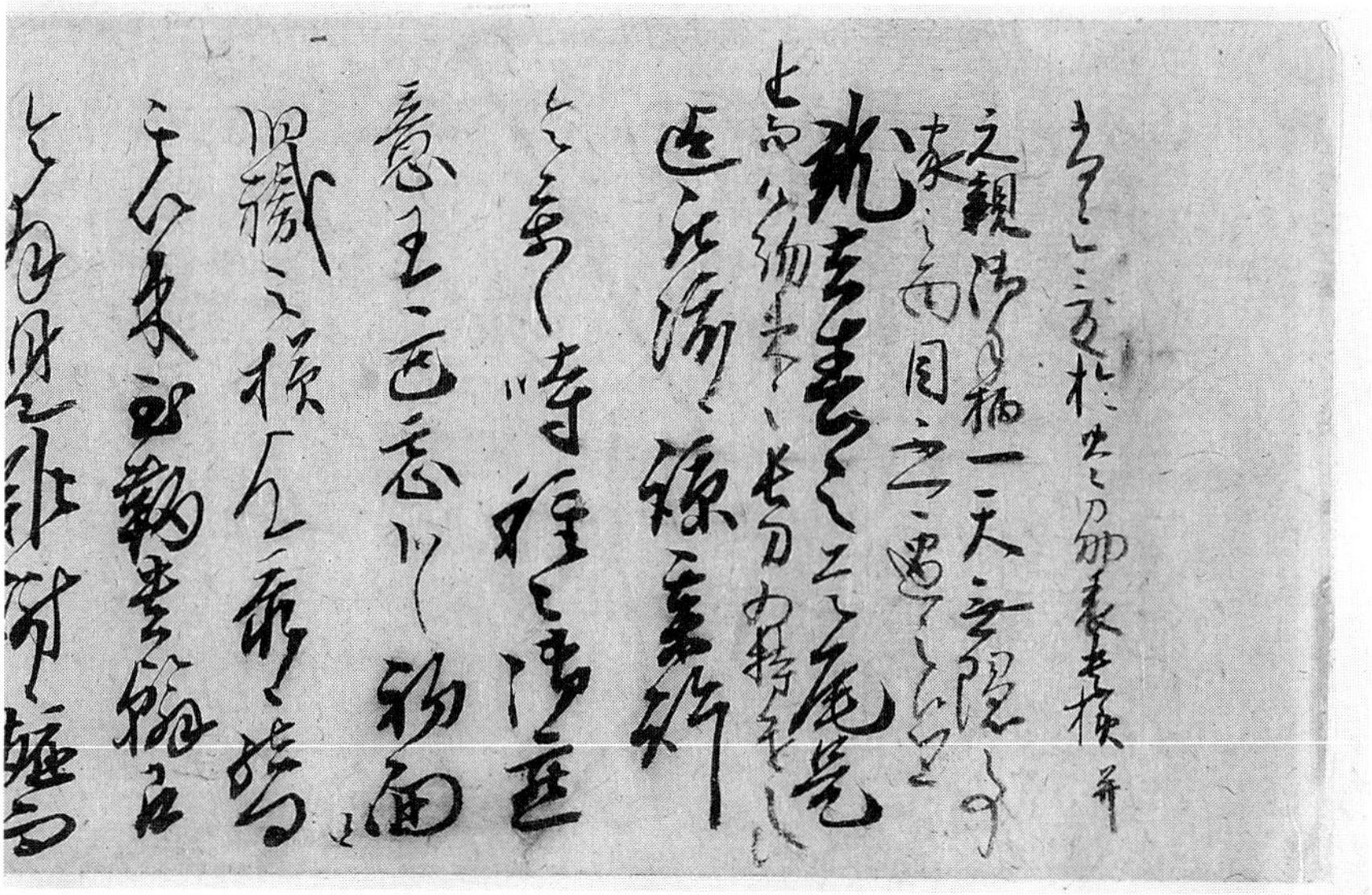

尚々、今度於豊州表、貴様并
元親（長宗我部）御手柄一天無隠候事、
家之面目不可過之候、以上
（行間書）
追而、御約束之長刀為持進之候

就去春之首尾、是
迄罷渡候、*諒*某（其）許
令参之時、種々御懇
意于今叵（難）忘候之、初面と
*旧識之様にて忝候、結句
其以来至鞅貴翰即
令拝見難謝候、軈而
其表可致参上之条、
可遂*向顔与本望存候、
委細之段、自*家孝（小林）可被
仰達之間、内々御才覚
*憑候、恐惶謹言
*夷則（天正一四年ヵ七月）五日　　寿顕（花押）

---

*諒…まことに。
*其許（そこもと）…そなた。
*旧識…古くからの知り合い。
*向顔（こうがん）…面会。
*家孝…小林家孝。足利義昭の側近で奉公衆。
*憑…たのむこと。
*夷則（いそく）…旧暦七月。

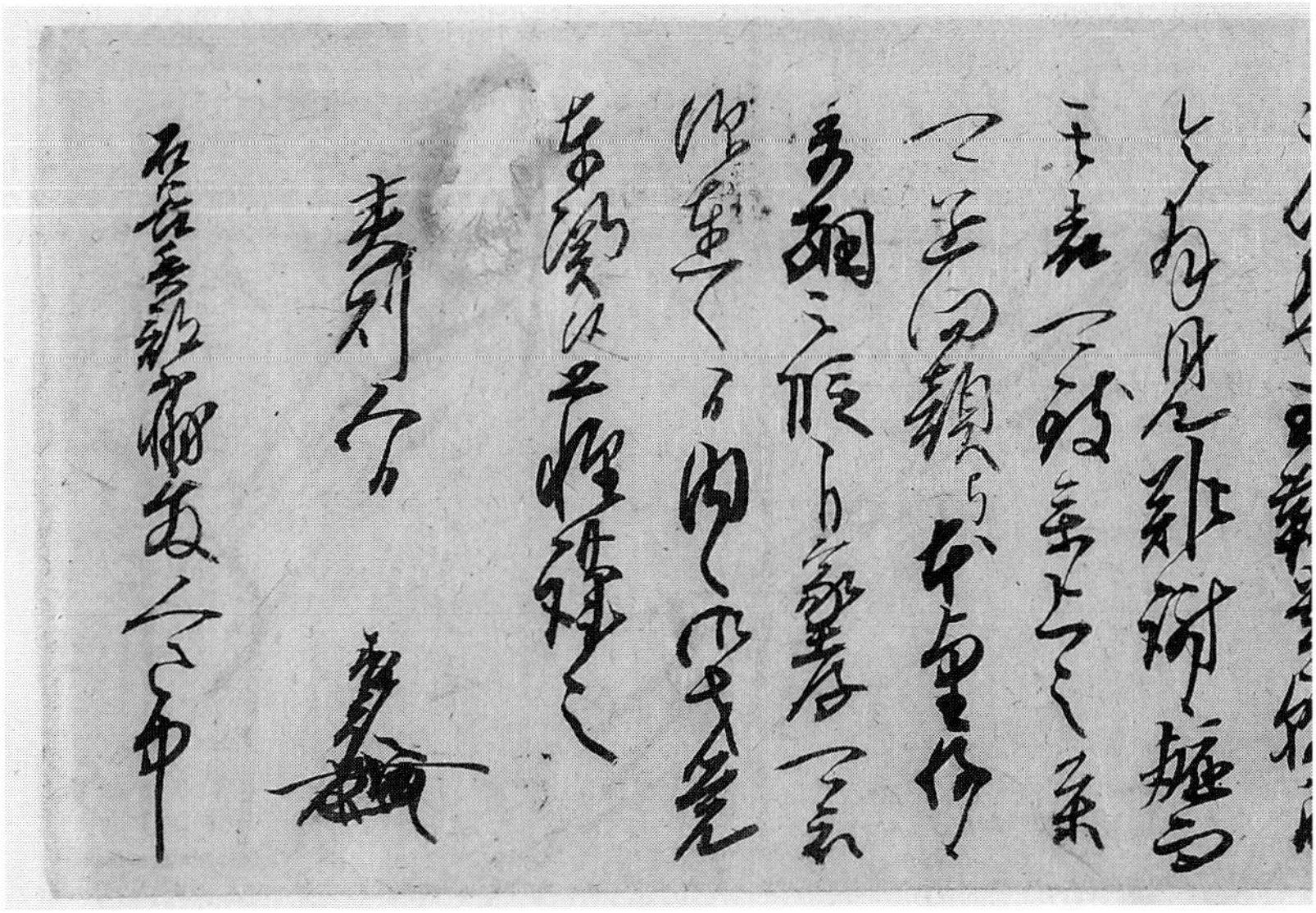

石谷兵部少輔（頼辰）殿人々御中

解説

「豊州表」とあることから、豊臣秀吉による九州への出兵に関連する書状と推定される。ただし、長宗我部元親の九州への渡海は一〇月とされるので、年次比定には今後検討が必要である。

天正一四年（一五八六）、秀吉は島津氏を攻撃するため九州攻めを開始した。

七月五日付のこの書状では、元親が手柄を立てたので約束の長刀を進呈すると記されている。差出人は、石谷頼辰に初めて会った後は、備後の鞆に届いた頼辰の書状を拝見していることから、鞆にいる将軍足利義昭の近臣であると考えられ、この長刀は義昭から下賜されたものであろう。

なお、同年一二月一三日、この合戦で元親は、嫡男の信親と石谷頼辰を失った（史料20、21参照）。

10 真木島昭光書状

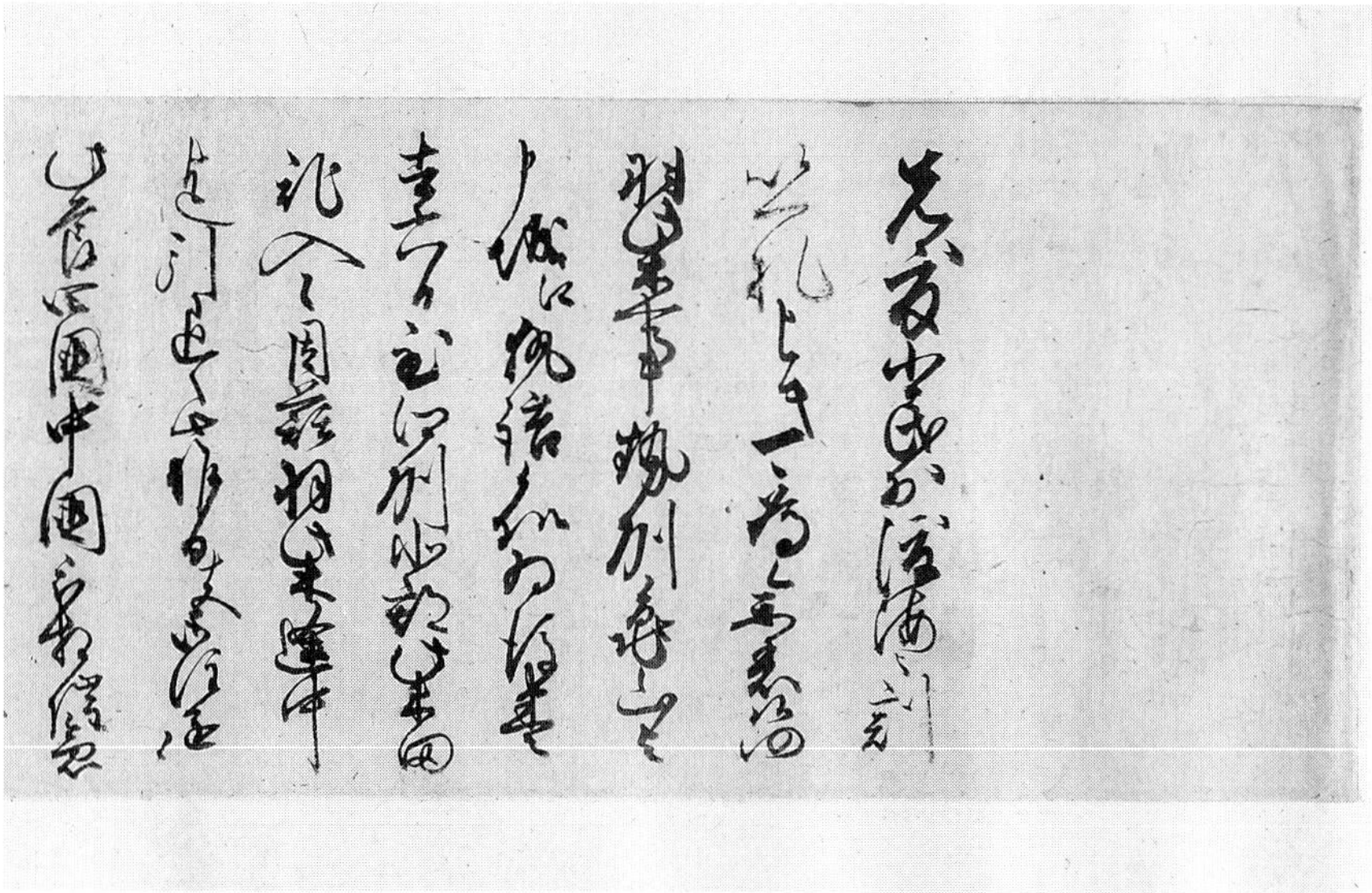

先度、小民少(小林家孝)*渡海之刻、
以一札申候キ、可為参着候、仍
羽柴(秀吉)事、勢州亀山与
申城江執詰候処、為*後巻
去六日至江州北郡、柴田
乱入候、因茲羽柴途中
迄引退之由、昨日十五日御注進候、
此節四国・中国被相催、急
度　御*帰洛之御行肝心由、
従柴田方追々言上候、種々
調略等有之由候条、早速
可有一着候歟、就其、此度元親(長宗我部)
御馳走偏被頼　思召旨被仰
出候、併御名誉不可過之候
歟、別而御才覚可為御忠儀候、
猶条々申含口上候、次*来嶋
落城之段、定而不可有其
隠候間、不能申候、恐々謹言

---

*渡海…ここでは、土佐へ行くこと。

*後巻…味方を攻める敵を、さらにその背後から取り巻くこと。

*帰洛…京都に帰ること。

*来嶋…伊予国来島城（くるしまじょう）。

（天正一一年）三月十六日　　*（真木島）昭光（花押）

（石谷頼辰）石兵

御宿所

解説

天正一一年（一五八三）三月三日、伊勢長島城主滝川一益の属城である伊勢亀山城は、羽柴秀吉に攻略された。三月一二日、越前北庄城の柴田勝家は前田利家・佐久間盛政ら三万の軍勢を率いて近江柳ヶ瀬に布陣し、そのとき秀吉が引き退いた。これらの動向を同一五日に、勝家から将軍足利義昭のいる鞆の浦へ報告があった。

本書状は、将軍義昭の帰洛のために中国の毛利氏と四国の長宗我部氏が相互に協力することが重要であると伝え、義昭は長宗我部元親へ対し帰洛のための協力を要請している。さらに、天正一〇年の伊予国来島城の落城の事実を長宗我部方へ知らせている。来島氏は河野氏から織田信長側についたため、毛利氏および河野氏による攻撃を受け、村上（来島）通総は、備中にあった秀吉のもとに逃走していた。

この書状の差出人真木島昭光は将軍義昭の奉公衆で、鞆の浦において将軍の側近として御内書の添状の作成などに携わった。鞆の浦から土佐の石谷光政・頼辰へ対する使者は、奉公衆の小林家孝が務めていたことがわかる。

*昭光…真木島昭光。義昭の側近、奉公衆。京都山城槇島（まきしま）城を本拠とし、槇島城の戦いで、織田信長に敗れた後も義昭と行動を共にし、鞆（とも）の浦へも随行した。義昭の死後、葬儀を挙行した。

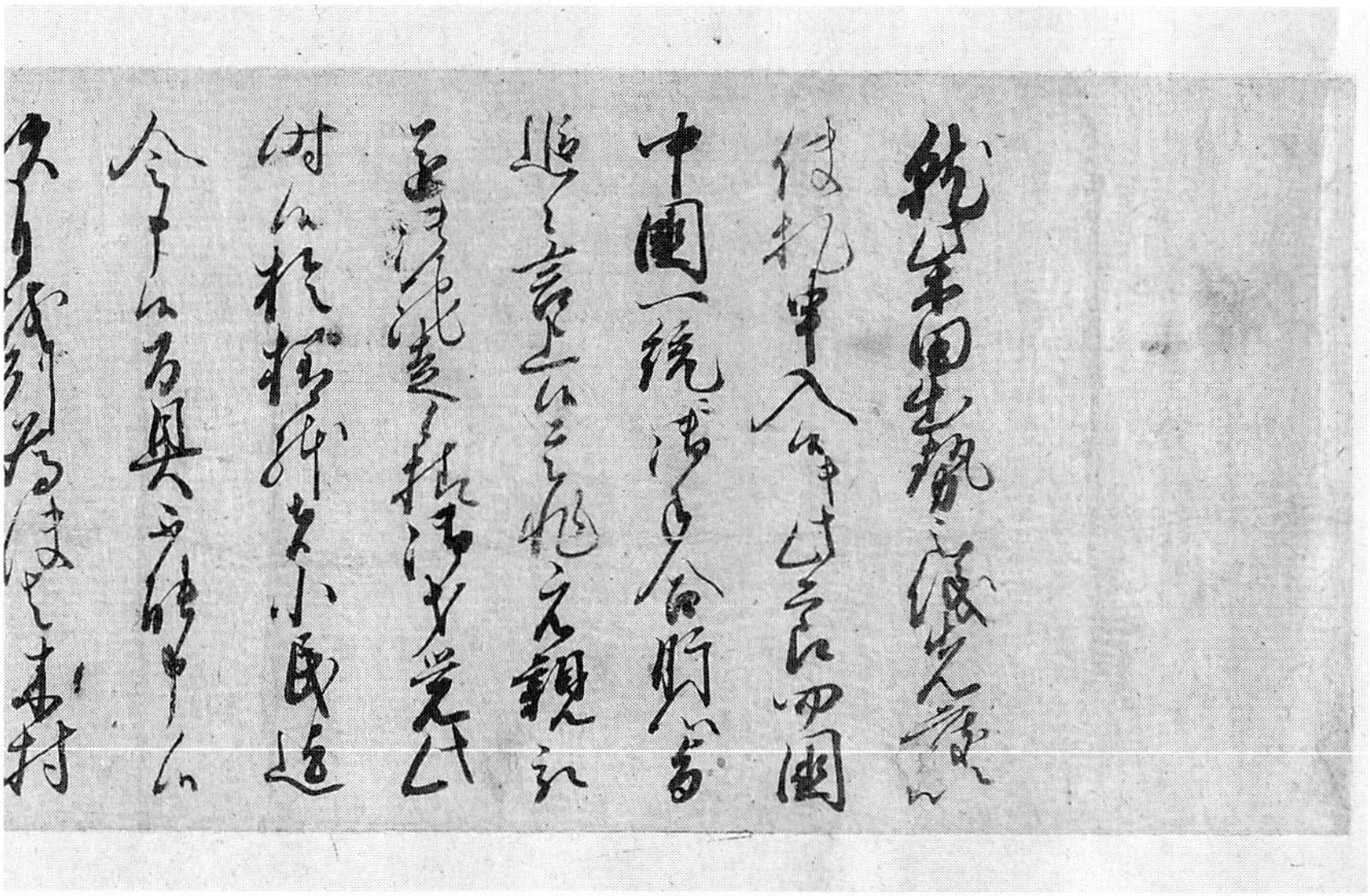

11 真木島昭光書状

就*柴田（勝家）出勢之儀、先度以
使札申入候キ、此節四国
中国一統ニ御手合肝心旨、
追々言上候、是非元（長宗我部）親被
遂御馳走候様、御才覚此
時候、於様躰者小民（小林家孝）迄
令申候間、具不能申候、
次自越州為使者、木村
市右衛門尉渡海候間、壱人
相副之候、万端可然様
御馳走所仰候、委曲使者
可申述候、恐々謹言

（天正一一年）三月廿四日　（真木島）昭光（花押）

（石谷光政）石摂
（石谷頼辰）同兵
（香川信景カ）香大

御宿所

---

*柴田出勢之儀…天正一一年（一五八三）、賤ヶ岳の戦い。

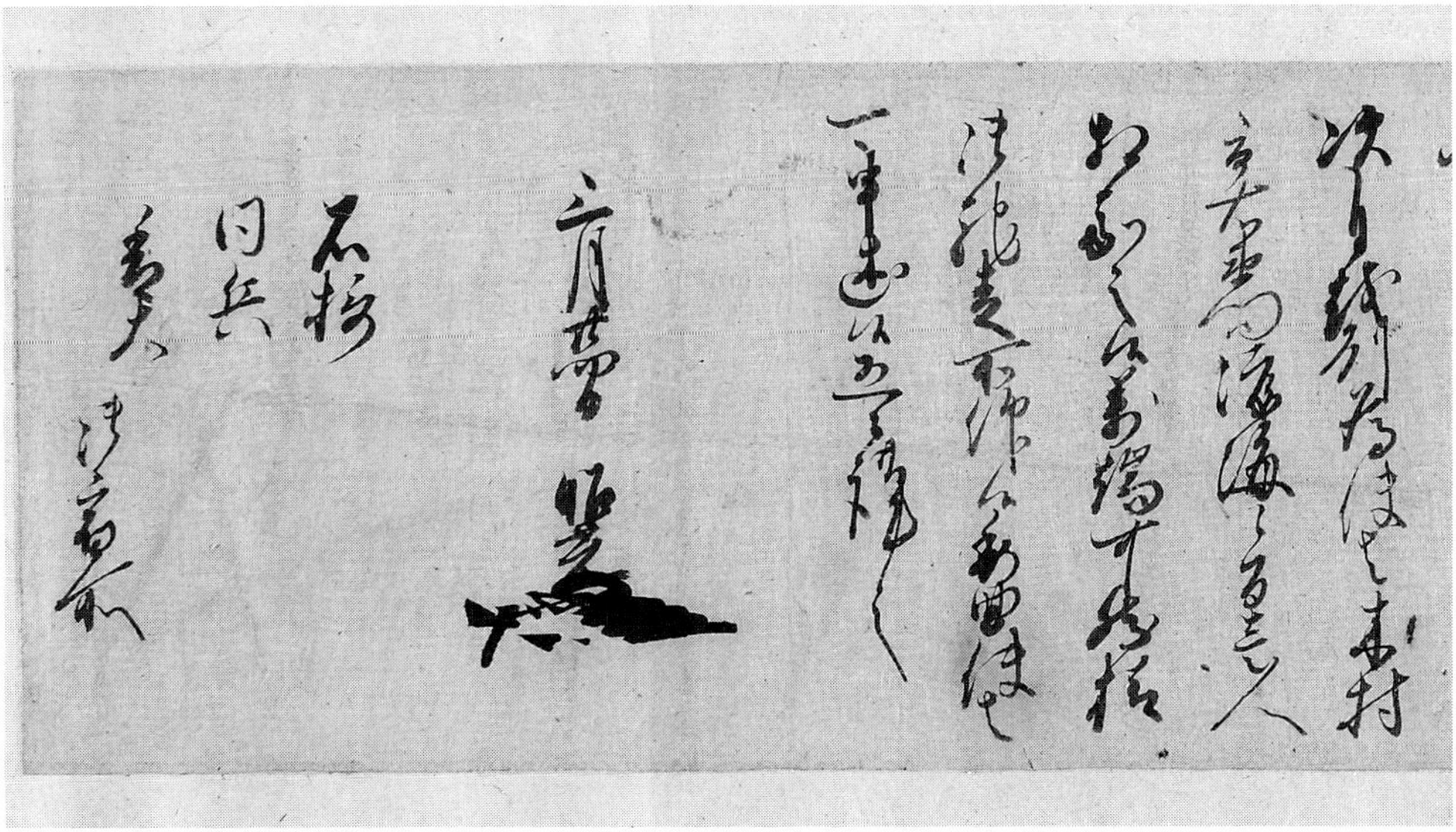

解説

「先度以使札申入候キ」の使札とは、将軍足利義昭の命をうけて、真木島昭光が小林家孝に持たせた史料10の書状であろう。賤ヶ岳の戦いにおける中国の毛利勢と四国の長宗我部勢の協力関係が重要であることを引き続き述べて、元親の馳走を強く求めている。越前から来た柴田勝家の使者木村市右衛門尉が、小林家孝とともに渡海することも伝えている。

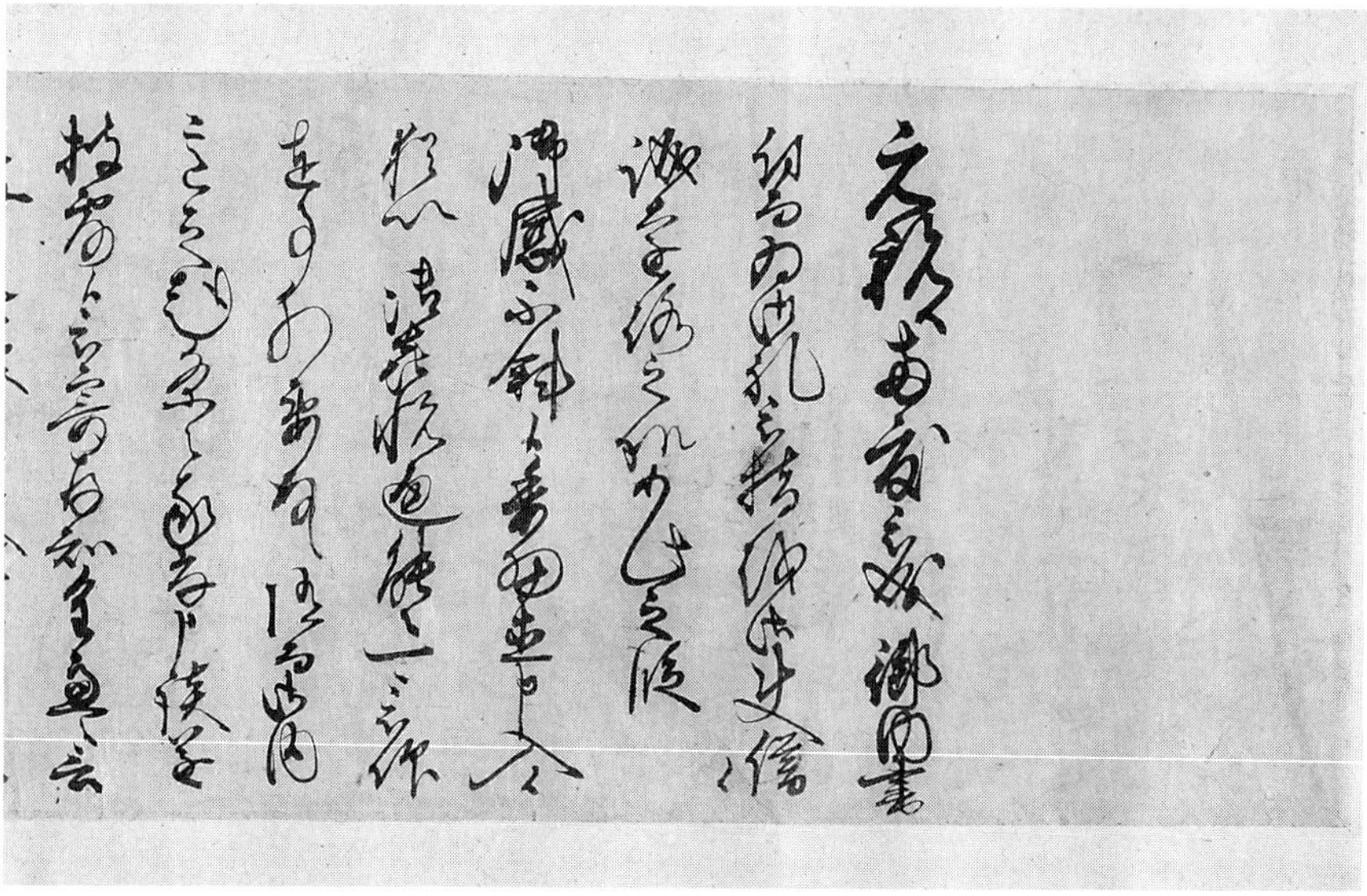

12 真木島昭光書状

元親(長宗我部)へ両度被成　御内書*
付而、為御礼被指越御使僧候、
誠遠路之処如此之段、
御感不斜候、委細直申入候、
猶以　御喜悦通、能々可被仰
達事肝要存候、随而御内
意之趣条々、家孝(小林)申談遂
披露候、被寄存知、重畳言
上、無比類被思食候、其元
御在国幸之儀候条、弥元親
被抽忠切(節)候様、折々其御才覚
別而可為御忠儀旨、相心得
可申由候、於様躰者、従小民少(小林家孝)可被
申達候、次上口之躰、定而不可有
其隠候、何篇　御帰洛眼前
に候、太慶此事候、猶万吉
追而可申承候、恐々謹言
五月十一日(天正一一年)　昭光(真木島)（花押）

*御内書…鞆にいる将軍足利義昭から出された文書。

一巻

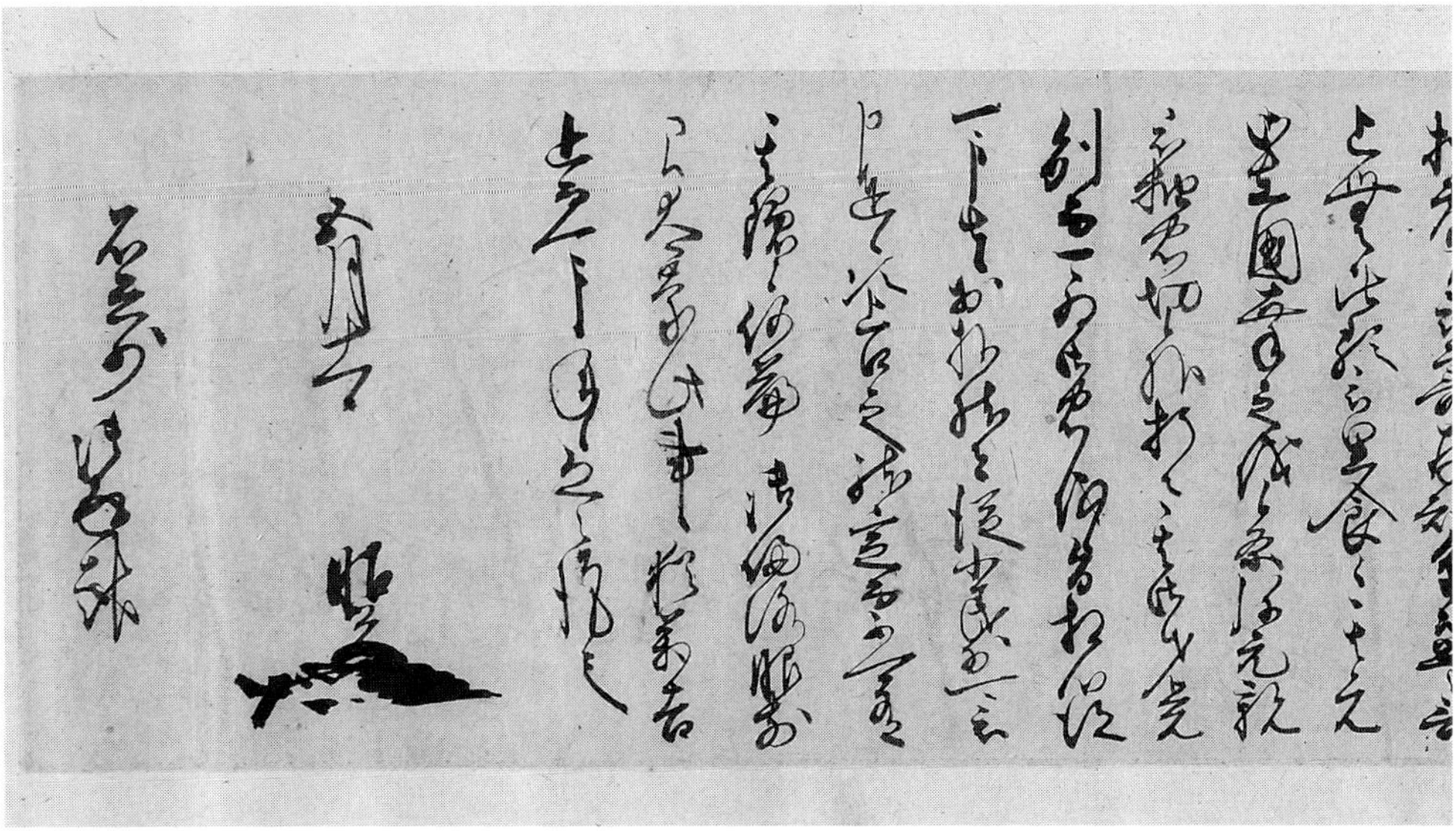

（石谷頼辰）石兵少
御返報

解説

将軍足利義昭の家臣真木島昭光が、石谷頼辰に対して出した書状である。長宗我部元親は、将軍義昭から御内書を受け取り、その御礼として使僧を鞆へ派遣したことがわかる。そして昭光は、将軍義昭へ対して元親にさらなる忠節を求めていた。

「上口」とは、瀬戸内海の東方付近を指すと考えられ、昭光たちは、羽柴秀吉が不利になれば義昭の帰洛が目前になると判断していたのであろう。いずれにしても、毛利氏と長宗我部氏が協力して秀吉に対抗することは、義昭たちにとって望ましいことであった。

石谷頼辰はもと室町幕府の奉公衆であり、元親妻の縁戚であったことから、義昭が石谷氏らを介して元親を味方につけ、京都への帰還を目指していたのであろうか。

13 真木島昭光書状

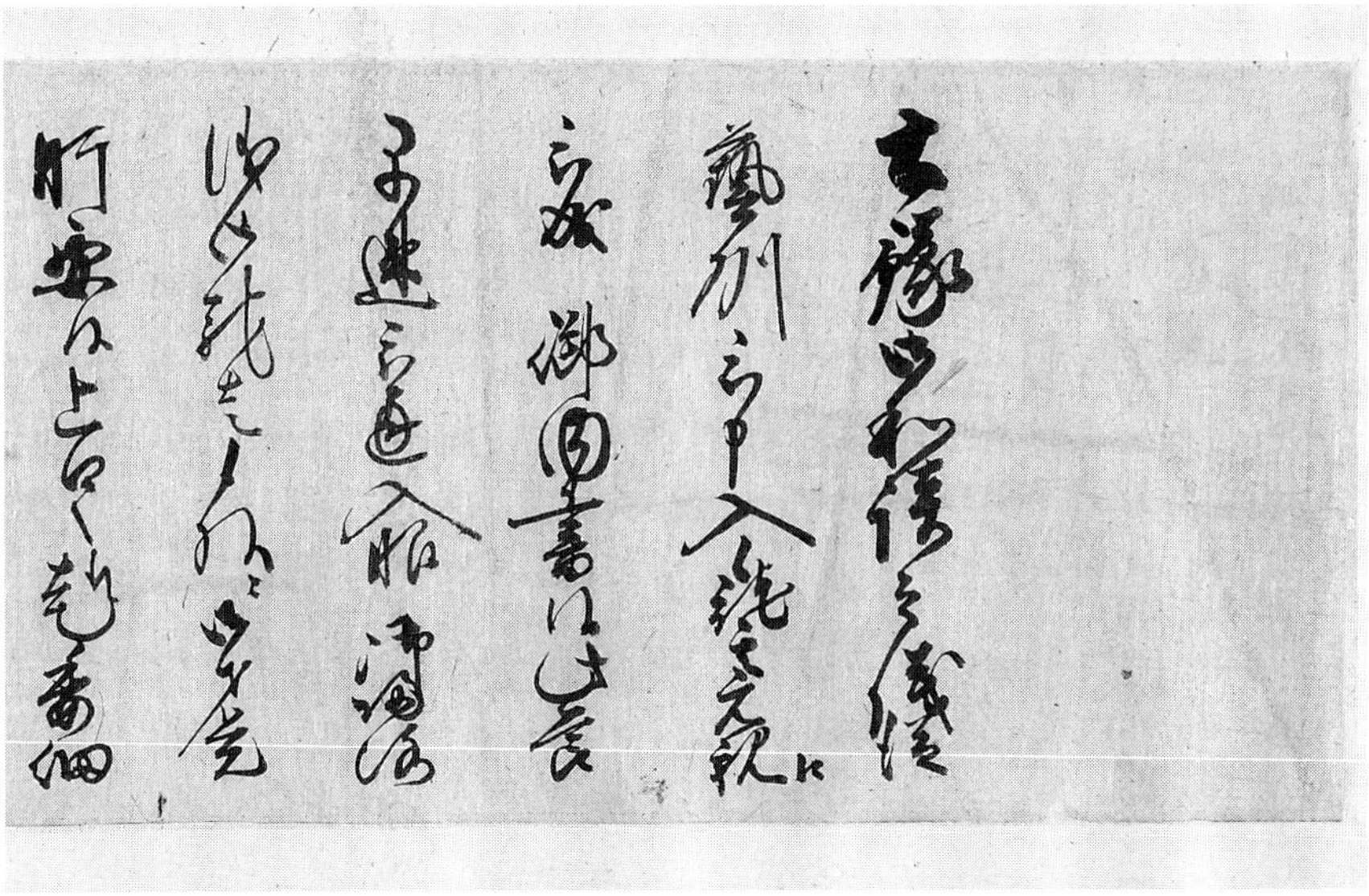

土予（土佐・伊予）御和談之儀、従
芸州（毛利輝元）被申入候、就其元親（長宗我部）江
被成　御内書候、此節
早速被遂入眼＊、御帰洛
儀、御馳走候様ニ御才覚
肝要候、上口之趣、委細
家孝（小林）可有演説候条、不能
重筆候、恐々謹言
二月（天正一一年）廿三日　昭光（真木島）（花押）
石摂入（石谷光政）
御宿所

＊入眼…（じゅがん）成就。

解説

毛利輝元の申し入れにより土佐の長宗我部氏と伊予の河野氏の和睦がなされることになり、その御内書が将軍足利義昭から長宗我部元親のもとに下された。将軍義昭の帰洛のためには、元親の馳走が重要であると、真木島昭光が申し添えている。文中の「上口」とは、瀬戸内海東方を指す。

兼俊書状

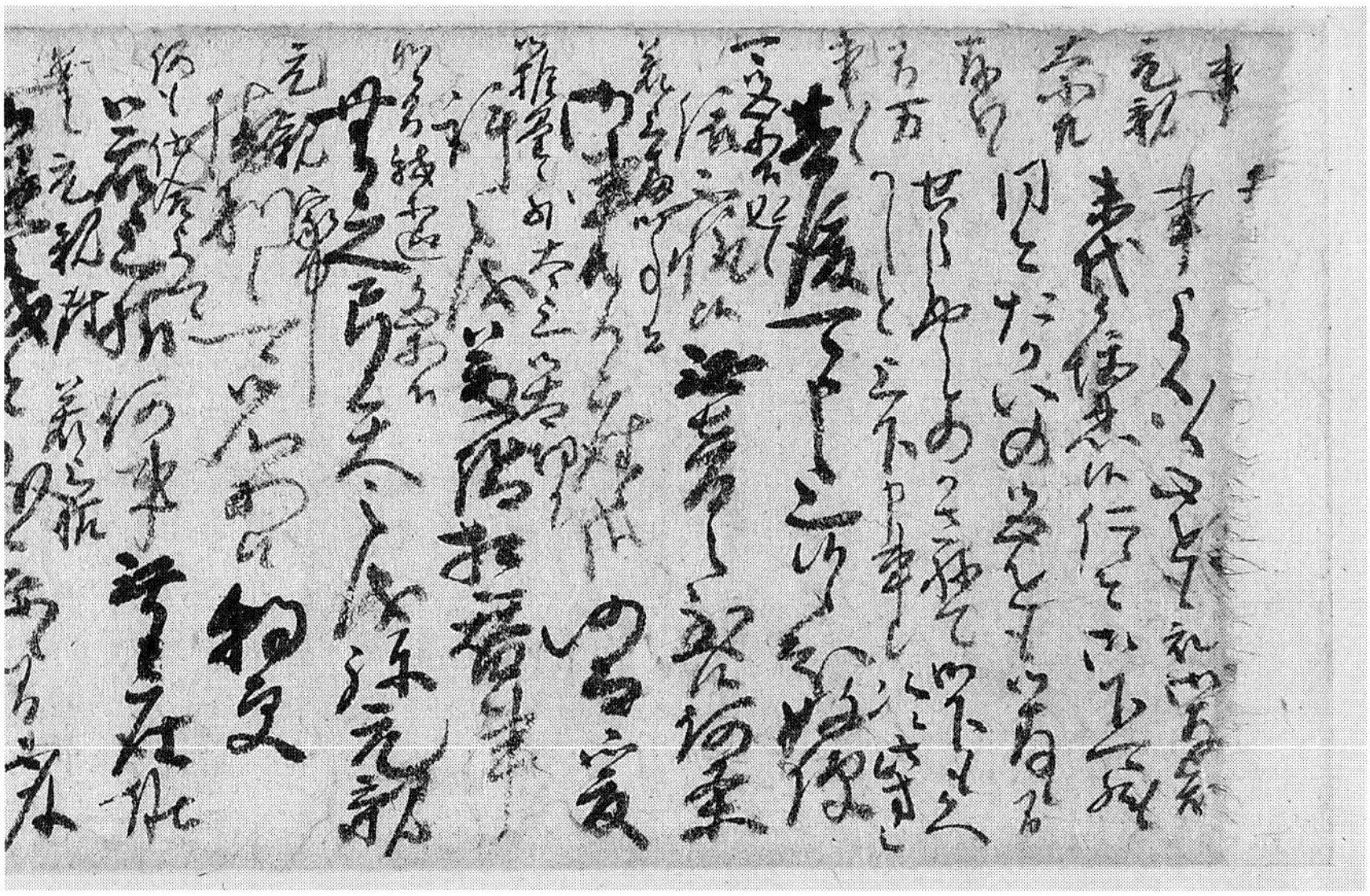

（前欠）
事よく〳〵心をも被御存知、
末代御堪忍候、使者御下可然候、
同者たかいの御心をも御存候間、
*せうしやうとの《（少将殿）》かさねて御下も候へ
かしと上下中事候、次ニ、此方之

（上段）
事、
元親《（長宗我部）》
大小共
存分候
間、万
事〳〵

（行間書）
可御心*安候、返々
*若上さま御事者
御推量之外、*太上御太切に
候之間、我等迄御心安候、
元親家中

---

*せうしやうとの…一条内政（うちまさ）。天正二年（一五七四）、父兼定が追放されて土佐一条家当主となる。長宗我部元親の娘を娶り、大津御所と称された。

*心安（うらやす）…安心である。
*若上さま…一条内政。
*太上（たいじょう）…最上。この上ないこと。

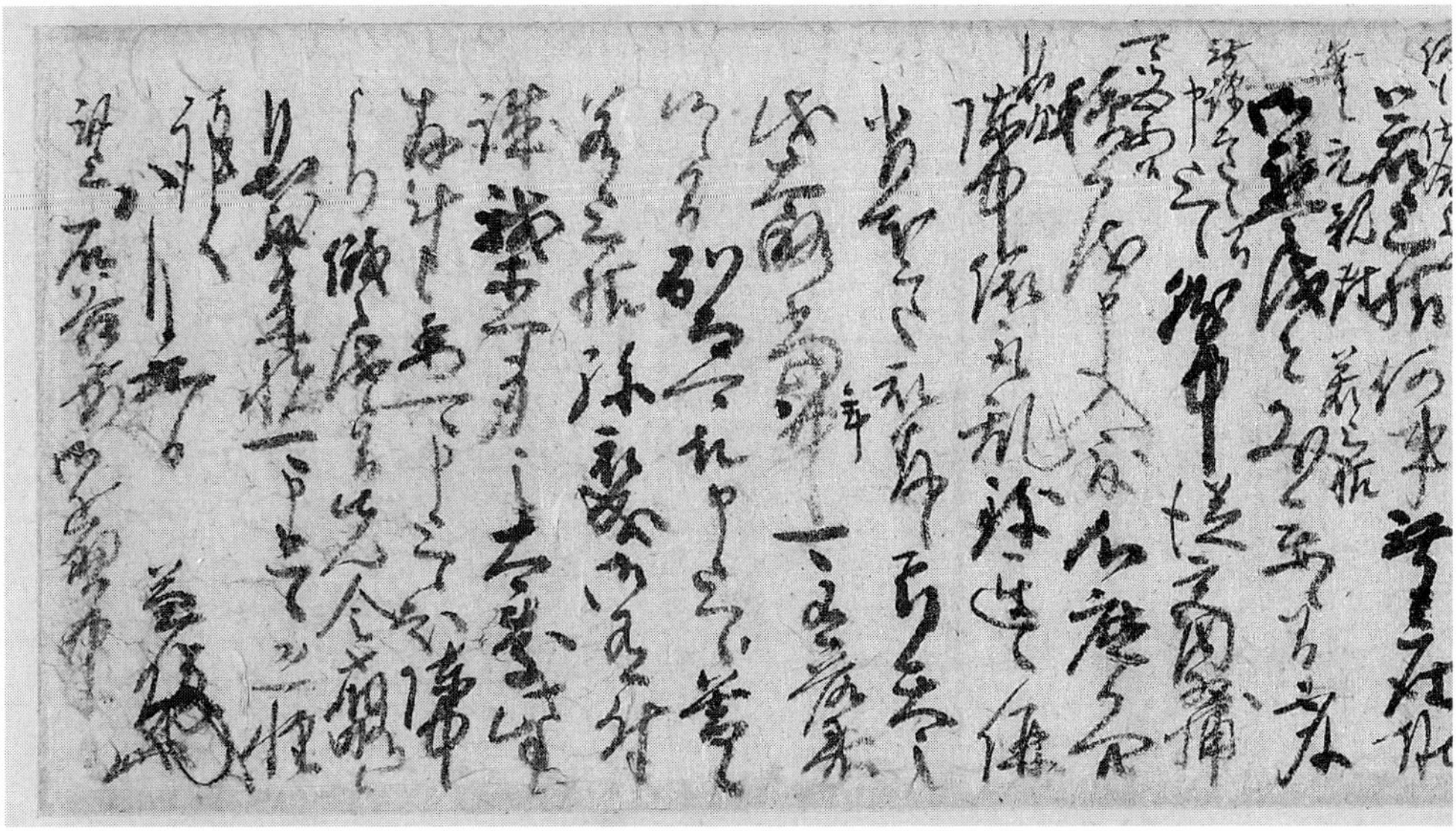

何も仕合よく候、
幸に元親、対若上様
無疎意候間、
可御心安候、
目出度

其後可申上候之処、好便
依不輙候、無音之至候、*何条
御事共御座候哉、仍而爰
許之儀、万端相替事
無之、*弓矢之儀、弥元親
勝利候、可御心安候、将更(又)
御若上様何事無御座候、
御懇之儀者文参候間、不及
申上候、就中従*宮内少輔
積候儀申入度心底候へ共、
陣中依取乱致遅々、併
背本意被存候、弓矢之
儀、*太略当年中可有落着
候之間、別而可被申上候、暮(呉)々
若上様弥被成御*有付、

---

*何条…何ほどの。

*弓矢…戦争。いくさ。

*宮内少輔（くないしょうゆう）…長宗我部元親。

*太略…おおよそ。

*有付（ありつき）…身の安定を得ること。

誠我等一身之太慶、此事
存計候、委可申上候処、陣中
より俄之儀候間、先令省略候、
目出度来(喜)悦可申上候、恐惶
謹言
八月九日(天正三年)　　兼俊（花押）
謹上　石谷(頼辰)殿　　御近習中

解説

この書状の作者である兼俊が誰かは今のところ不明である。「兼」が付いているので一条氏の人間か、あるいは史料7の安州のように外交僧とも考えられるが、京都一条氏とかかわりの深い人物であるといえる。史料15・16も同じ差出人からのもので、宛名の石谷殿は石谷頼辰であり、彼は上国すなわち畿内（京都カ）にいると推定される。

天正三年（一五七五）、長宗我部元親は一条兼定と渡川（四万十川）で対決するが、その際、兼定の嫡男内政は元親の陣中にいた。内政は元親の娘を娶り、岡豊にほど近い大津城で元親の庇護を受けながら生活していたため長宗我部方へ参戦している。陣中におけるこのときの元親と内政の様子、元親方の合戦の勝利、戦さが当年中に落着したのち元親から言上があることなどを、畿内にいる頼辰へ対し兼俊が伝えたものである。

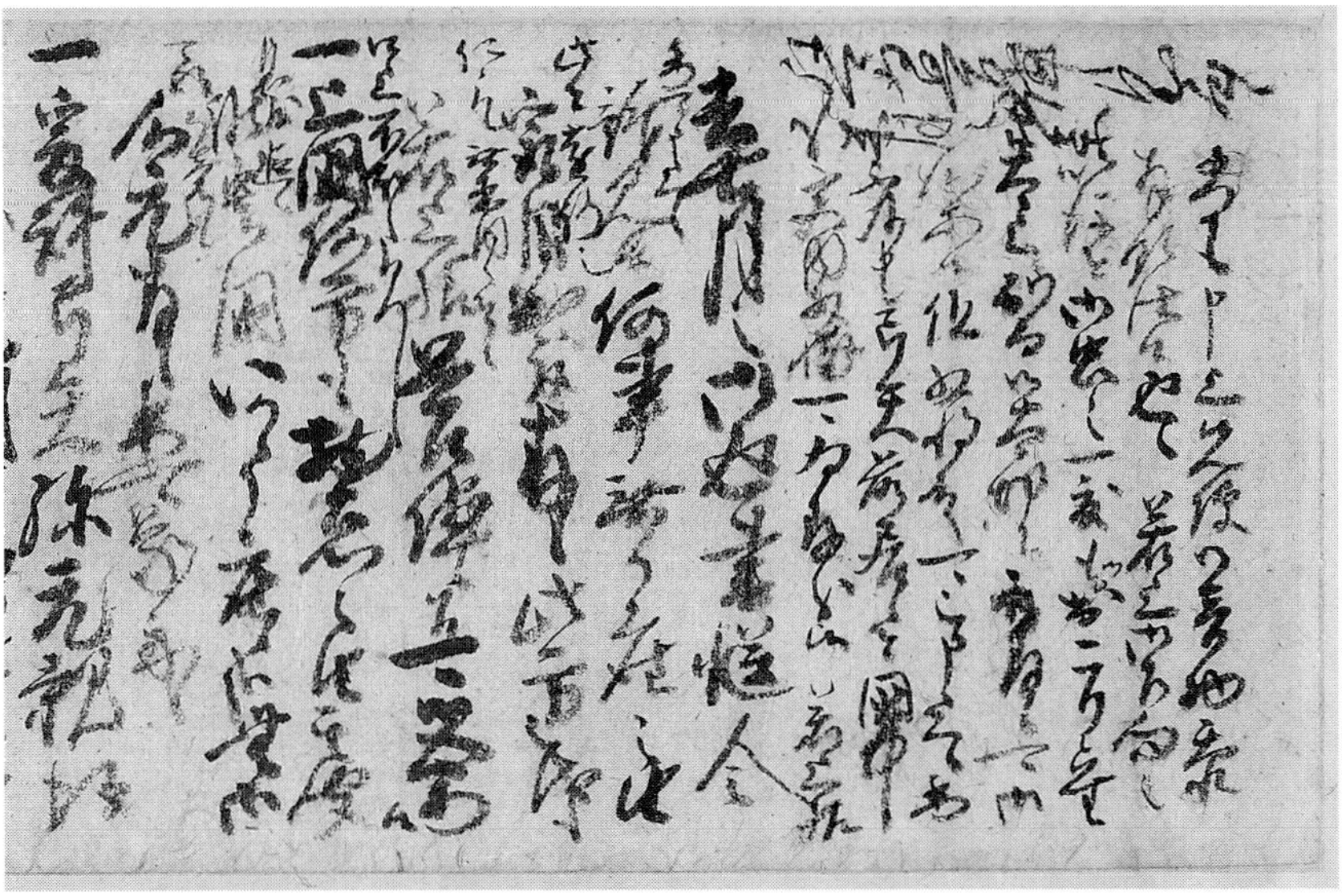

15 兼俊書状

尚々申上、先便御音物忝
拝領仕候、返々、*若上御下向之
以後者、御虫之一度も御おこり候ハす候、
太上別而御太切に被存候、可御
心安候、但*少将殿可被申上候、委
不及申候、*弓矢*落居候者、国中
宮内少輔（長宗我部元親）可為存分候、若上様
（文書上段）
弥可為思召儘候、目出度候、
又来月之代参
（行間書）
委可申上候、
此者遠路之
仁にて無案内之者候、
口上不本たるへく候、
目出度、追々
可得御意候

去七月之御返書慥令

---

*若上…一条内政。

*少将殿…一条内政。
*弓矢…戦争。いくさ。
*落居（らっきょ）…落ち着くこと。

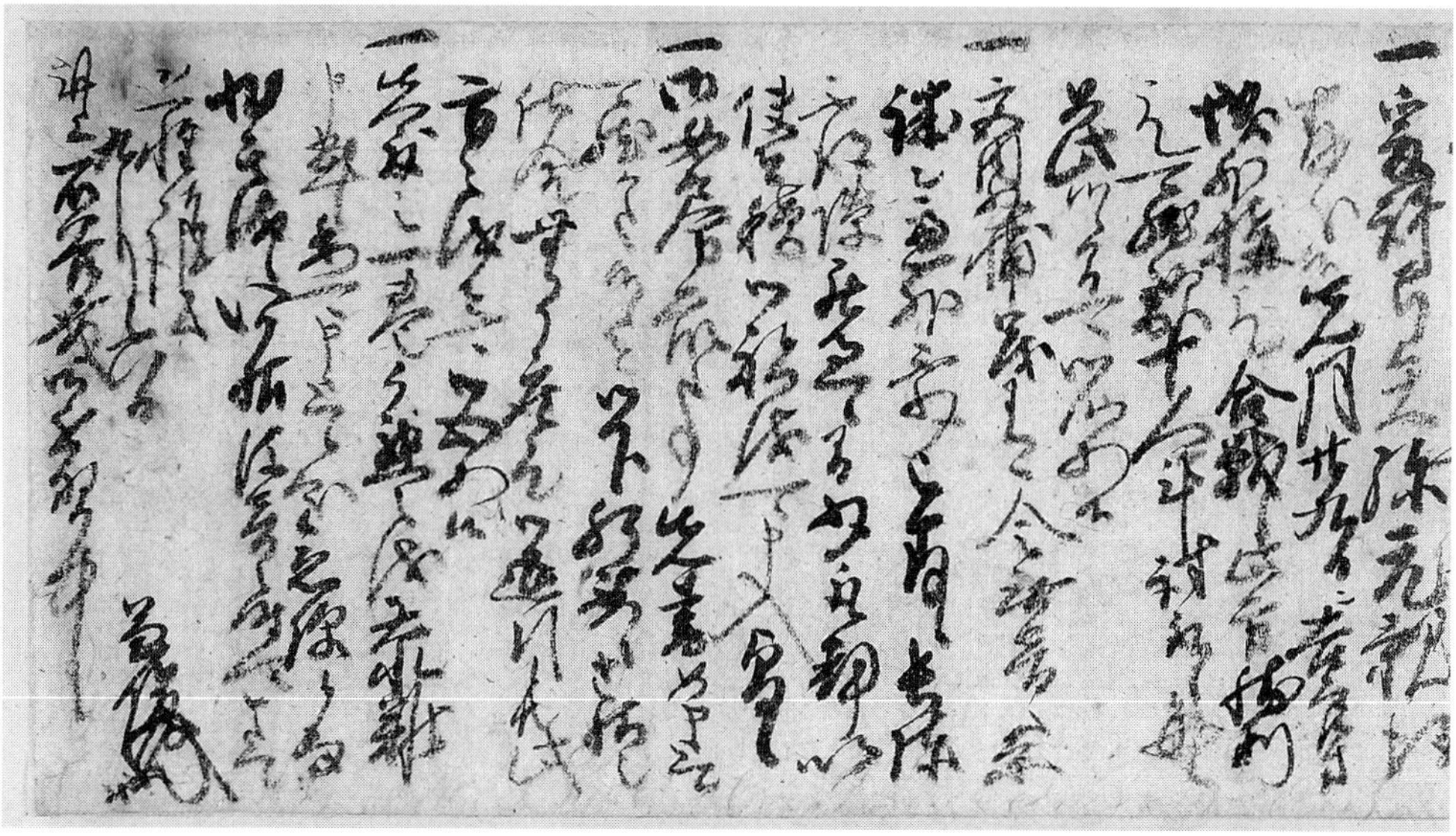

拝見候、何事無御座之由、
最目出度存候、此方之儀も、
若上様思召儘候間、可御心安候
一*上国何方も物忩之由其聞
候、貴国いか、御座候哉、無御
心元存候、委可蒙示候
一爰許弓矢、弥元親得
存分候、先月廿九日ニ*吉良方
城外構にて合戦候、此方勝利
にて可然候、敵十人斗討取候、毎々
如此候之間、可御心安候
一宮内少輔茂、于今令無音之条、
誠ニ慮外不少被存候、長陣
不得隙罷過候間、少取静以
使者積御祝儀可申入旨候
一御女房衆之事、先書如申上候、
可然かた候者御下肝要候、さ様之
仕合無御座候て御延引候共、此
方之儀者可御心安候
一先度之一巻御懇之儀、忝難
申尽候、委可申上候処、急便候而

---

*上国…都に近い国々。

*吉良方城外構ニて合戦候、此方勝利…天正三年（一五七五）、中村城監吉良親貞は、中村近郊の渡川（わたりがわ）を挟んで対岸具同（ぐどう）に着陣し、一条氏と対戦した。親貞は長宗我部元親の弟で、土佐の豪族吉良氏の名跡をついでいる。

非其儀候、いか様後音之時可申上候、
恐惶謹言
九月(天正三年)六日　　　兼俊（花押）
謹上　石谷(頼辰)殿御近習中

解説

これも史料14と同様、長宗我部元親と一条兼定が対決する渡川（四万十川）の戦いの状況を伝えたものである。元親の陣中にいる一条内政は、元親からたいへん大切にされていて、元親も内政のご意向のままであることや、元親の弟吉良親貞が城外で合戦して勝利し、敵を一〇人ばかり討ち取ったこと、元親は戦さが鎮まれば使者を遣わして、（摂関家一条内基へ）祝儀を申し入れたいことなどを伝えている。

近年の研究により、渡川の戦いは、天正三年（一五七五）九月中旬ではないかと推定されつつある。本書状の書かれた九月六日はその直前にあたり、違和感はない。

攻めてくる一条兼定の軍を「敵」と表記しており、土佐一条氏内部から兼定が敵とみなされていたことがわかる。したがって、長宗我部元親が京都の一条氏だけではなく、土佐一条氏の内部からも支持を受けていたことが伝わってくる。

兼俊書状

（前欠）
別紙ニ認進上候、御持せ
候て、引合被請取候様に
可被仰付候、必々来春者、
従宮内少輔（長宗我部元親）御礼可被申入候、
猶委悉*御中間弥太郎
可被申上候、恐惶謹言
十月四日（天正三年）　　兼俊（花押）
石谷殿（頼辰）
　まいる人々御中

解説

史料15にあった京都一条氏への御礼を来春に、長宗我部元親が申し入れることを伝えている。

＊委悉…委細。

木俣秀勝（守勝カ）書状

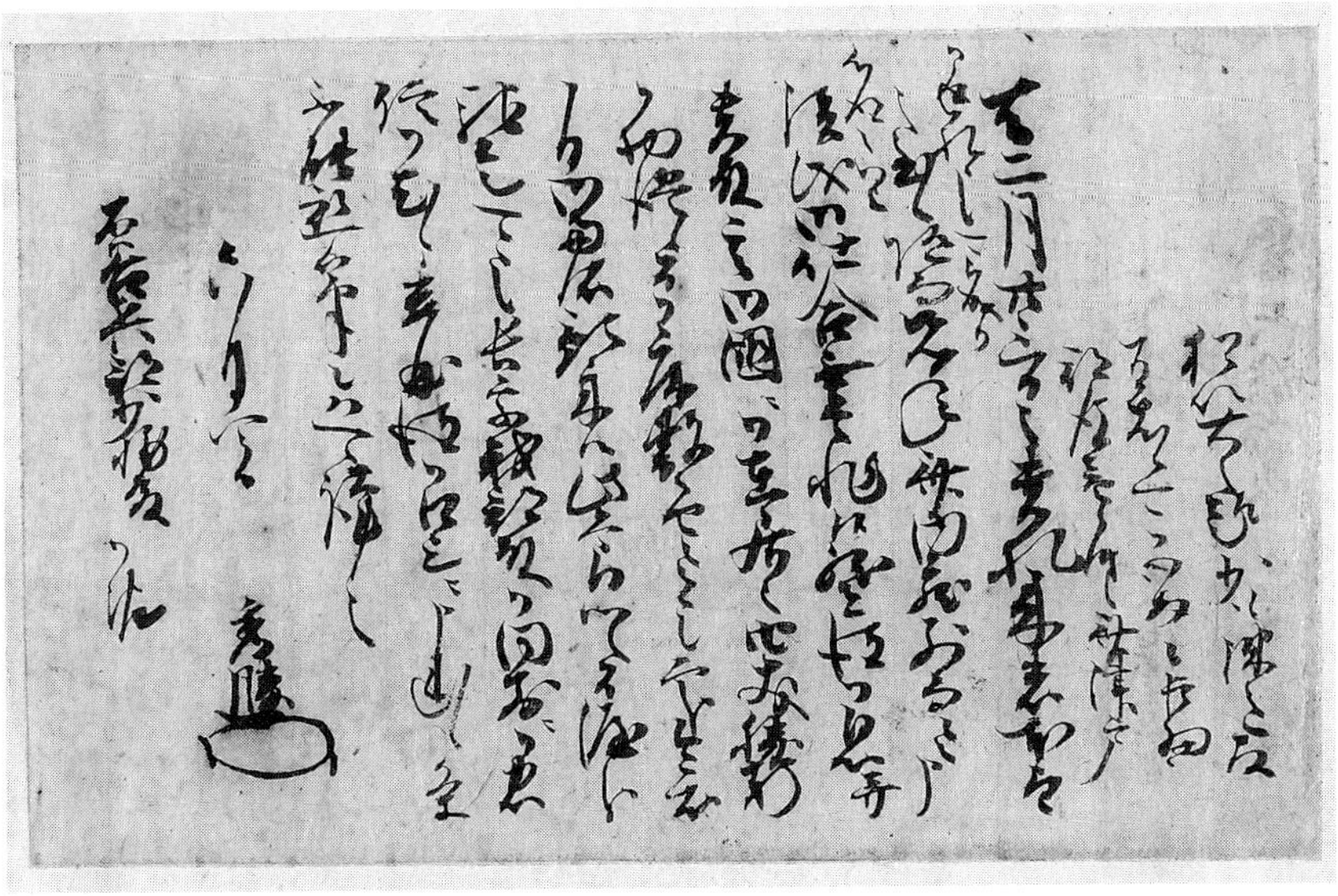

（端裏切封ウハ書）
「（墨引）　木俣清三郎*
石谷兵部少輔殿　　秀勝
　　御報　　」

猶以、右之趣少も疎意存
間敷候、可御心安候、巨細
期後音之時候、斎津戸*（斎藤津戸右衛門）
（行間書）
御返礼申候、可被成御
心得候、以上

去二月廿三日之貴札来着、本望
之至候、随而、先年斎内蔵*（斎藤利三）別而令申
談儀、御仕合無是非候、然者彼御息*并
貴殿其御国*ニ御在居之由、丈勝軒
御物語候間、御床敷之由被申候処、今度
自御両所*預示候、此節候之間、涯分*
馳走可申候、長宗我部殿御同前ニ御忠

＊木俣清三郎秀勝…木俣守勝のことか。徳川家康の直臣。のち、彦根藩井伊家の筆頭家老。一時、明智光秀に仕えていたこともある。

＊斎津戸…斎藤三存（みつなか）。斎藤利三（としみつ）の子息。

＊斎内蔵…斎藤利三。初め稲葉一鉄に仕えたが、やがて明智光秀の家臣となる。天正一〇年（一五八二）、本能寺の変に従軍。続く山崎合戦で秀吉に敗れ、捕らえられて六条河原で斬首される。

＊彼御息…斎藤利三の子どもたち。

＊其御国…土佐。

＊御両所…斎藤三存と丈勝軒（じょうしょうけん）か。

＊涯分…（がいぶん）精いっぱい。

信御尤候、委曲彼御口上ニ申述候条、
不能*懇筆候、恐々謹言
六月四日（天正一一年）　　秀勝（木俣）（花押）
石谷兵部少輔（頼辰）殿
御報

＊懇筆…丁重な手紙。

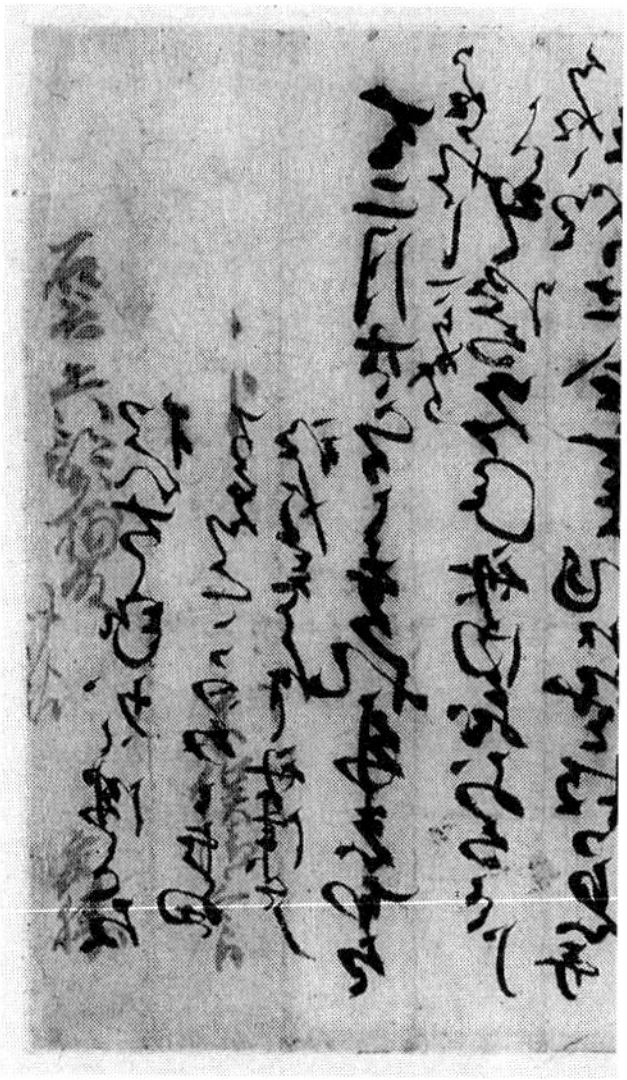
ウハ書赤外線写真

解説

秀勝は、徳川家康の直臣木俣守勝か。守勝は一時期、明智光秀に仕えていたこともある。天正一〇年（一五八二）一月、織田信長が、光秀・斎藤利三を通じて長宗我部元親に「別而被申渡儀」（土佐一国と阿波南半国の支配を認めたこと）を申し伝えた件について、信長死後もいまだに保障がなされているとして、石谷頼辰を通じて元親に対し家康への忠信を求めている。

これは賤ヶ岳の戦いが終わり、織田信孝が自害させられて約一ヶ月後のことである。家康は、羽柴秀吉との対決のために四国の長宗我部氏を取り込む戦略を考えた。史料４の細川信良の天正一一年六月六日付の書状には「元近（親）ヲ頼申」とあり、家康の意を受けた信良が石谷光政へ依頼したものである。長宗我部氏への接近を意図して、室町幕府つながりの奉公衆石谷光政を経由した信良によるアプローチと、史料17にみえる斎藤利三の子息三存と丈勝軒の口添えにより、ともに明智光秀の臣下であった石谷頼辰を経由した木俣氏からのアプローチがあったことがわかる。

コラム1

近衛前久と奉公衆石谷氏

内池昭子

史料1でまず注目すべき言葉は「京都信長生害《しょうがい》之刻……」。これは、まぎれもなく本能寺の変のことである。宛先は石谷《いしがい》光政《みつまさ》・頼辰《よりとき》で、長宗我部《ちょうそかべ》元親《もとちか》へ伝達されることを期待して書かれたものだが、差出人は花押だけである。さらに、ぎっしりと詰まった行間書からは差出人の並々ならぬ思いが伝わってくるようだ。内容から信長のかなり身近に存在していて、朝廷の中枢にいる人物だと推測した。この差出人を探り当てる手がかりとなった言葉は、「佞人《ねいじん》」である。佞人が「悪様《あしざま》に申し成し」、あるいは「讒訴《ざんそ》を企て」など、この書状の差出人が「佞人」によって非常に理不尽な状況にあることを思わせる。そこで先行研究をひもとき、この独特な表現「佞人」という言葉を用いている人物が、近衛《このえ》前久《さきひさ》であることにたどりついた。前久は、摂関家の筆頭である近衛家に生まれ、みずから関白あるいは太政大臣という官職に就任した。公家社会の中では最高の地位にある人物である。

東京大学史料編纂所所蔵「島津家《しまづけ》文書」に、前久が薩摩《さつま》の島津義久《よしひさ》に宛てた天正一一年（一五八三）二月二〇日付の書状がある。驚いたことに、言い回しは少し異なるものの、ほぼ同様の内容であり、さらに書かれた日付が同日であった。前久は、全く同じ日に書かれた書状を、島津氏と長宗我部氏へ宛てて送っているのである。

本能寺の変後、信長と入魂《じっこん》であった前久をよく思わない「佞人」（公家衆）が、彼を悪様に言い、羽柴秀吉が上洛すると讒訴を企てたので、前久は京都に居られなくなり徳川家康を頼って遠江《とおとうみ》浜松へ逃れた。家康のとりなしで、近いうちに帰洛するつもりだが、所領問題なども関係するのであろう。京都へ戻ったとしても西国《さいごく》へ下向《げこう》したい意志を伝え、島津氏や長宗我部氏にその援助を求めている。もしかすると、援助を求められた大名はこの両名だけでなく、他にも何人か存在したのではなかろうか。

さらに、注目すべきなのは行間書である。そこから、元親と前久との関係をいくぶんか知ることができる。天正九年の冬、元親のことを信長へ悪様に言う人がいて、「既に事切れのやうに成」っていたのを、前久は、元親に疎意《そい》がないことをわかってもらおうと信長へとりなしをした。さらに、信長が明智《あけち》光秀《みつひで》に申し付けて土佐《とさ》へ使者が差し下されたのは、前久みずから申し入

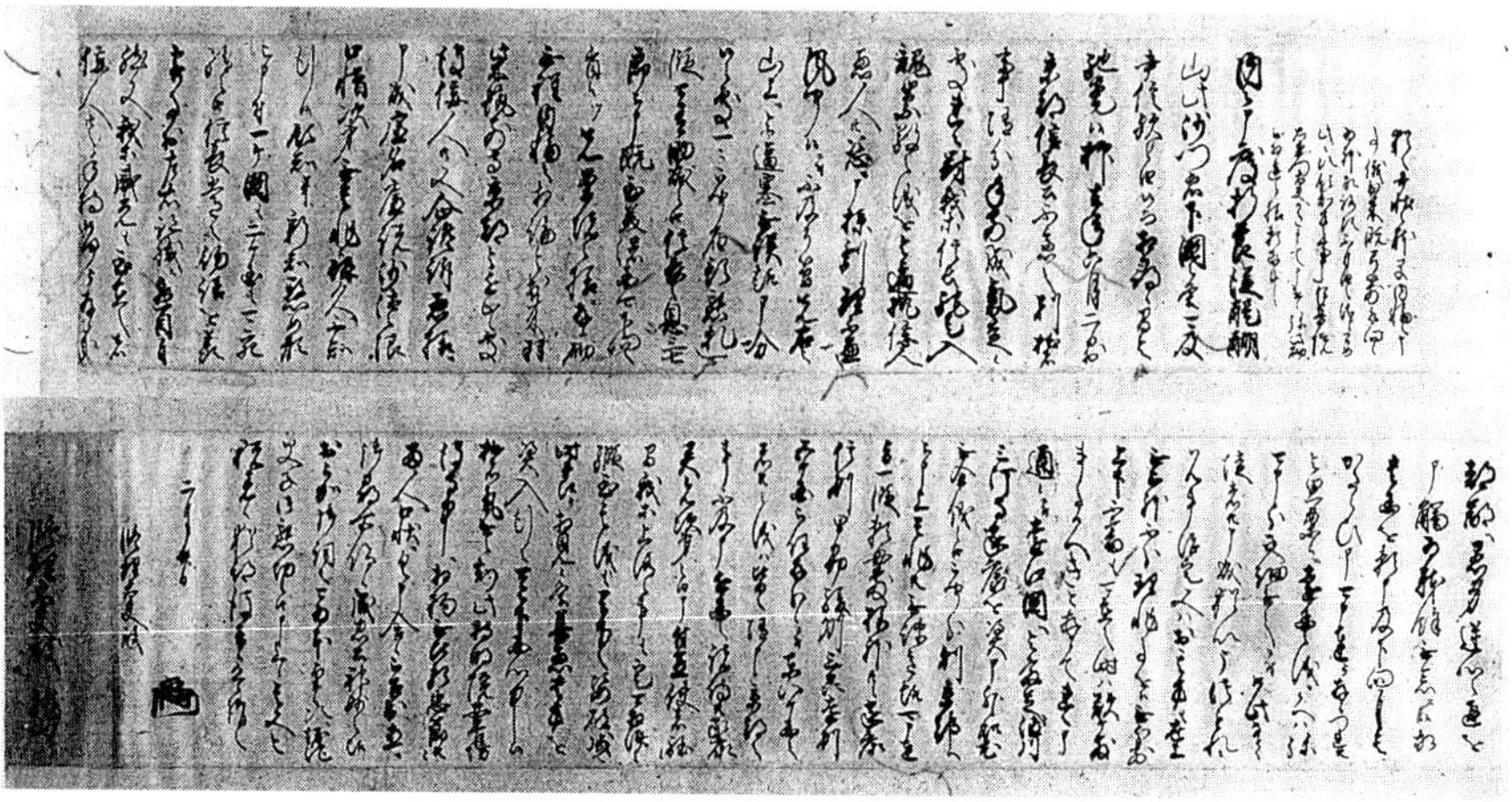

近衛前久書状（「島津家文書」東京大学史料編纂所所蔵）

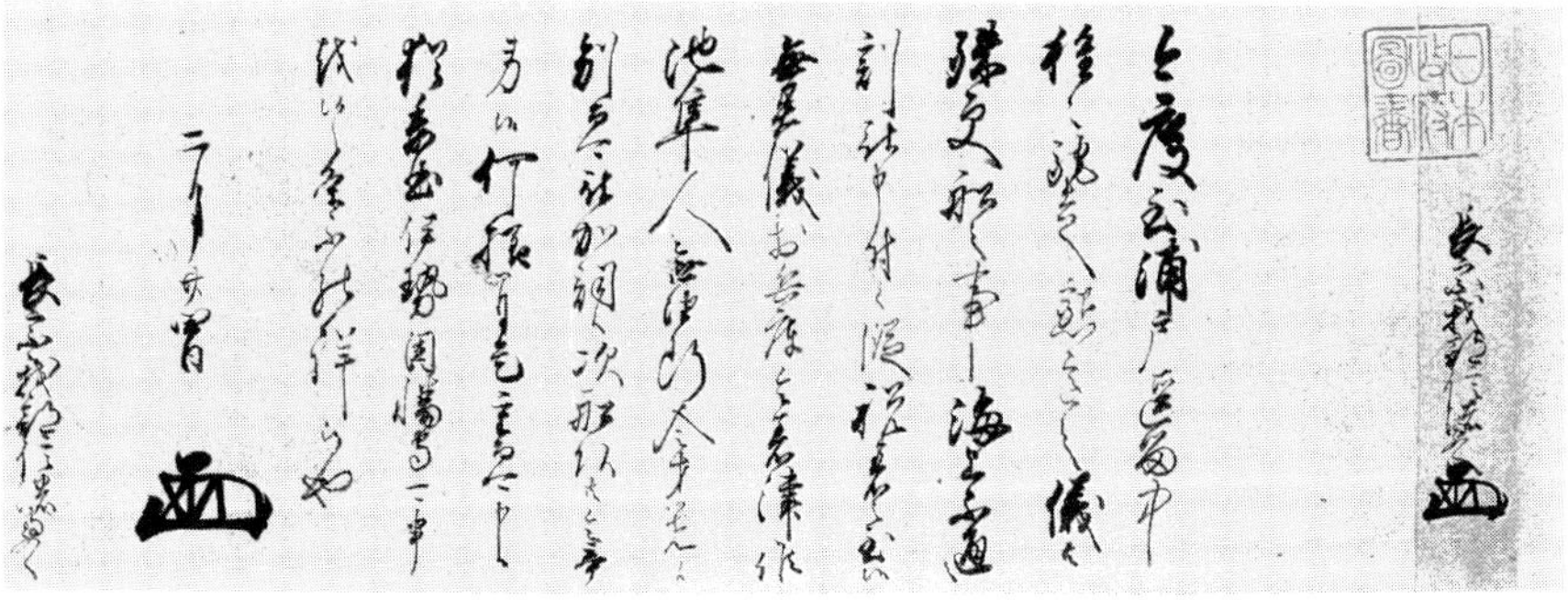

近衛前久書状（「蜷川家文書」国立公文書館所蔵）

れたためであって、自分が元親のことを信長へとりなしたのだと誓言《せいごん》している。そして、元親が大鷹二居《ふたもと》を献上したので、信長との間がよくなったが、佞人の言葉によってまた悪くなってしまった。これら一連の状況は、元親が、信長から四国を手柄次第に切り取ってよいという朱印状を与えられていたにもかかわらず、伊予《いよ》と讃岐《さぬき》を返納して、阿波南半国を本国の土佐に添えて遣わすように命じられたことと関係しているだろう。

前久は、元親をとりなしたことで人の偏執にあい逼塞《ひっそく》する事態におちいったこと、元親のためにこれまで奔走してきた自身の働きを知ってもらい、西国下向のときには支援を頼んでいるのである。

天正五年、「蜷川家文書」に

伊勢《いせ》貞知《さだとも》と元親に宛てた前久の書状がある。前久の九州からの帰路は豊後から土佐まで吉良《きら》親貞《ちかさだ》（元親の弟）が船で送り、土佐の浦戸《うらど》に逗留中には元親が馳走をしてくれた。さらに、本願寺合戦の中を摂津兵庫まで警固船を手配してもらった。そのことに前久は感謝し、元親を信長に奉仕させ昵懇《じっこん》にさせようと意図した。従来、元親が信長に接近した時期は天正三年で、元親の長男弥三郎に信の字が与えられ、四国を手柄次第に切り取って領有することを許可されたとされる。しかし、史料18の元親書状には、信の字の偏諱《へんき》について記されていて、その年代は天正六年と推定される。天正五年に土佐で前久が元親と対面したとき、もしかすると信長と友好的な関係を築きたいという元親の意向もあって、元親に世話になった前久は信長との間をとりもち、その後、天正六年に偏諱がなされたと考えられなくもない。

　これまでみてきた前久と元親との関係は、それが前久と島津氏のように、初めから直接かかわりのもてる間柄であったのではなく、両者を媒介する人物がいて、その人物のとりなしによって両者の関係がとりもてた。その人物が石谷氏である。石谷氏はもと室町幕府の奉《ほう》公衆《こうしゅう》であり、光政は将軍義輝《よしてる》の側近で、また前久は義輝とはいとこ同士である。こうしたことからも、以前から前久と光政は面識があり、後々までもつながりがあったと推測することができるだろう。

　また、史料2は、正親町三条《おおぎまちさんじょう》公仲《きみなか》の書状である。公仲が光政・頼辰に宛てて書いたものであるが、内容から、信長の生前、前久と同様に、信長から優遇されていた人物ではなかろうか。彼の死後は、身の回りが成りがたく土佐へ下向したいと伝えている。やはり奉公衆の石谷氏を通じて、長宗我部氏に庇護を求めていることがわかる。前久と公仲、少なくとも二人は長宗我部氏を頼みにしていた。他にも同様の公家衆がいたのではないかと推測される。

　長宗我部氏が戦国の世を生き抜くためには、室町幕府の残党である石谷氏をはじめとする奉公衆たちのつながりは欠かせなかった。そしてまたその奉公衆を通じて、長宗我部氏による援助を求める者たちも存在していたのである。

コラム2

石谷家文書と池田家文書から見る小牧・長久手の戦い

浅利尚民

林原美術館には、岡山藩主池田家が什器《じゅうき》として大切に保管していた、家の由緒や祖先の活躍を伝える古文書（池田家文書）が多く収蔵されている。それらの多くは、華麗な表具裂《ひょうぐぎれ》を用いて掛軸や巻子本に仕立てられ、桐箱に納められている。過去に開催した展覧会でも、折に触れてそれらの書状を紹介した際には、池田家は織田信長、羽柴（豊臣）秀吉、そして徳川家康へと続く時代を生き抜き、明治時代以降も侯爵家として存続したため、このような豊富な史料が残ったのだと感じた。逆にいえば、ある家に伝えられた史料は、その家が断絶すると散逸してしまう可能性が高い。

石谷家《いしがいけ》文書は、室町幕府奉公衆《ほうこうしゅう》の石谷家に伝わった文書群である。どちらかといえば池田家とは反対の立場だった人々の活動を伝え、これまで確認されていなかった石谷家の活躍を示してくれる稀有な史料群である。この中に、本能寺の変で織田信長が倒れた後の天正一二年（一五八四）三月一七日から、羽柴秀吉と織田信雄《のぶかつ》・徳川家康とでおこなわれた小牧《こまき》・長久手《ながくて》の戦いに関する書状（史料3）が含まれている。細川京《ほそかわけい》兆家《ちょうけ》の当主だった細川信良《のぶよし》（昭元《あきもと》）が、同年四月二日に石谷光政《みつまさ》・頼辰《よりとき》に宛てた書状で、両者を通じて長《ちょう》宗我部《そかべ》元親《もとちか》に信雄・家康方への協力を要請している。石谷家文書には、室町幕府の有力者の、これまで知られていなかった書状が多数含まれており、当時の反秀吉陣営の様子をうかがい知ることができる。

この時期の池田家の当主は、池田恒興《つねおき》（号勝入、一五三六～八四）であった。恒興は池田恒利《つねとし》の子で、天文七年（一五三八）に恒利が亡くなった時はまだ三歳だった。その幼い恒興を支え、池田家の繁栄の礎を築いたのが、恒興の母の養徳院《ようとくいん》である。養徳院は信長の乳母をつとめており、恒興は信長とは乳兄弟にあたる。天文一四年に一〇歳で信長の遊び相手として召抱えられた恒興は、信長から麻《あさ》の裃《かみしも》を与えられた。その裃に、織田家の家紋である蝶紋が付けられていたため、池田家ではそれ以後蝶を家紋にすることになったという（『池田家履歴略記』）。その後も活躍を重ねた恒興は、本能寺の変後の山崎の合戦では、秀吉とともに明智軍と戦い勝利した。織田家の後継者を決める清洲《きよす》会議にも参加し、織田家の中でも重臣といえる立場までのぼった。しかし、恒興の絶頂期は長くは続かなかった。小牧・長久手の戦いで、恒興は嫡男元助《もとすけ》、女婿の森長可《もりながよし》とともに討ち死にしたのである。

幸いにして次男の輝政《てるまさ》は、後陣にいたため難を逃れたが、池田家にとっては御家存続の危機ともいえる状況であった。秀吉は輝政を見舞うとともに、養徳院にも恒興父子の戦死を悼む書状を送り、輝政に池田家を継がせるよう述べている（天正一二年四月一一日付養徳院宛羽柴秀吉書状、林原美術館所蔵）。その後成長した輝政は、豊臣家ゆかりの大名として活躍する一方で、徳川家康の娘婿となり家康にも目をかけられた。慶長五年（一六〇〇）の関ヶ原の戦いでは東軍につき、福島正則《ふくしままさのり》とともに岐阜城を攻め落とす功をあげ、姫路藩五二万石の藩主となった。

このように、小牧・長久手の戦いは、池田家の運命を変えた重要な合戦であった。恒興の遺品は、恒興宛の書状や判物《はんもつ》などが数点、そして所用の具足《ぐそく》などが伝わるが、後の輝政などのものに比べると驚くほど少ない。中には、長久手の戦いで戦死した際に、恒興が身につけていた袴裂や、戦場におもむく前に薫《た》きしめていたと伝わる伽羅《きやら》などもある。

池田恒興像
（池田継政賛，享保 17 年，林原美術館所蔵）

池田恒興所用の伽羅・袴裂
（林原美術館所蔵）

恒興が家康と戦って戦死したことは、後に池田家でおこなわれるようになる、祖先の顕彰活動にも大きな影響を与えた。恒興の曽孫にあたる初代岡山藩主池田光政《みつまさ》（一六〇九～八二）は、寛文七年（一六六七）に和意《わい》谷《だに》墓地（岡山県備前市）を普請し、祖先の墓所を妙心寺（京都府京都市）の護国院からこの地に移した。「一之御山」には祖父輝政、「二之御山」には父利隆《としたか》を祀っているが、池田家繁栄の礎を築いた恒興はその対象に含まれていない。

池田家における恒興の顕彰は、まず二代藩主池田綱《つな》政《まさ》（一六三八～一七一四）によっておこなわれた。元禄一一年（一六九八）、綱政は高祖父恒興と父光政の菩提を弔うために曹源寺を創建した。このような寺院で法要をおこなう際には、一般的に肖像画を掛けて使用することが多いが、曹源寺の什物《じゅうもつ》には一六～一七世紀に描かれた恒興の肖像画は確認できない。近世を通じて岡山城内の池田家の祖廟で保管され、現在は林原美術館の所蔵となっている池田家歴代の肖像画にも、この時期の恒興画像は含まれていない。また恒興画像で著名な、一六世紀前半に制作されたと考えられる「池田恒興画像」（雲居希膺《うんごきよう》賛、狩野尚信《かのうなおのぶ》画、鳥取藩主池田家伝来、鳥取県立博物館蔵）の制作に光政は関与しておらず、光政実弟の恒元《つねもと》（一六二一～七一）による私的な制作だったと指摘されている（斎藤夏来「近世大名池田家の始祖認識と画像」『歴史学研究』八九二号、二〇一二年）。岡山藩主によって恒興の画像が整備されるのは、享保一七年（一七三二）の第三代岡山藩主池田継政《つぐまさ》による制作まで待たなければいけない。池田家における恒興の復権には、このように長い期間を必要としたのである。

信長没後、急速に勢力を拡大していく秀吉に対抗するための、切羽詰まった心情が伝わる石谷家文書。秀吉と行動をともにし戦死した恒興と、その子孫の活躍を伝える池田家文書。同時代には対立していた陣営の史料が、一つの美術館に収蔵されているのも、不思議な縁を感じる。

土佐一条氏と長宗我部氏

内池昭子

『長元物語《ちょうげんものがたり》』には「土佐《とさ》の国七郡、大名七人、御所一人と申すは一条殿一万六千貫……」とあって、一条氏は格別とされ、土佐国内の他の大名に比べて最も強大な勢力をもっていた。土佐一条氏の祖教房《のりふさ》の下向について二つの説があり、その一つに、教房が応仁の乱をさけて土佐国幡多庄《はたのしょう》中村に下向したとき、長宗我《ちょうそか》部《べ》文兼《ふみかね》が迎えの船を出したという。文兼の父は一条氏を尊敬し、上京の際には保護をうけていた。その後、元親《もとちか》の祖父兼序《かねつぐ》が、周辺の豪族本山氏らにより居城岡豊《おこう》を攻撃され落城したとき、幼少であった元親の父国親《くにちか》は京都一条氏で養育され、のちに長宗我部の家を再興することができた。このように、長宗我部氏と一条氏は古くからつながりがあり、長宗我部氏は一条氏に庇護される立場にあった。

天正元年（一五七三）、土佐一条氏当主兼定《かねさだ》は隠居追放され、元親を後見人としてその嫡子内政《ただまさ》に家督を譲ることになった。そして同二年、元親は内政を岡豊にほど近い大津城《おおつじょう》に移し、自分の娘を内政に妻合わせた。これら一連の事柄は、同元年六月から同三年五月まで京都の一条内基《うちもと》が土佐に滞留し、彼のさしずによっておこなわれたことである。史料7は、内基が土佐に下向する前に、内政と元親の娘との縁談のこと、および大津御所《おおつごしょ》設立のことについて、元親に対して御内《ごない》書《しょ》が出されていたことがわかる史料である。

さらに天正三年、追放されていた兼定が元親と対決する渡川《わたりがわ》（四万十川）の戦いがおこる。史料14～16は、兼俊がそのときの戦闘状況を報告するために、畿内にいる石谷頼辰《いしがいよりとき》に宛てたものである。兼俊が誰かはっきりとはしないが、「兼」が付いているので一条氏の人間か、あるいは史料7に見られる岌州《ぎゅうしゅう》のように外交僧とも考えられる。どちらにしても京都一条氏とかかわりの深い人物であるといえるだろう。これらの書状から、内政が元親の陣中にいることは明らかである。実父と戦うことになった内政は、堪忍して納得の上でこの戦さに臨み、陣中では元親からたいへん大切にされている様子がうかがえる。また元親方の勝利を伝え、戦さが鎮まれば元親より京都一条氏へ祝儀を申し入れるとしている。以上のように、この渡川の戦いでは、元親方に対して京都一条氏からの多大な応援と後押しがあったことが推測できる。

秋澤繁氏の研究によると、兼定は京都一条氏によって追放されたのだが、それは軍事力を強大化させた土佐一条氏を大名公家から在国公家への転換をはかるための措置であり、その子内政を元親が擁護するという「大津御所体制」が設立された。織田信長は、元親を土佐一条氏を補佐する者として認識し、その限りにおいて元親の行動を容認していた。信長から「信」の字を偏諱《へんき》され、四国を手柄次第に切り取ることを許可された朱印状（天正六年）は、そのことを示すであろう。

しかし、天正九年、元親の家臣波川玄蕃《はかわげんば》らが内政に加担して謀叛をおこしたために、元親が内政を追放し、大津御所体制は崩壊する。それによって信長と元親の関係は悪化していく。

この体制の崩壊は、元親が信長への服属・臣従を拒否することを意味し、それは元親がこれまで信長の朱印状に基づいて四国の領土拡大をはかってきたにもかかわらず、一変して土佐国と阿波南半国のみの支配を命じられたことにあらわれているだろう。長宗我部氏と一条氏との関係、そして「大津御所体制」のもつ意味を考えていくことは、信長と元親の関係悪化の原因を探る上でもたいへん重要であるといえる。

一条兼定書状（「柁谷文書」愛媛県歴史文化博物館所蔵）

18 長宗我部元親書状

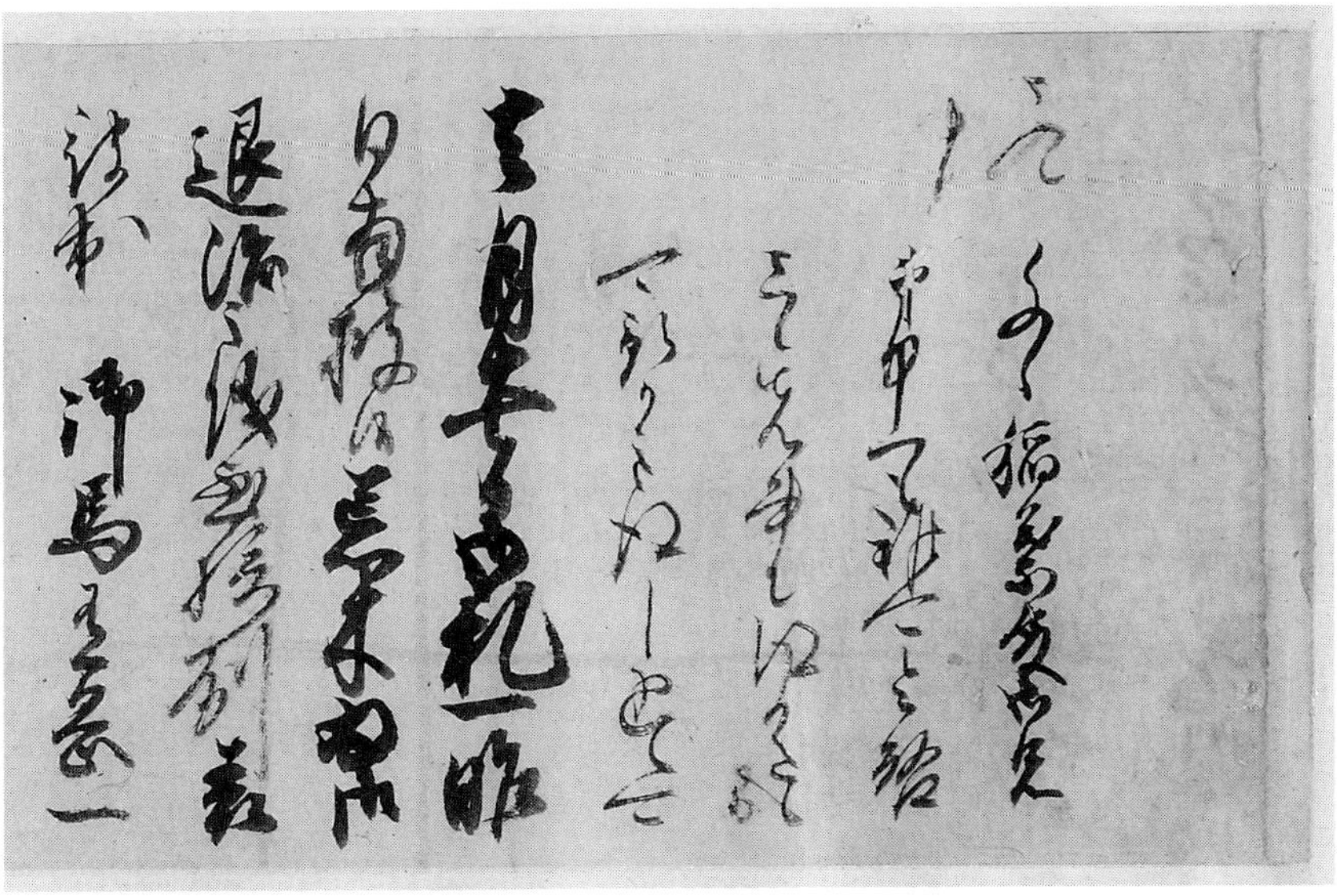

（端裏切封ウハ書）
「　（墨引）　長宮*
石谷少　　元親
人々御中　」

尚々、稲葉（一鉄）殿御兄
弟中へも雖可令啓
上候、先書に得御意候間、
可預御意得候、追々可
（右上）
申入候、
かしく

去月十七日御札、一昨
日拝披*候、荒木（村重）*為御
退治之儀、至摂州表
被出　御馬、有岡*一
途可為進速（退）之由尤存候、
粗風説付而、此中旬比

*長宮…長宗我部宮内少輔元親の略。

*拝披…相手を敬って、その書状などをひらくこと。

*荒木為御退治之儀、至摂州表被出　御馬…天正六年（一五七八）七月、織田家の重臣で摂津国を任されていた荒木村重が、信長に対して謀叛を起こした(～天正七年一〇月)。

*有岡…摂津有岡城。現、兵庫県伊丹市。

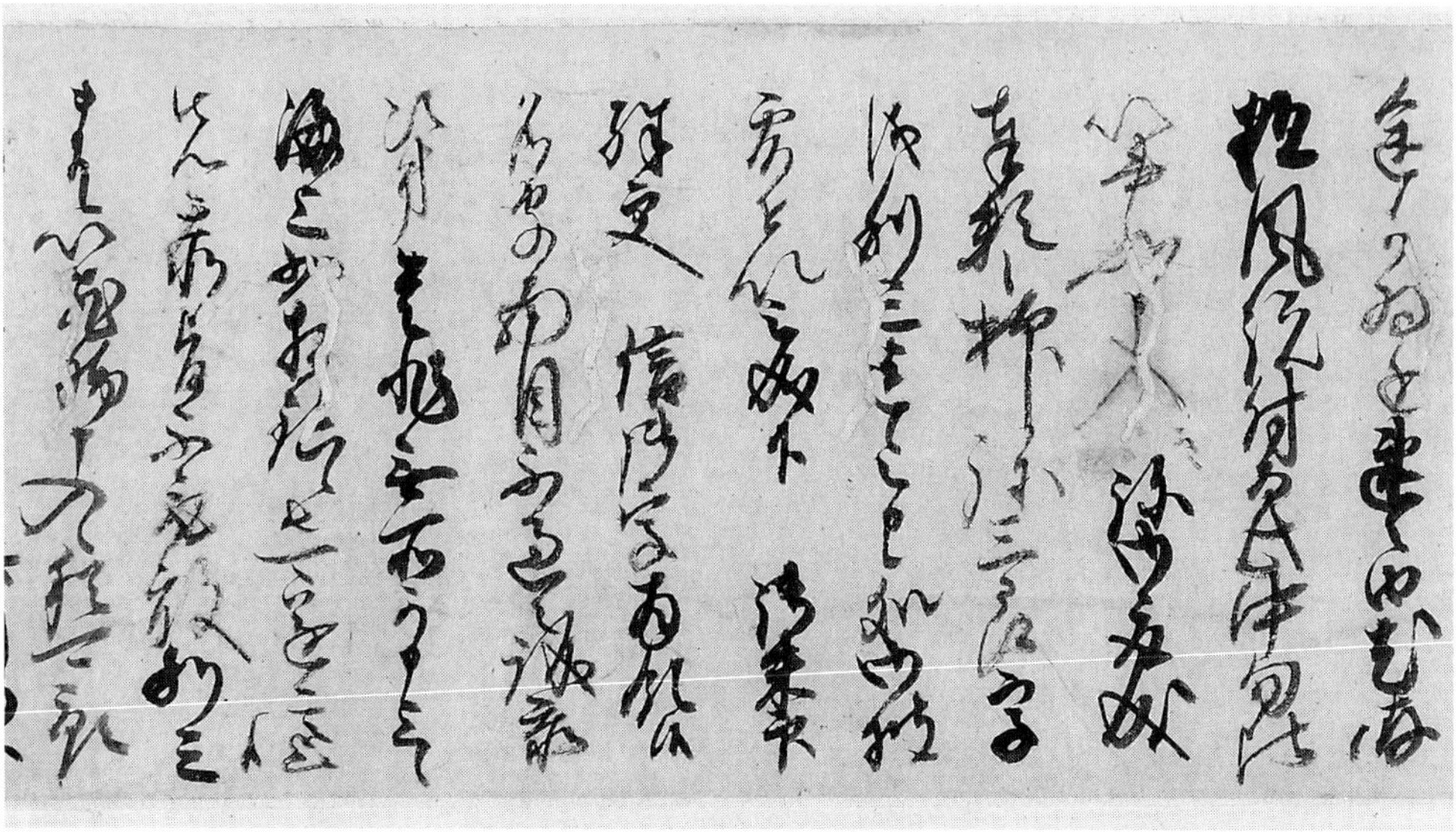

以書状申入□《(候)》き、弥御取成
奉頼候、抑弥三郎《(長宗我部信親)》字
儀、利三《(斎藤)》迄令申候処、御披
露を以被成下　御朱印、
殊更　＊信御字拝領候、
名聞面目不過之、誠忝
次第、是非無所可申上候、
海上少相鎮候者可遂言上候、
先忝旨不取敢、利三
まて以飛脚申入候、猶可預
御助言候、＊阿州之儀、調略不
存由《(油)》断候、可御心易候、委曲
先書申達候間、不能祥《(詳)》候、
恐々謹言
　十二月《(天正六年)》十六日　元親《(長宗我部)》（花押）
石兵少《(石谷頼辰)》　人々御中

＊信御字拝領…長宗我部元親は、姻戚の斎藤利三に依頼し、明智光秀を仲介として、信長に長男弥三郎の烏帽子親になるよう に願い、同時に用兵の了解を求めた。そのとき使者として中島可之助（べくのすけ）を派遣し、信長の「信」を与えられ、弥三郎は「信親」を名乗る。信長から左文字の銘刀と名馬を与えられた。

＊阿州之儀…天正六年二月、阿波白地（はくち）の大西覚養（おおにしかくよう）を討ち、元親は白地に城を築いて拠点とした。このとき、十河存保（そごうまさやす）は阿波勝瑞城（しょうずいじょう）にいる。

ウハ書赤外線写真

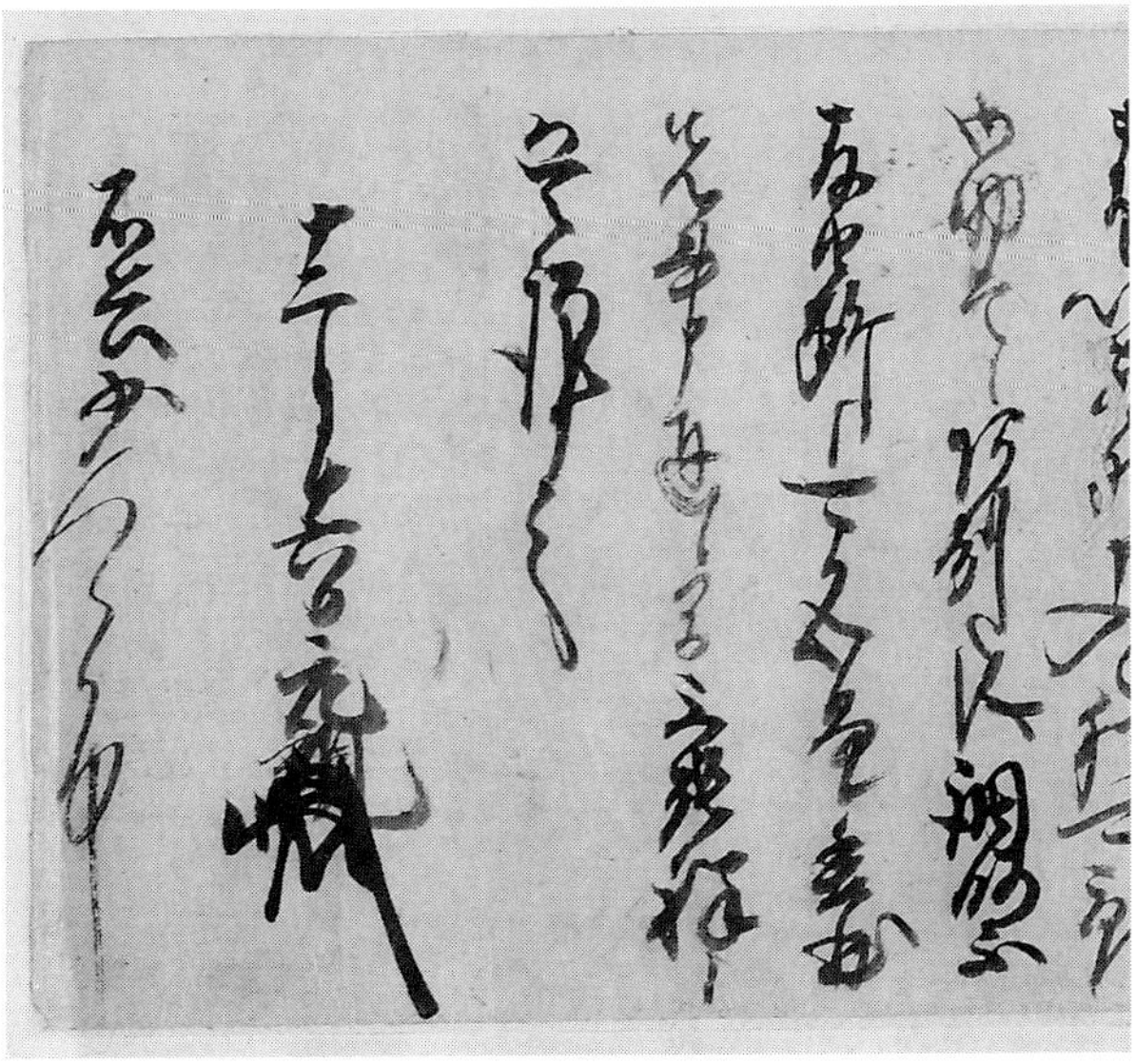

解説

文中に「荒木為御退治之儀」「有岡一途」とあり、荒木村重が織田信長へ対して謀叛を起こした摂津有岡城の戦いを示している。したがって、この書状の年代は天正六年（一五七八）ごろに書かれたものと考えられる。また「風説」とは、毛利氏が将軍足利義昭を奉じて上洛し、織田信長を滅ぼして天下に覇を唱えるということである。これについて長宗我部元親は、嫡男の弥三郎が信長から「信」の字を拝領したことは忝いことで、海上が鎮まれば言上を遂げたいとし、自分は風説のような意志はないことを伝えている。

信長からの偏諱の拝領は、従来天正三年とされてきたが、この書状から天正六年の可能性を指摘できる。また、斎藤利三や石谷頼辰が、元親と緊密に連携をしていたことも確認できた。

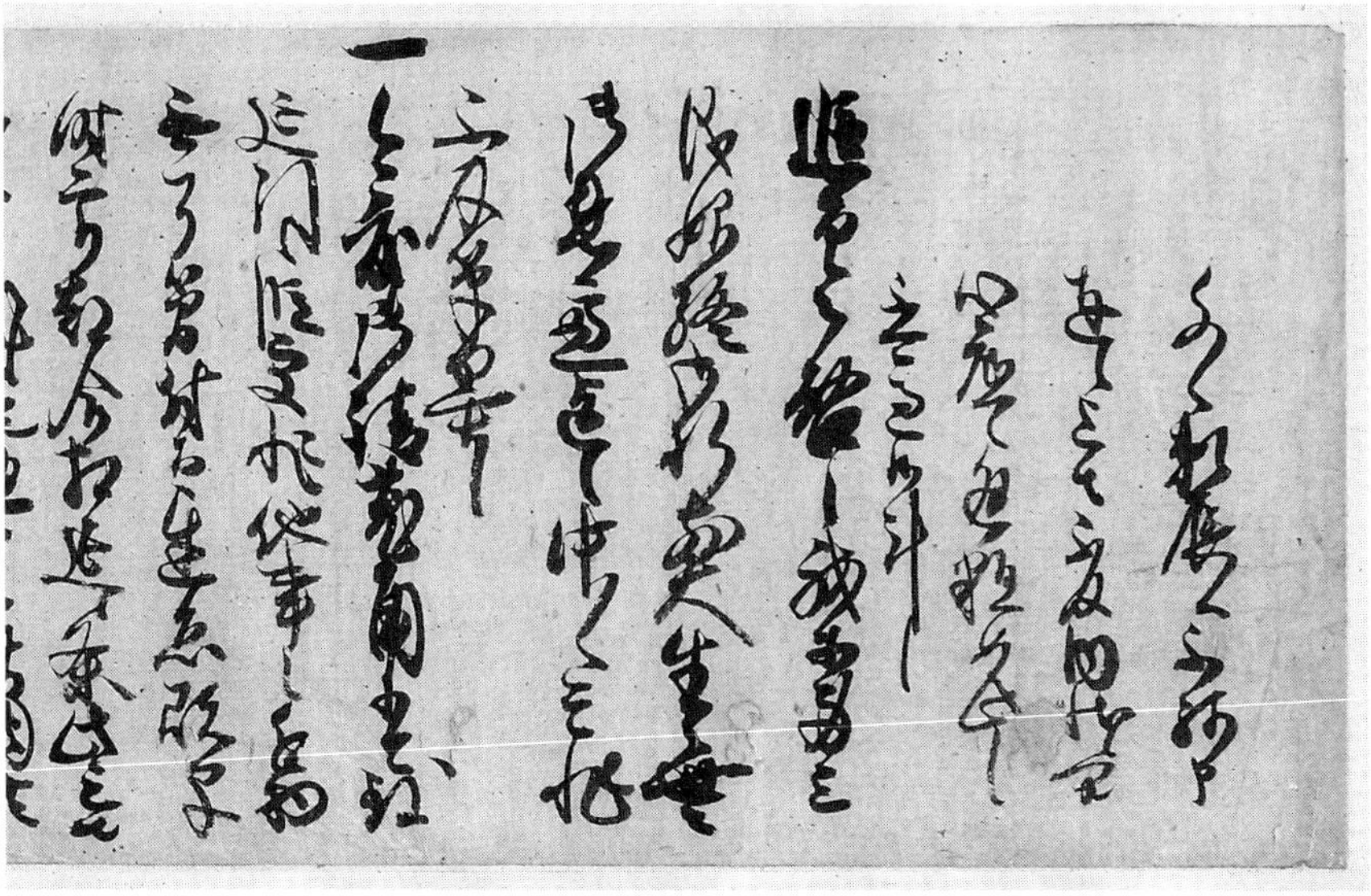

19 長宗我部元親書状

（端裏切封ウハ書）
「（墨引）
利三　　　　　長宮
　まいる御宿所　　より
」

尚々、頼辰（石谷）へ不残申
達候上者、不及内状*候へ共
心底之通粗如此候、
不可過御斗候

追而令啓候、我等身上
儀、始終御肝煎生々世々*
御恩慮迄候、中々是非
不及筆墨候
一今度御請、菟角于今致
延引候段更非他事候、進物
無了簡付而遅怠、既早
時節都合相延候条、此上者
不及是非候歟、但来秋調法*
を以申上、可相叶儀も可有之哉と

---

*内状…内情。

*生々世々（しょうじょうせぜ）…未来永劫。

*調法（ちょうほう）…貴重な宝物。

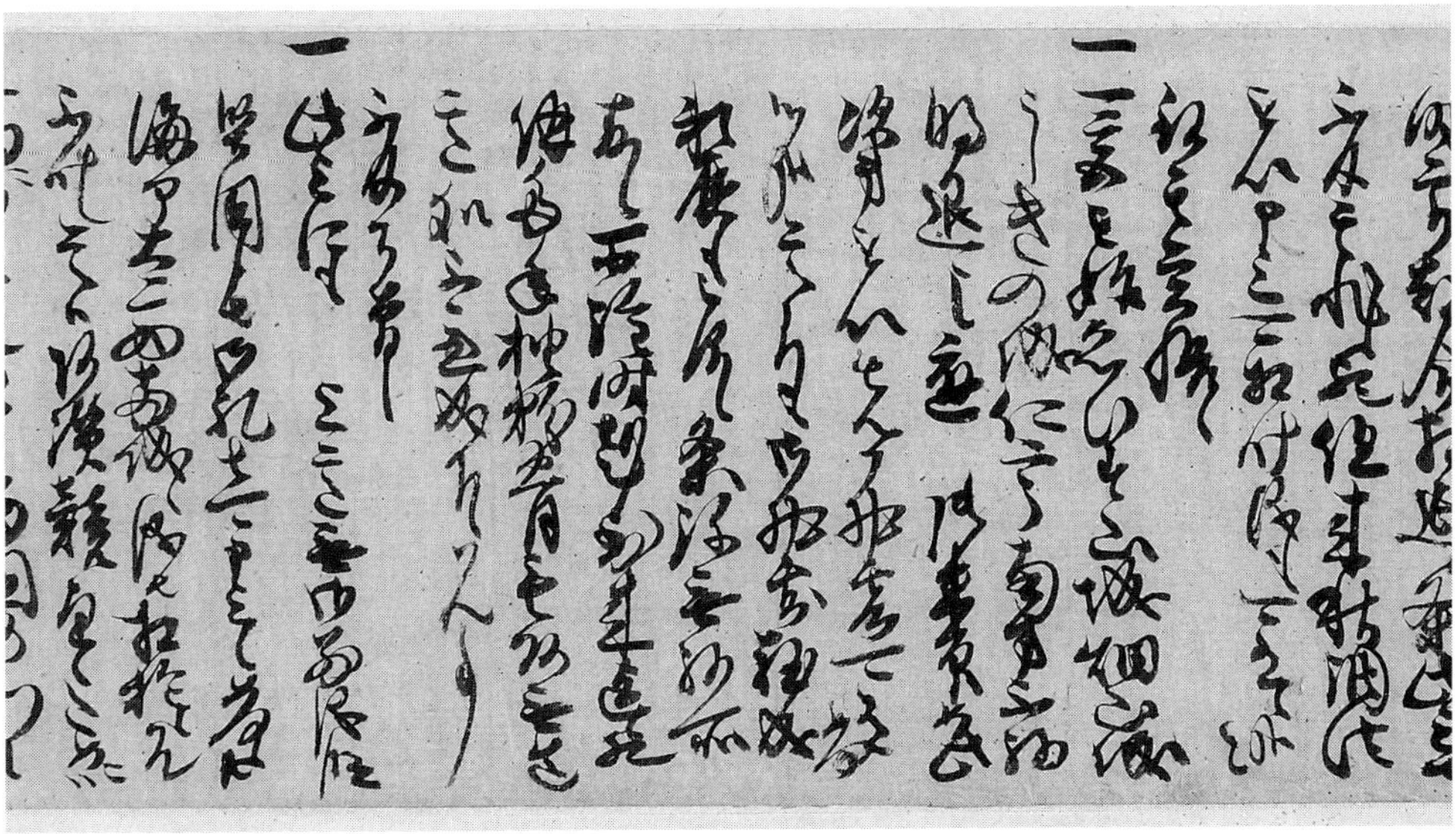

致其覚悟候
一*一宮（阿波）を始、ゑひす（夷）山城、畑山城
うしき（牛岐）の城、仁宇南方不残
明退申候、応　*御朱印、如此
次第を以、先御披露可有如何
候哉、是にても御披露難成、
頼辰も被仰候条、弥無残所
存候、所詮時剋到来迄候歟、
併多年抽粉骨、毛頭無*造
意処、不慮成下候ハん事
不及了簡候
一此上にも　上意無御別儀段
堅固候者、御礼者可申上候、如何候共
*海部・太（大）西両城之儀者相抱候ハて
不叶候、是ハ阿讃（阿波・讃岐）*競望之ためニハ
一向ニあらす候、たゝ当国の門に
此両城ハ抱候ハて不叶候、哀々
御成敗候へハとて無了簡候
一*東州奉属*平均、被納　御馬・
貴所以御帰陣目出候
一何事も〳〵頼辰可被仰談候、

---

*一宮、ゑひす山城、畑山城、うしきの城、仁宇南方…いずれも阿波国の山城。

*御朱印…織田信長は長宗我部元親へ対して、伊予国と讃岐国の返還を求め、土佐国と阿波国南部を与えるというもの。

*造意…計画すること。悪事をくわだてること。

*海部（かいふ）・大西（おおにし）…阿波国。ともに国境附近に位置する。

*競望（けいぼう）…我がちに争い望むこと。

*東州奉属平均…大目山（てんもくざん）の戦いのことか。武田氏が滅亡。

*平均…平定。

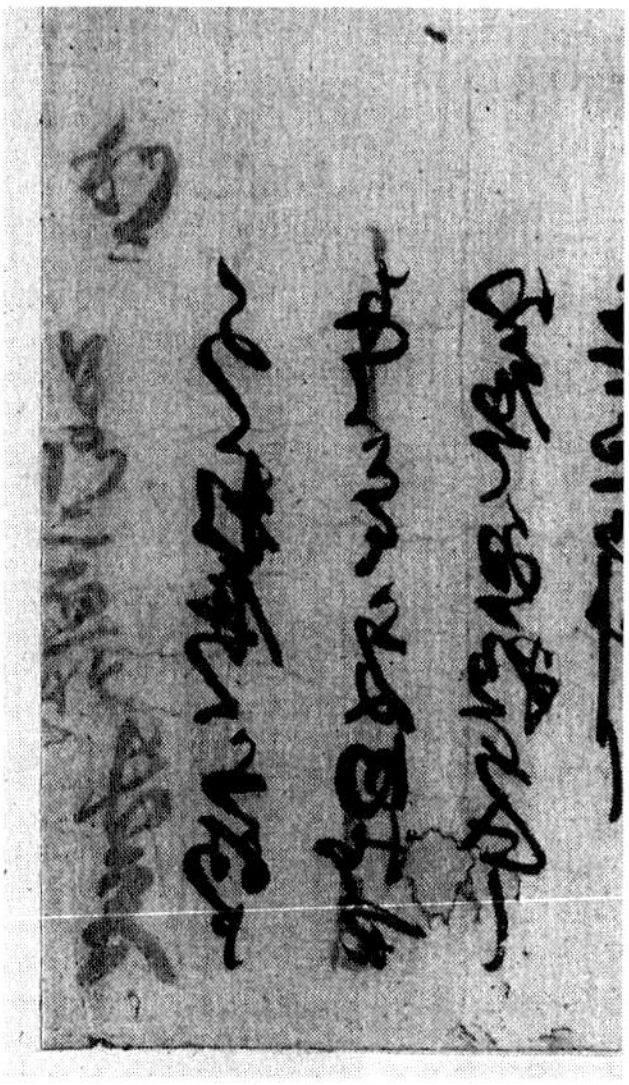

ウハ書赤外線写真

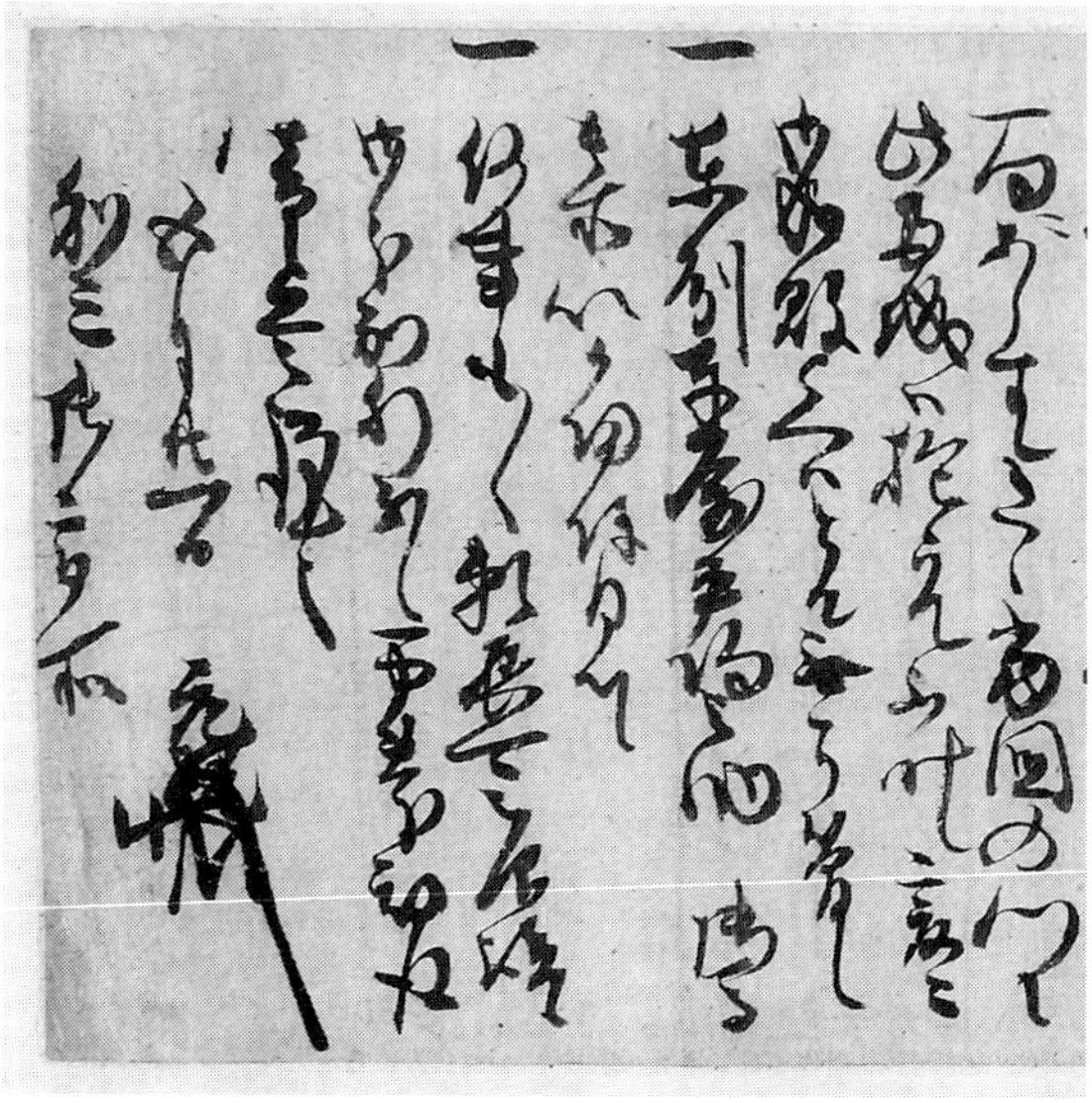

御分別肝要候、万慶期後
音候、恐々謹言
　五月（天正一〇年）廿一日　　元親（長宗我部）（花押）
利三（斎藤）御宿所

解説

天正一〇年（一五八二）六月二日に起こる本能寺の変直前に出された書状と考えられる。四国討伐のため織田信長は三男の神戸信孝を総大将に任命して、五月七日付で四国分国令の朱印状を発給した。命を受けた信孝は、五月二九日に摂津住吉に着陣し、六月二日に四国へ渡海する予定であった。

この書状は、五月二一日付のものであり、四国討伐が決定した直後の長宗我部元親の心境をうかがうことができる。元親は、信長の命（御朱印）に従って、阿波国の一宮城・夷山城・畑山城などの一部の地から撤退しており、海部城・大西城は土佐国の門だから所持したいことなどを、斎藤利三に伝えている。

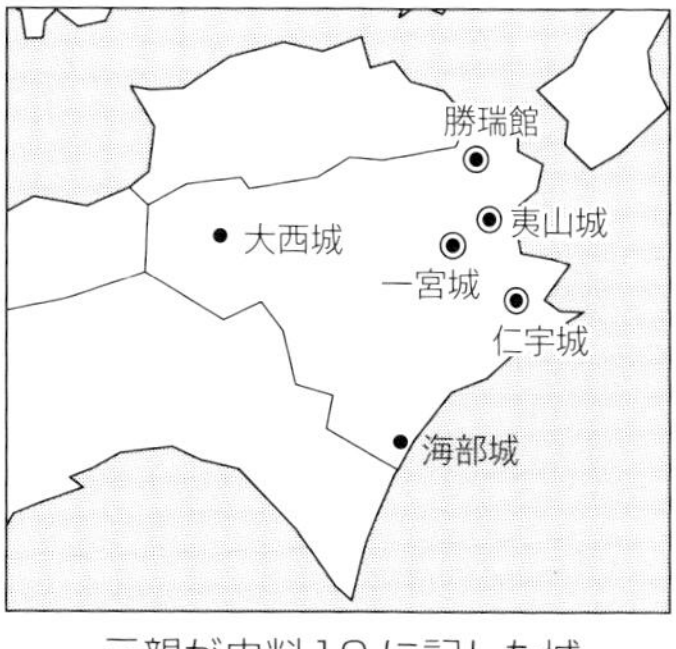

元親が史料19に記した城

20 長宗我部元親書状

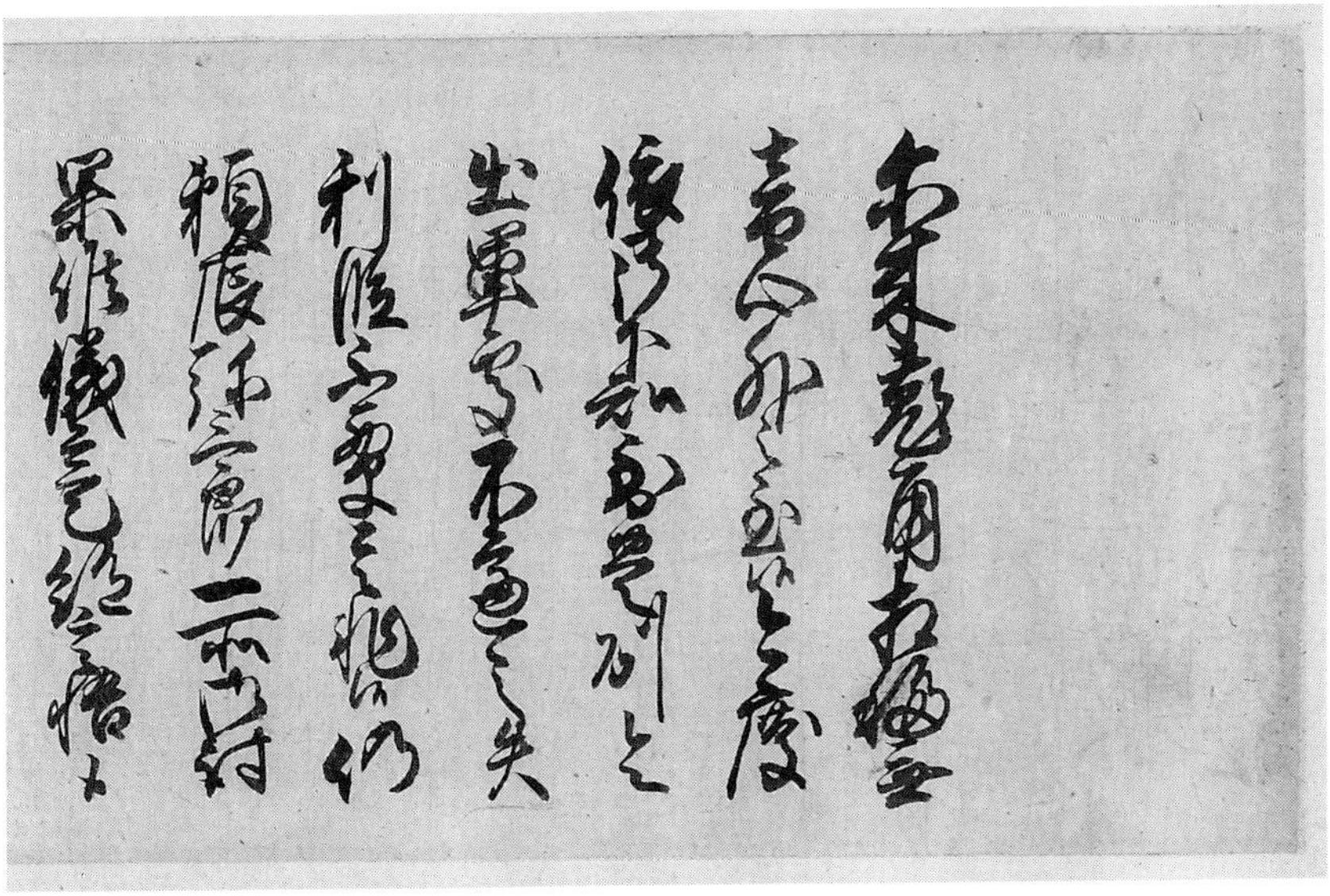

（ウハ書）
「長宮 元親
小笠原又六殿
参御宿所」

爾来菟角相移無
音、心外之至候、今度
依御下知、*到豊州令
出軍処、不慮之失
利段*不覃是非候、仍
頼辰《（石谷）》・弥三郎《（長宗我部信親）》一所御討
果候儀、寔絶言悟《（語）》候、
御*愁歎奉察候、雖久
御在国候、不任心緒、万
失面目仕合而已候、御
母儀様無異儀候、拙者
儀、于今遠島令居陣
付、乍存相似疎略、何
篇背本意為躰候、猶

---

*到豊州令出軍…天正一四年（一五八六）一二月一二日、豊臣軍と島津家久軍が戸次川（へつぎがわ）で衝突した戦い。兵力の優勢な島津氏が勝利し、長軍監仙石秀久は遁走、長宗我部信親・十河存保はその中で戦死した。このとき石谷頼辰もともに討ち死にしている。敗報をうけて長宗我部元親は、数名の部下と一緒に伊予の日振島へ退却した。

*不覃是非…どうしようもない。

*愁歎…歎き悲しむこと。

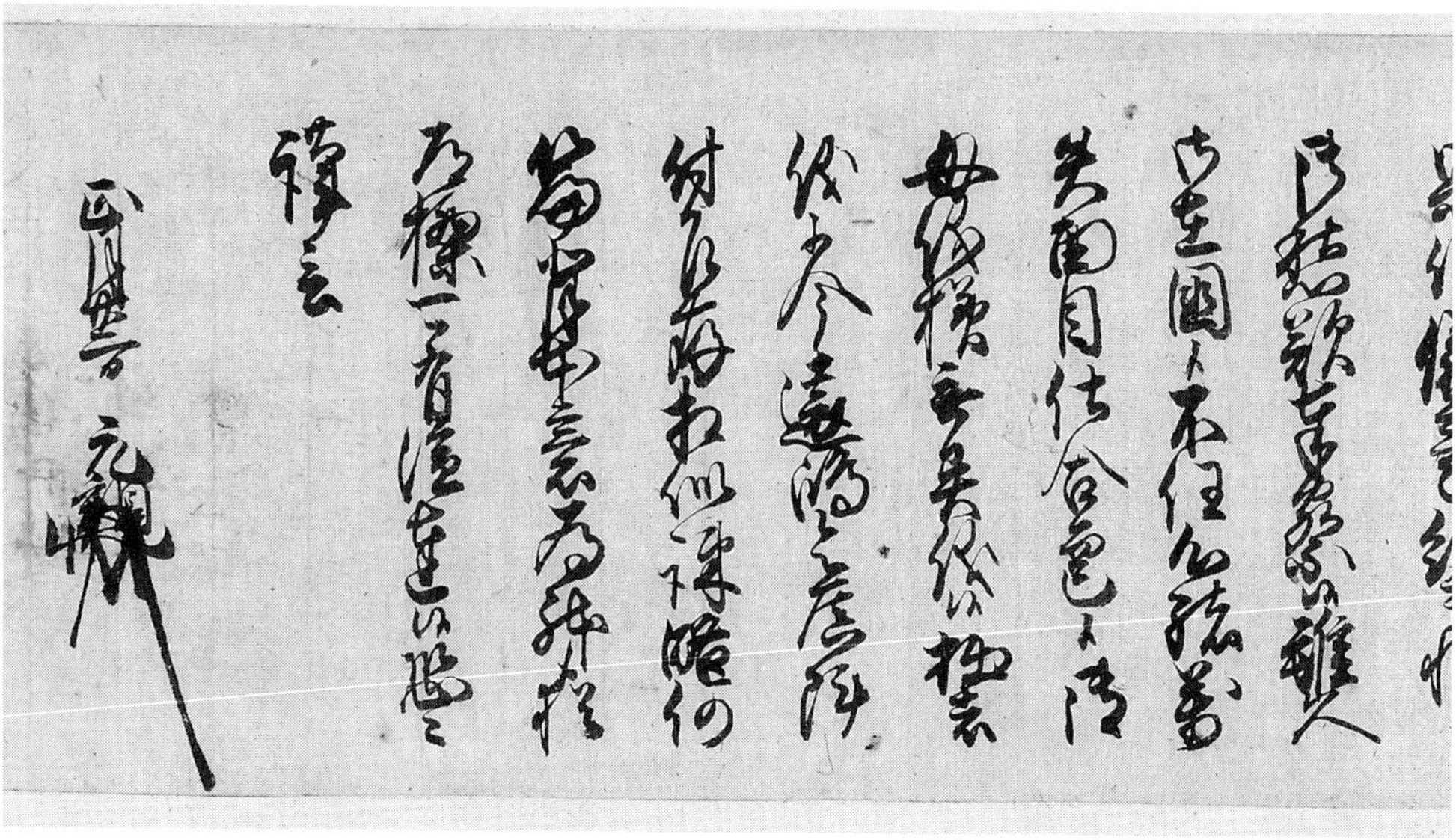

*道標（蜷川）可有演達*候、恐々
謹言
正月廿二日（天正一五年）　元親（長宗我部）（花押）
*小笠原又六殿
参御宿所

---

*道標…蜷川長親。足利義輝に仕え、室町幕府政所代を務める。永禄八年（一五六五）に義輝が討たれた後、土佐へ下向して長宗我部元親に仕えた。連歌の達人であり、有職故実にも通じていた。

*演達…主君の言葉や気持を取り次ぎの者が述べ伝えること。

*小笠原又六…石谷頼辰の子息である小笠原意休のことか。

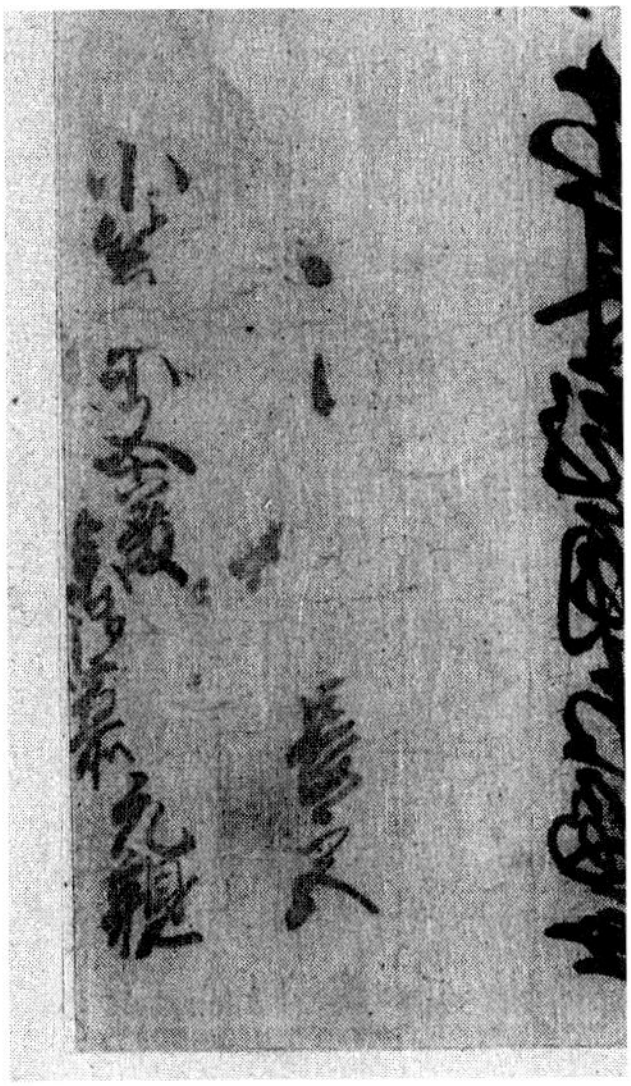

ウハ書赤外線写真

解説

天正一四年（一五八六）一二月一二日、豊臣秀吉と島津家久が衝突した豊後戸次川の戦い（現、大分市）で、長宗我部元親の嫡男信親と石谷頼辰が戦死した。そのことを、小笠原又六（頼辰の子息意休のことか）へ伝えている。

史料21と合わせて、元親が親族に対して弔意を表したものである。

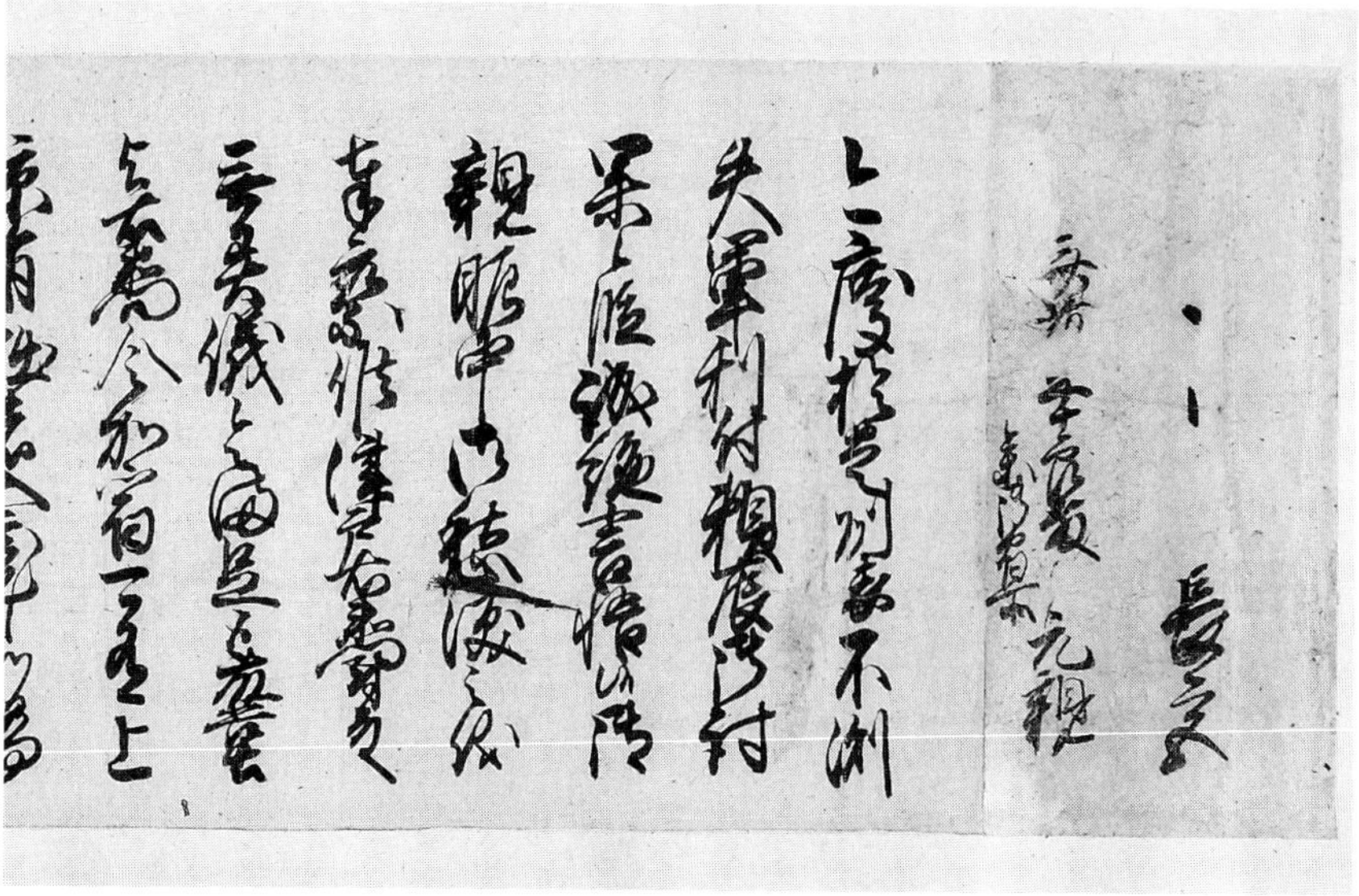

21

長宗我部元親書状

（モト端裏ヵ切封ウハ書）
「（墨引）
　　*長宮
*斎藤平十郎（利宗）殿　元親（長宗我部）
　　参御宿所
　　　　　　　　」

今度於豊州表、不測
失軍利付、頼辰（石谷）御討
果候段、誠絶言（語）悟候、御
*親昵中、御*愁涙之儀
奉察候、*津戸右衛門尉（斎藤三存）殿
無異儀令満足候、*藤堂
与右衛門（高虎）尉令加宿可有上
京旨、拙者入魂候つる、如何
候哉、我等儀、于今波濤
居陣付、国本程遠候之
条、万不任覚悟躰候、
乍恐御*母儀様可預御

---

*長宮…長宗我部元親。

*斎藤平十郎…斎藤利宗（としむね）。斎藤利三の三男。春日の局は妹。

*親昵（しんじつ）…親しい間がらであること。昵懇（じっこん）。

*愁涙…（しゅうるい）つらい悲しみのために流す涙。

*津戸右衛門尉…斎藤津戸右衛門。後に与惣右衛門三存（みつなか）と改名。利三の子息、利宗の弟。

*藤堂与右衛門…藤堂高虎（とうどうたかとら）。紀伊粉河（こかわ）城主。後に、伊予今治（いまばり）藩主、伊勢津藩の初代藩主。

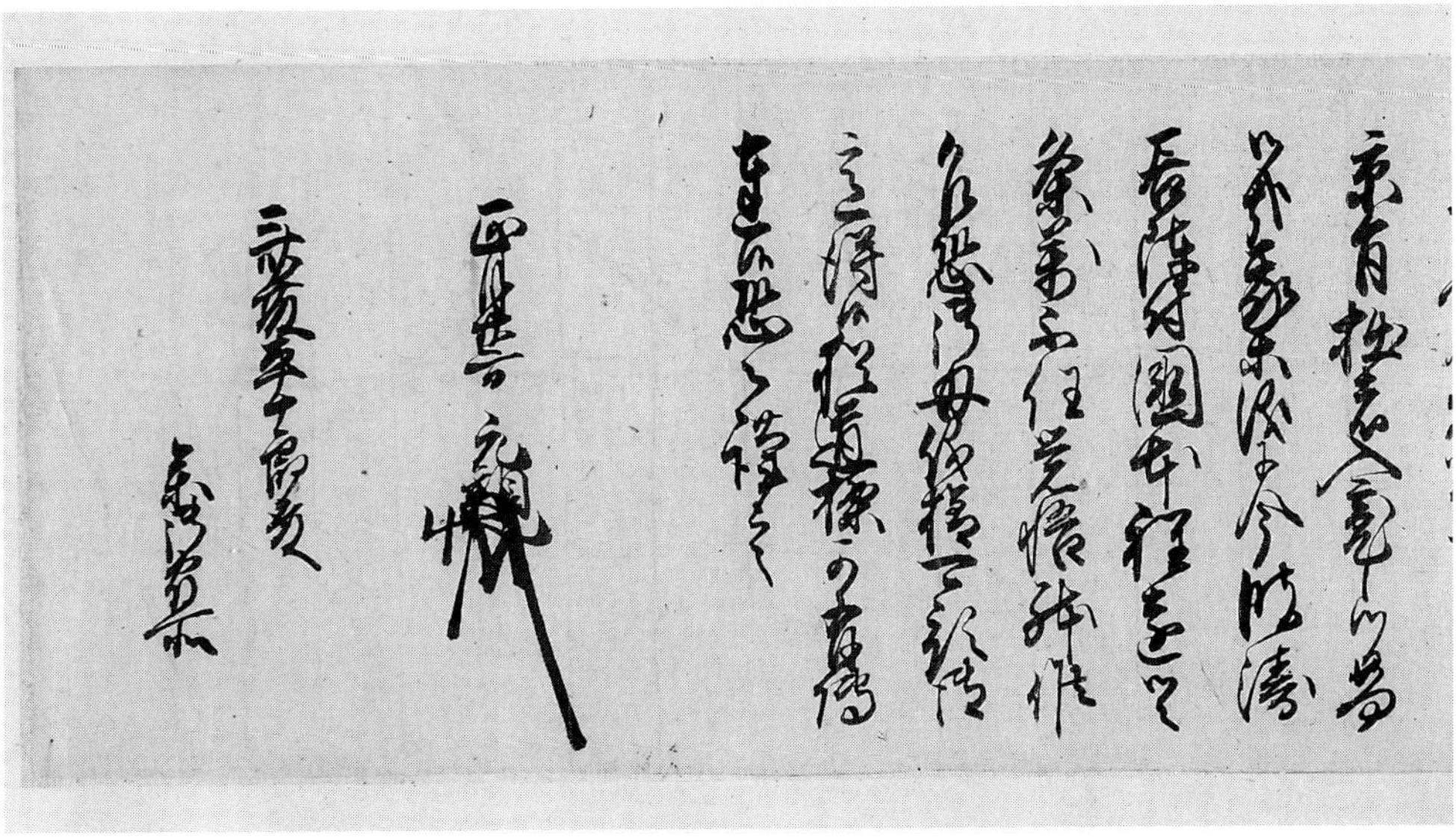

意得候、猶道標(蜷川)可有伝
達候、恐々謹言
(天正一五年)正月廿二日　元親（花押）
斎藤平十郎殿
　参御宿所

*御母儀様…斎藤利宗の母で、利三の妻である安のことか。

解説

天正一四年（一五八六）一二月一二日、豊臣秀吉と島津家久が衝突した戸次川の戦いで、石谷頼辰が戦死したことを伝え、藤堂高虎が上京のため土佐に宿泊するので、斎藤利宗の母へその取り持ちを依頼している。このとき、斎藤利三の妻、子息利宗・三存は土佐国にいることがわかる。

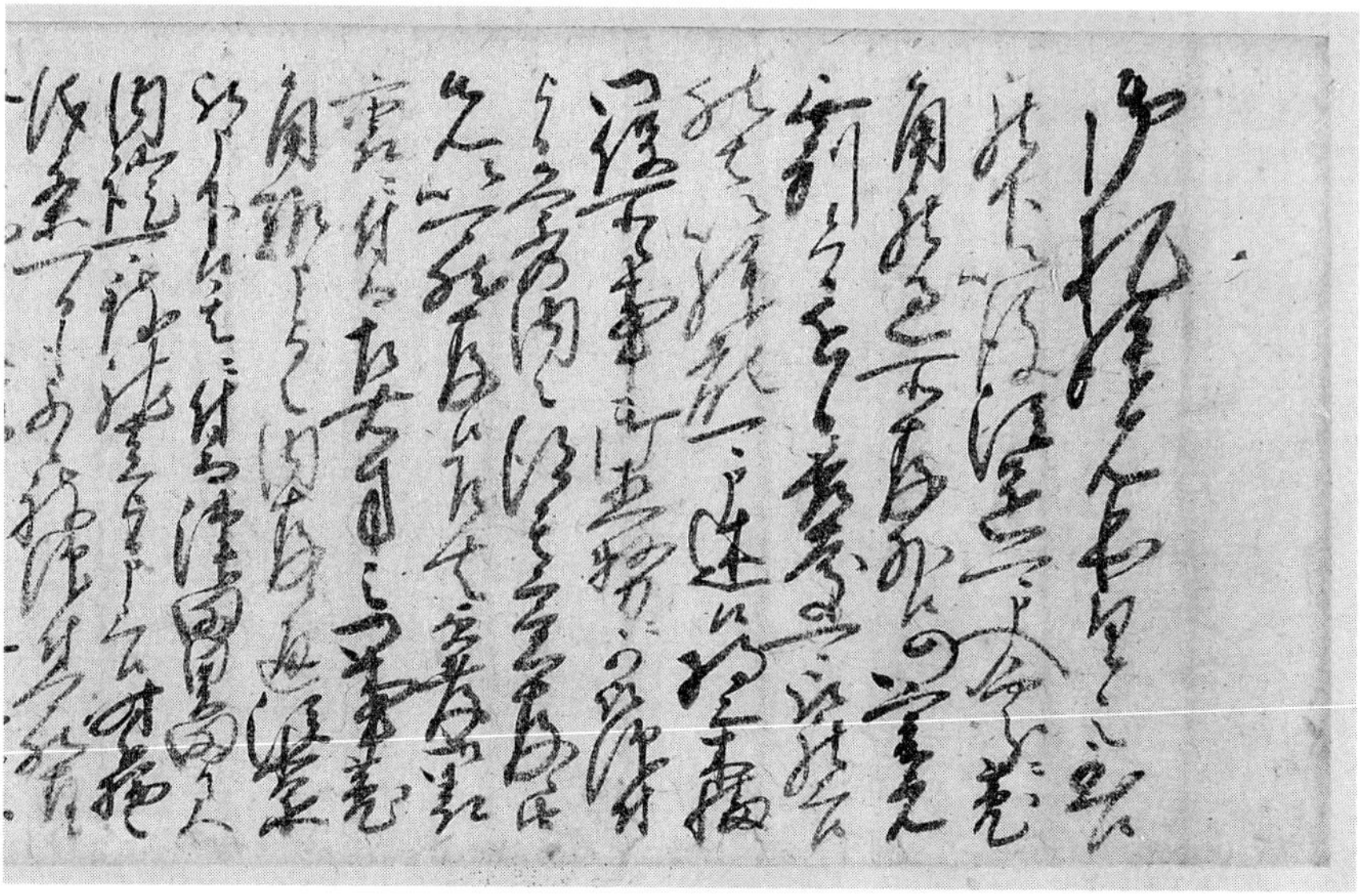

御札拝見本望之至候、
罷下以後、従是可申入処ニ、菟
角罷過所存外候、仍爰元
無別候間、近日ニ*長慶《（三好）》可被罷上候、
然者以拝顔可申述候、将亦*木幡
御役所之事、御*直務ニ可被仰付
旨、*久秀《（松永）》内々得其意存候由、
先以可然存候、乍去*貞孝《（伊勢）》*御表
裏ニ付而*左右方之御事、菟
角難申与え、内存候通、従小泉《（秀清）》
被申下候、其ニ付而、津田《（経長）》・里田かたへ
内証可致馳走旨申上候、時分柄之
儀候条、一日も早々被仰付可然存候、
次生鮭一尺被送下候、御懇志之至
畏存候、旁罷上可申入候之条、令
省略候、恐々謹言
拾月十六日《（永禄五年カ）》　　重治《（松山）》（花押）

---

*長慶…三好長慶。初め管領細川晴元の被官。将軍足利義輝を追放し、晴元を退けて畿内・四国を支配。のち家臣の松永久秀に実権をうばわれた。

*木幡（こばた）…京の宇治。

*直務（じきむ）…荘園領主（本所・領家）が、荘務権を直接執行して荘園の直接支配（所務）を行うこと。

*久秀…松永久秀。天文八年（一五三九）頃より三好長慶に登用され、奉書や添状を発給した。滝山（たきやま）城・信貴山（しぎさん）城・多聞山（たもんやま）城主。摂津の下郡や大和など地域支配も担当した。

*貞孝…伊勢貞孝。室町幕府の政所執事で、財政や徳政令の処理を取り扱う。将軍義輝の近江逃亡後、天文二〇年に幕府から離れて長慶の政治顧問となり裁判事務にも携わる。

*御表裏…敵対。

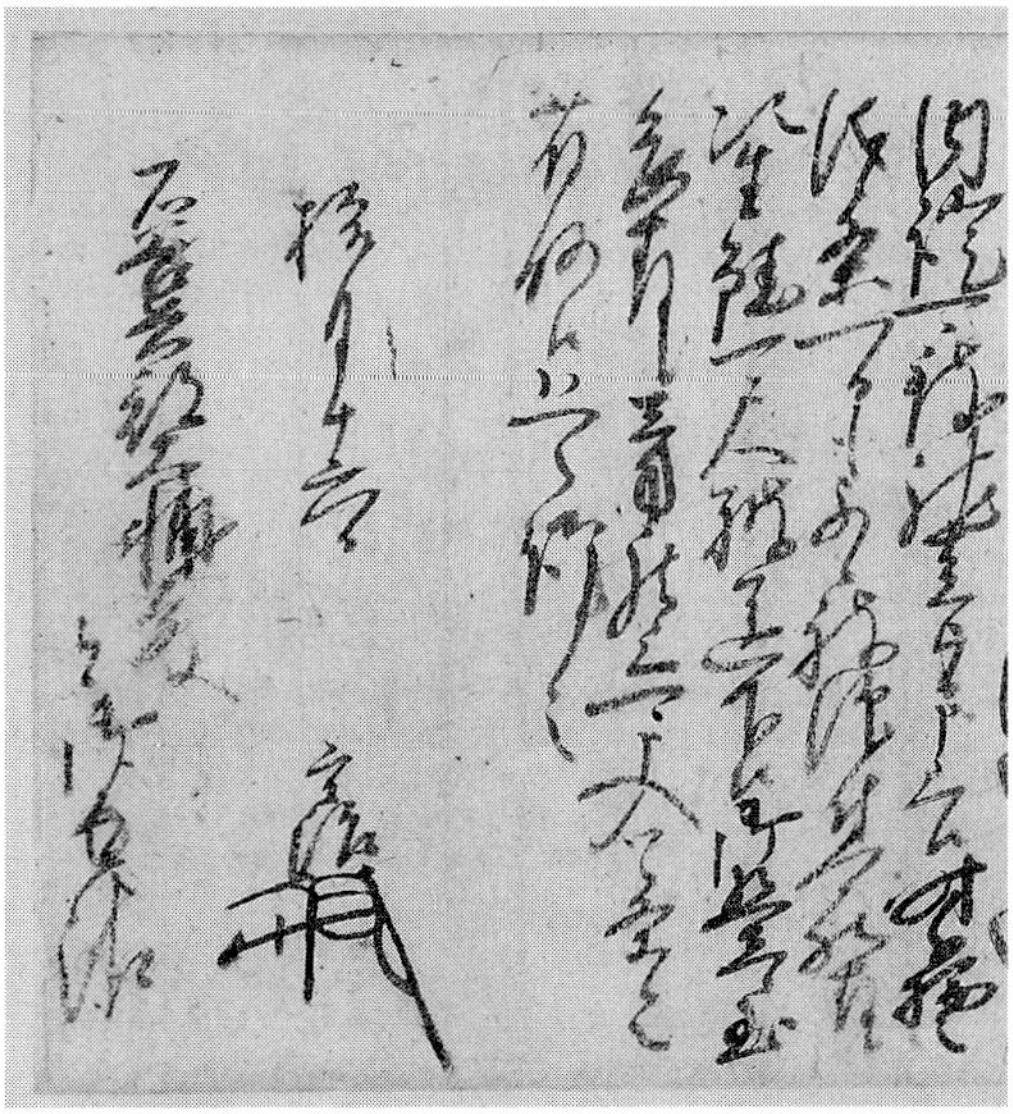

石谷兵部（光政）大輔殿

まいる御返報

*左右…さしず。命令。
*小泉…小泉秀清。西院（現、京都市右京区）小泉城主。長慶の被官。
*津田…津田経長。伏見で酒屋を営む有徳人。
*内証（ないしょう）…内密。
*重治…松山重治。長慶の家臣。軍事面では出陣の指揮を務めている。

解説

三好長慶の家臣松山重治が、石谷光政に対して、近日長慶が京都に上るので面談することを伝えている。石谷氏の知行（塩合物、高荷公事役銭など）は木幡口関にあるが、その木幡御役所は直務を仰せ付けられることになり、そのことは松永久秀が内々に知っていて、三好長慶の被官小泉秀清から申し下されることになった。そして、津田氏や里田氏に対して内密に協力を要請したことも伝えている。

なお伊勢貞孝の「御表裏」との表現から、永禄五年（一五六二）八月、近江の坂本に逃れていた貞孝・貞良父子が挙兵し、九月一一日に松永久秀によって攻められて討死した事件だと考えられる。したがって、この書状は貞孝が戦死した一ヶ月後のものであると推定される。

23

斎藤利宗ヵ書状

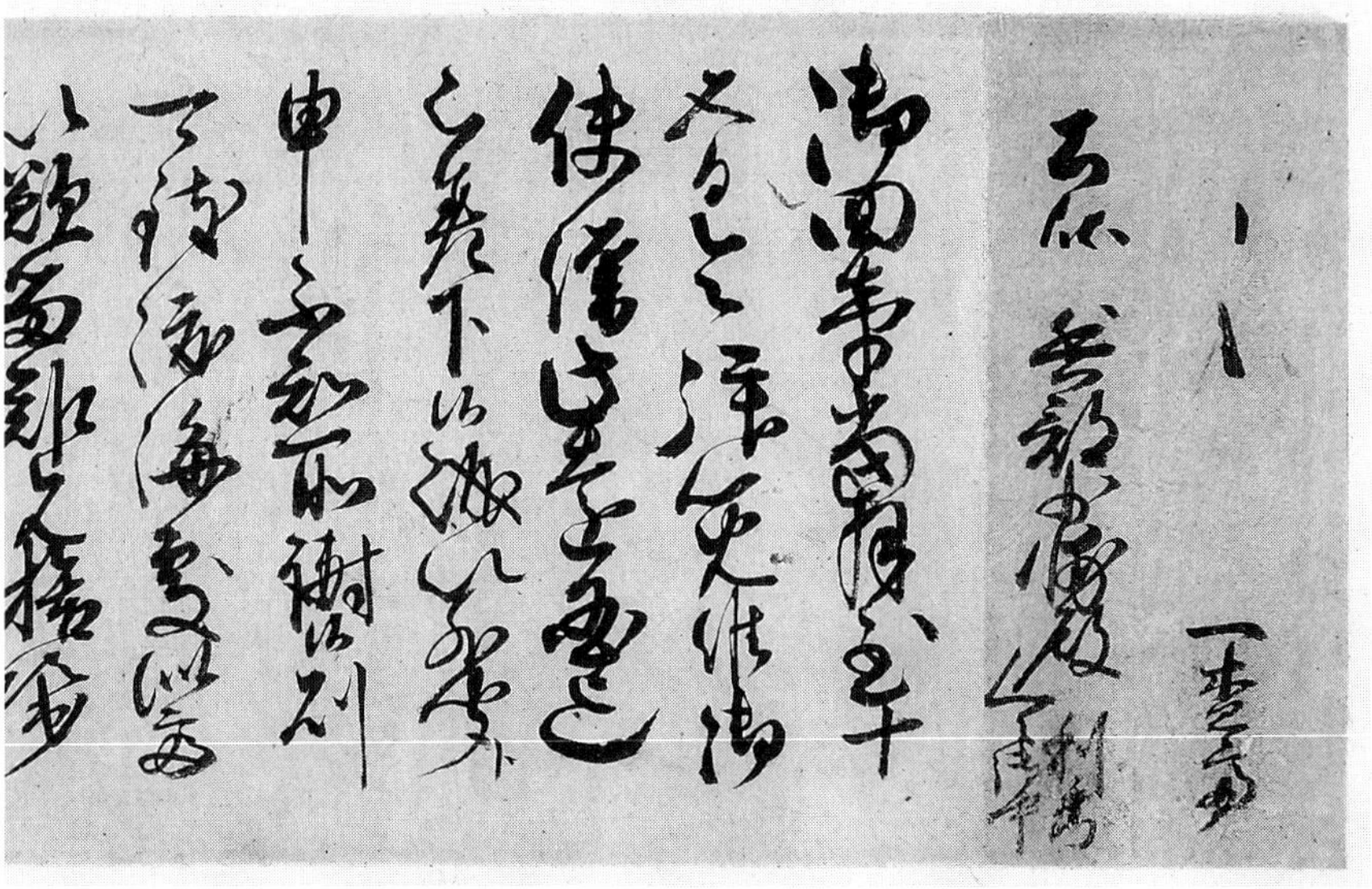

（包紙ウハ書）
「（墨引）　　　一夽斎
土岐　兵部少輔（石谷頼辰）殿　　*利秀（斎藤）
　　　　人々御中　　　　」

*御回章、当月至十
五日令拝閲候、御
使僧*此遠国迄
被差下候、誠以外聞ト
申、不知所謝候、則
可致渡海処、*似斎（稲葉一鉄）
以歎留難見捨次第
非本意候、委細儀
使僧可有吐露候、
恐惶謹言
　（天正一一年ヵ）三月十八日　利秀（斎藤）（花押）

---

*利秀…斎藤利宗。諱は利光（としみつ）。利三（としみつ）の三男。明智光秀に仕える。天正一〇年（一五八二）、山崎の戦いで敗れ、剃髪して立本と号した。

*回章（かいしょう）…返書。

*此遠国…美濃華渓寺（けいじ）。

*似斎…稲葉良通（いなばよしみち）、一鉄（いってつ）。美濃曽根城主。西美濃三人衆の一人。

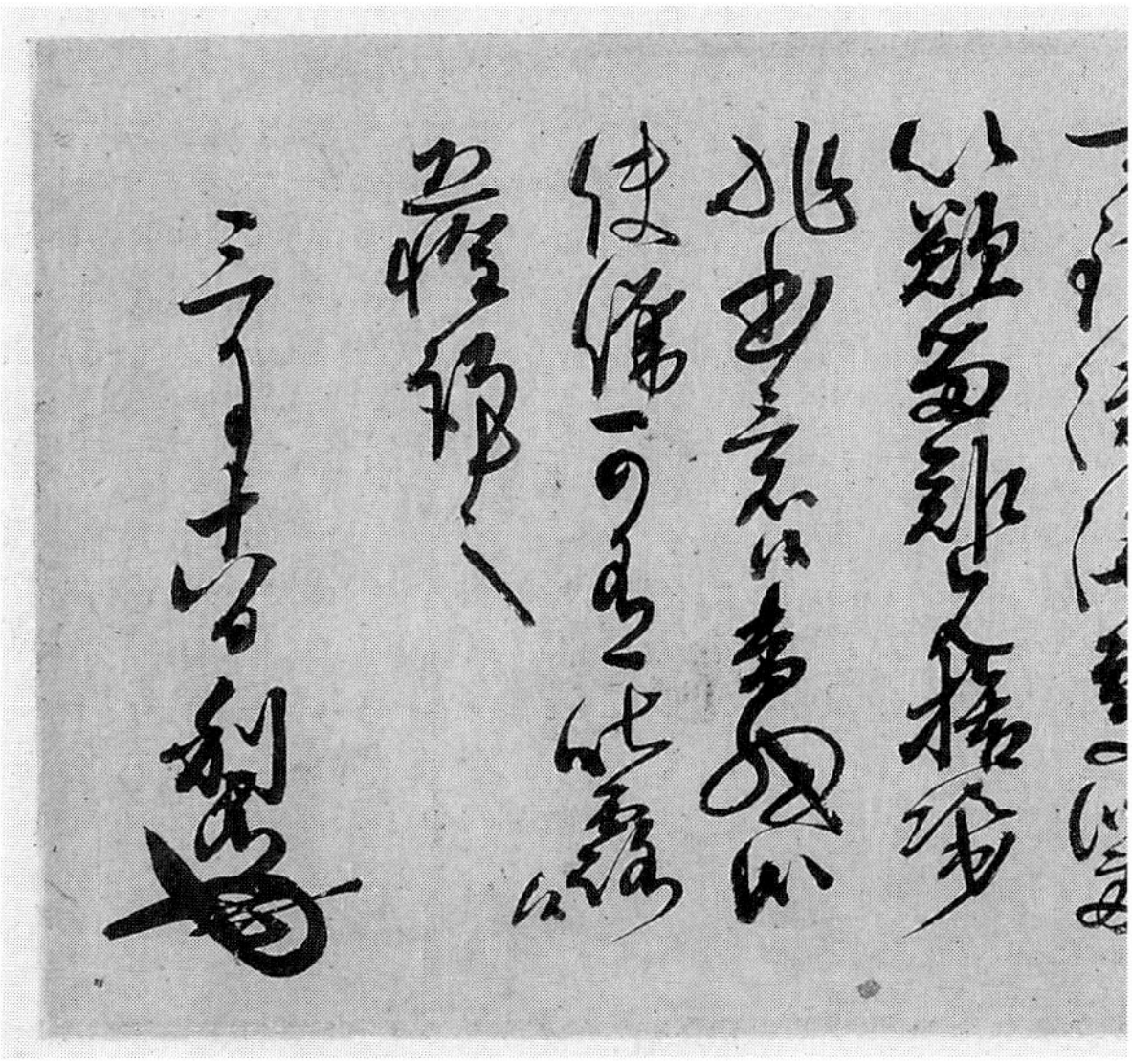

解説

この書状の差出人「利秀」は、斎藤利宗であると考えられる。利宗は、山崎の戦いの後、畿内あたりに漂泊してから細川忠興にお預けとなり、そののち稲葉一鉄にも預けられている。史料31から、このとき利宗は美濃華渓寺にいることがわかる。華渓寺は稲葉一鉄の母親の菩提寺であり、利宗など残された遺族らはここに匿われていた。そこへ土佐の石谷頼辰から使僧が遣わされたが、一鉄が自分を歎き留めて見捨てがたいといって渡海させてくれない旨を使僧に打ち明けている。

24 三好長慶書状

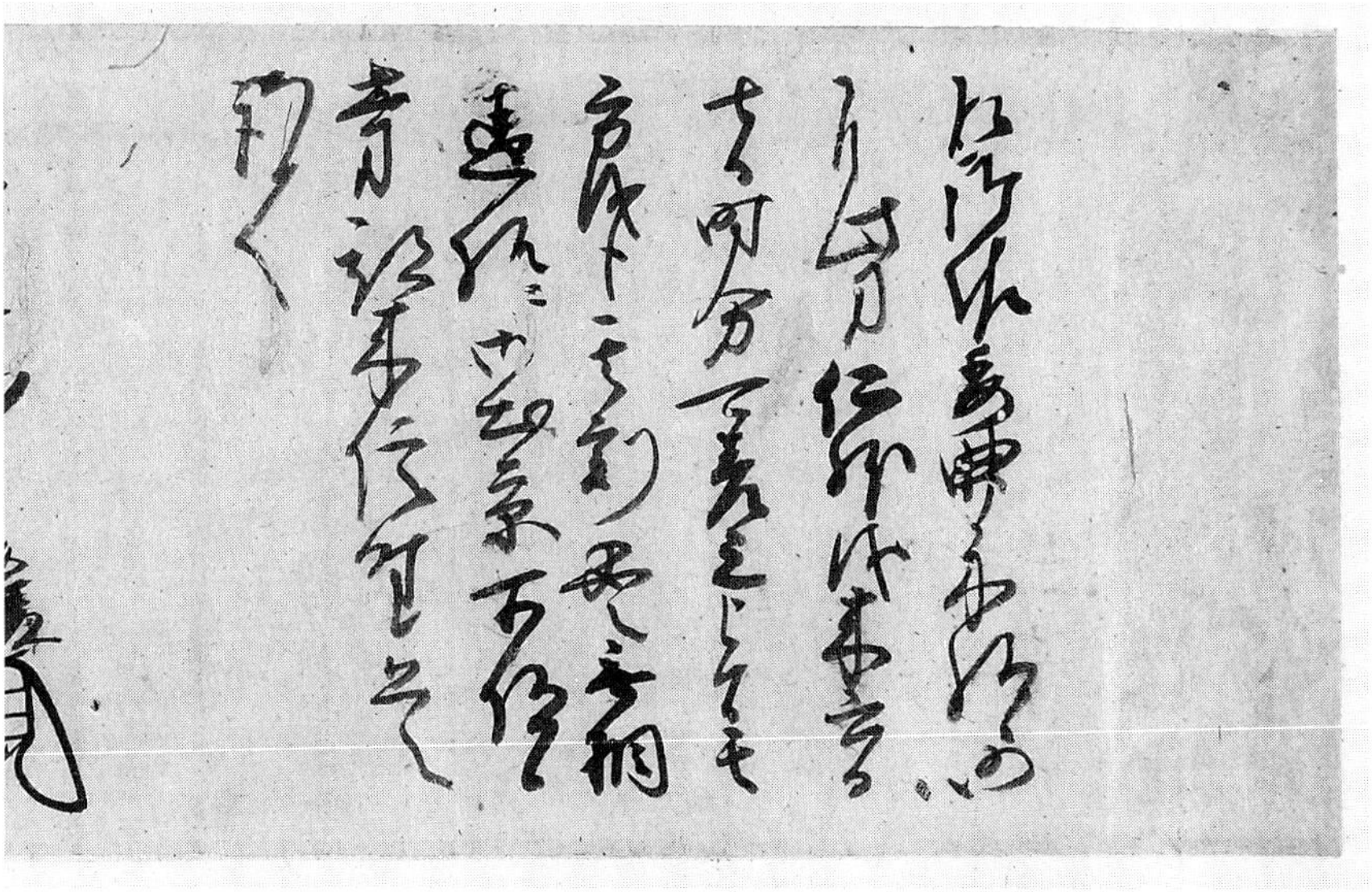

乍御報委曲示給候、仍
自此方仁体儀、来六日、
七日時分可差上申候間、其
方儀も、其刻必々無相
違様ニ御出京所仰候、
旁期来信時候、恐々
謹言

十二月廿八日　長慶（三好）（花押）

土岐（光政）兵部太輔殿
　御返報

解説

三好長慶が、石谷光政に対して来年一月六、七日に対面することを述べたもの。「御返報」と文末にあることから、本書状に先駆けて光政から長慶への書状が出されていたようだが、詳細は不明。

なお、長慶と石谷光政が直接やりとりしている書状は少ない。

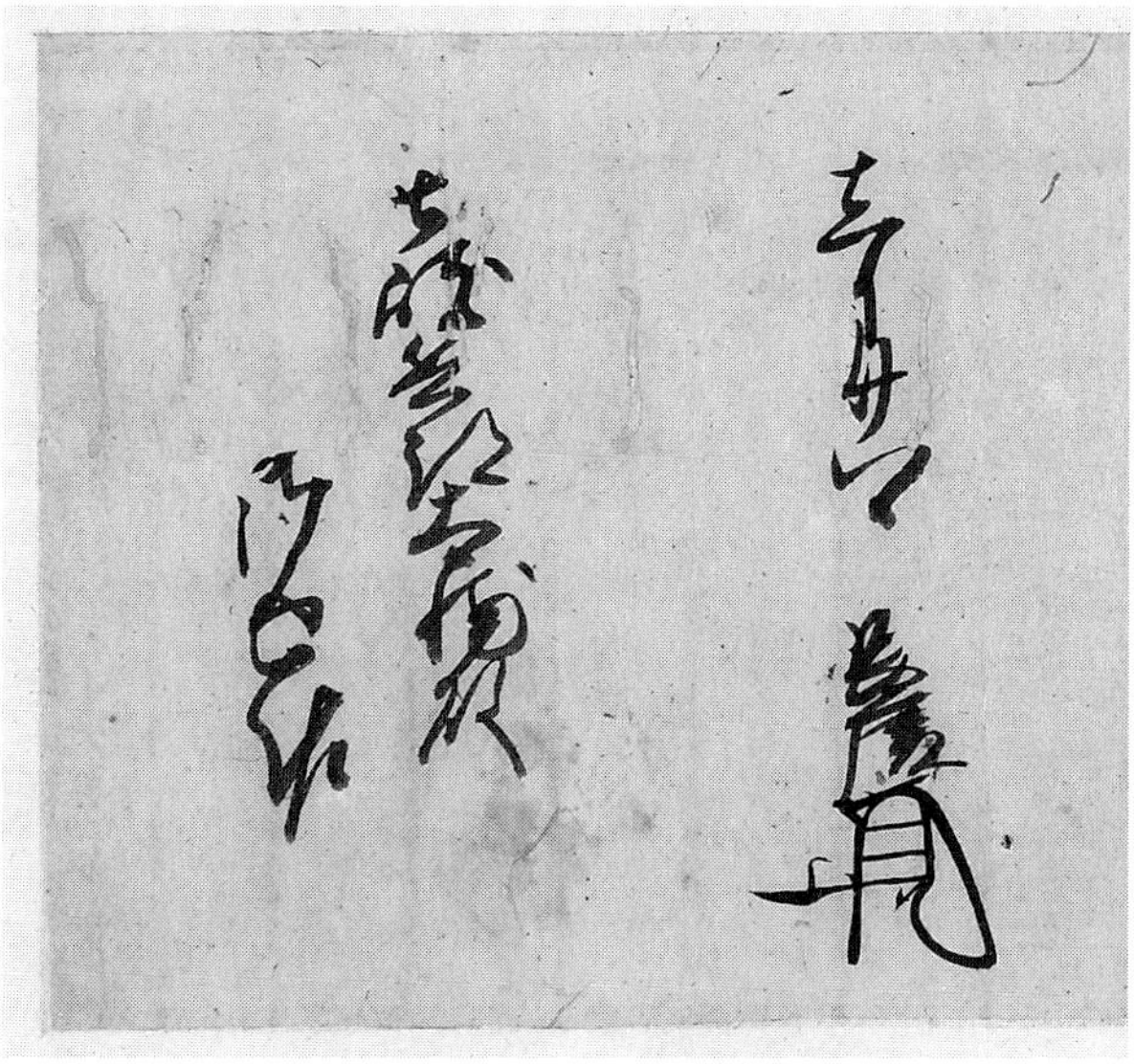

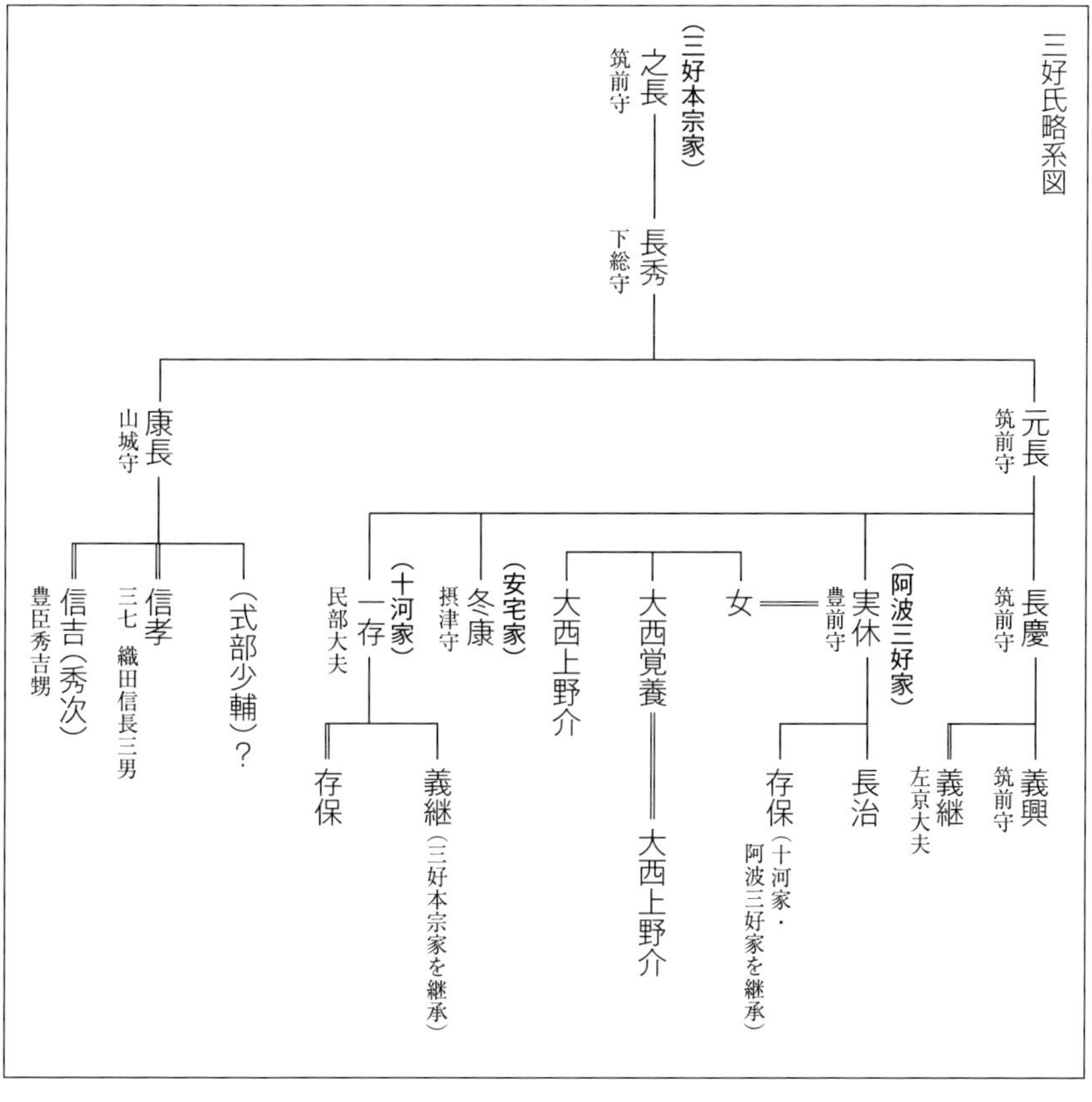

（三好本宗家）
之長 筑前守
長秀 下総守
元長 筑前守
康長 山城守
長慶 筑前守
（阿波三好家）
実休 豊前守
女
大西覚養
大西上野介
（安宅家）
冬康 摂津守
（十河家）
一存 民部大夫
（式部少輔）？
信孝 三七 織田信長三男
信吉（秀次） 豊臣秀吉甥
義興 筑前守
義継 左京大夫
長治
存保（十河家・阿波三好家を継承）
大西上野介
義継（三好本宗家を継承）
存保

三好氏略系図

小林家孝書状

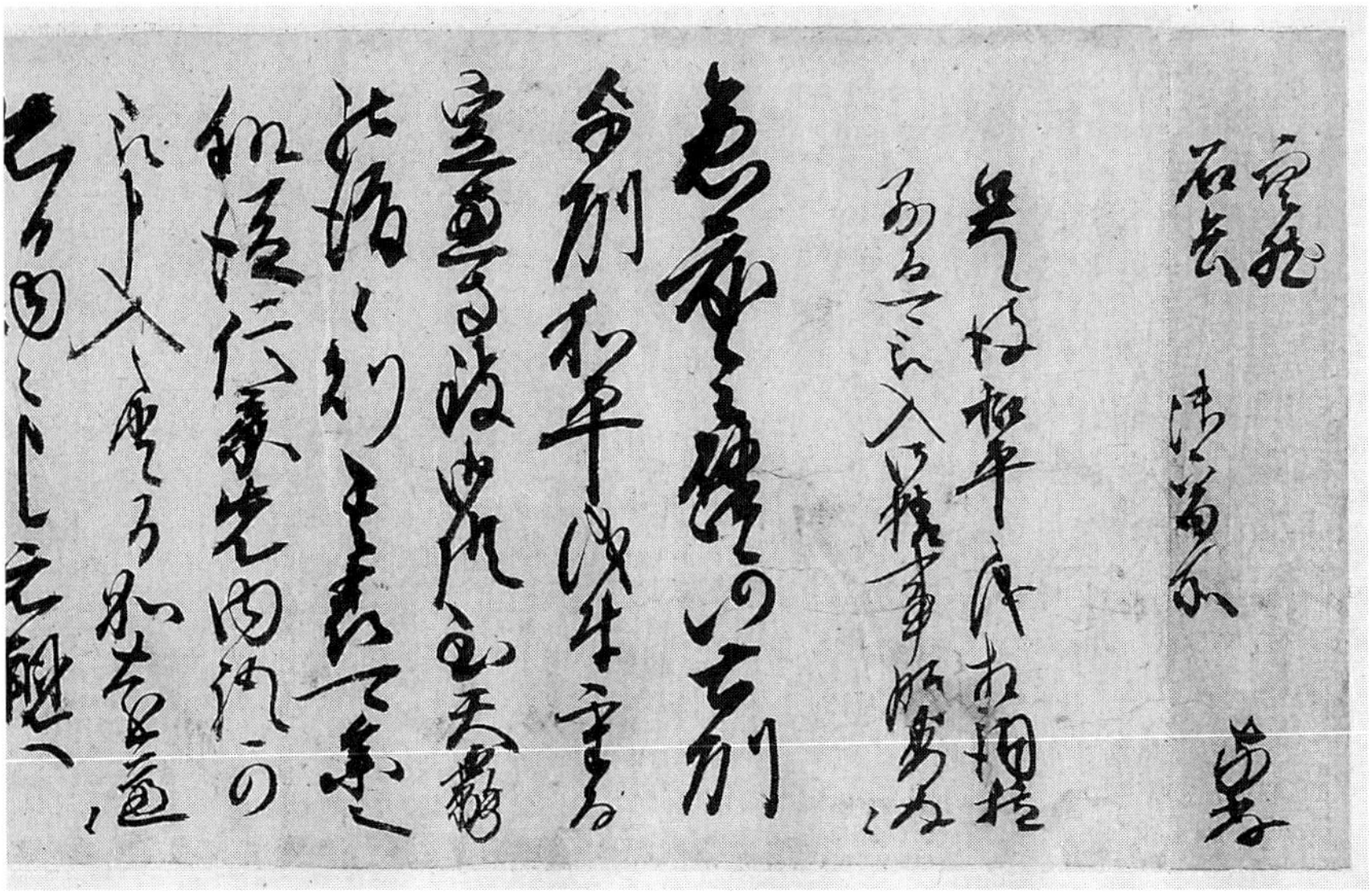

（包紙ウハ書）
「空然《石谷光政》
石兵《石谷頼辰》　　御宿所　　家孝《小林》」

呉々*彼和平之儀相調候様、
別而可被入御精事、肝要存候

急度令啓候、仍土州・
与州和平儀付、重而
*定恵寺致御供、至*天霧
罷渡候、則其表可参之
処、従*信景《香川》先*内語可
被申入之由候間、加遠慮候、
先日内々申候、元親《長宗我部》へ
御馬拝領候、我等罷越候
刻雖可渡申候、大事
御馬候条、信景馮存候先
様越申候、先貴所御預候て
御療《寮カ》判所仰候、*御内書

---

*彼和平之儀…土佐と伊予の和平。

*定恵寺…安芸国の禅宗寺院。雪舟嘉猷が開山。

*天霧（あまぎり）…讃岐にある香川氏の居城。

*信景…香川信景。讃岐国天霧城主。織田氏と毛利氏からの支援をうけて阿波三好氏と戦い、西讃岐を支配。長宗我部元親の二男親和（ちかかず）を養子とした。

*内語…内密の話。

*御内書（ごないしょ）…将軍家から出される文書。

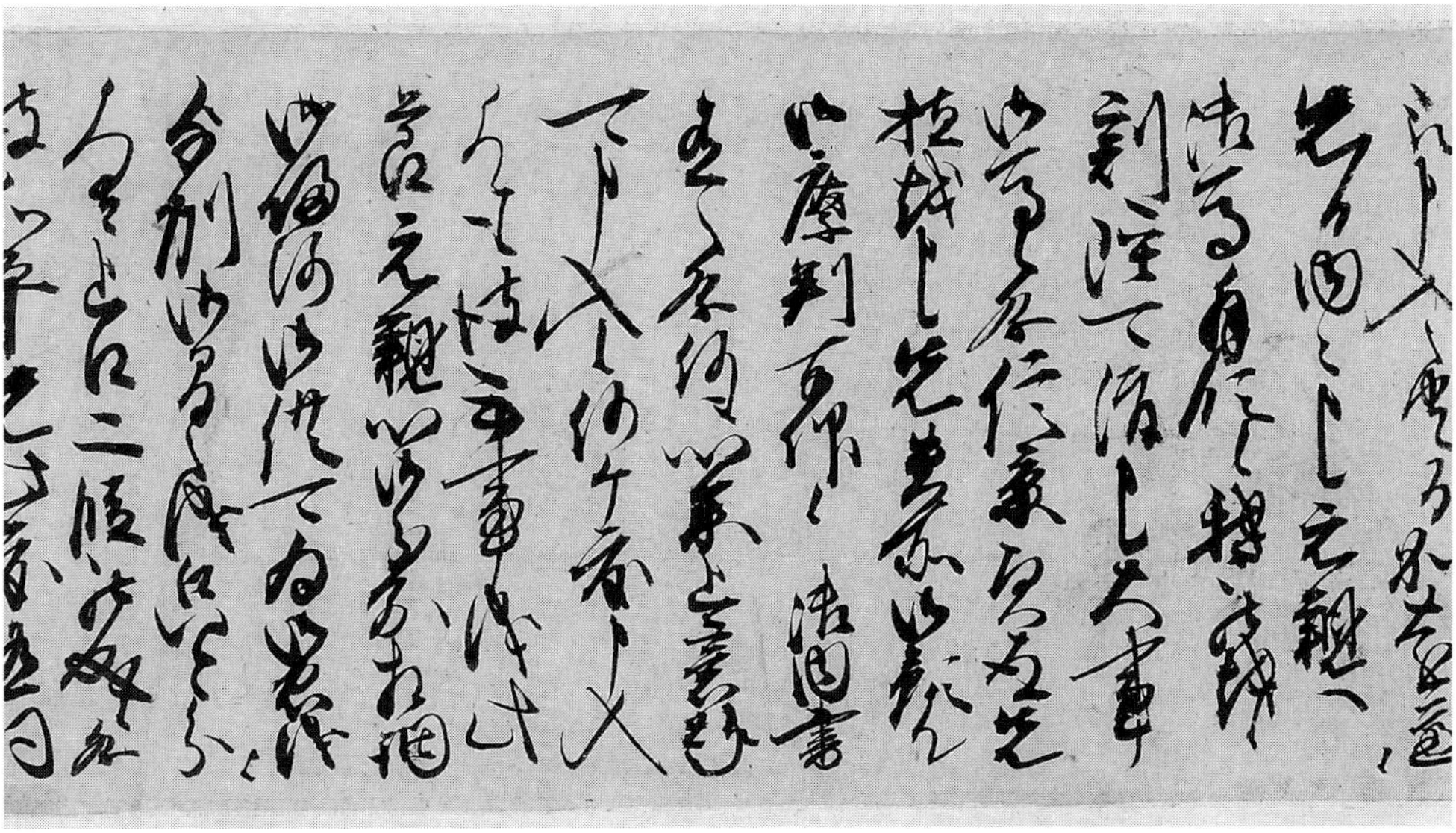

有之条、何も以参上意趣
可申入候、何ヶ度申入
候ても、彼無事儀、此
節元親以御分別相調、
*御帰洛御供可為御忠儀候、
与州御間之儀、只今分
候へ者、*上口二段罷成候条、
彼和平先此度有同
心、落着之儀者、*隆景《(小早川)》於
御入魂者何様ニも可被任
御存分候、近比憚多雖申
事候、*芸州《(毛利輝元)》被仰談、
上口相済候へ者、つき〳〵
儀者不可御手間入候、一度
御帰洛之御供、元親儀者
不及申候、貴所迄《(カ)》御名誉
罷成候、御在国幸儀候間、
別而可被入御精事、且者
可為御冥加候、迚頓而
可罷越条、重畳可申
談候、御馬ニ拙者者雖

---

*帰洛…都に帰ること。

*上口…瀬戸内海東方。

*隆景…小早川隆景。毛利元就の三男。兄吉川元春とともに毛利両川（もうりりょうせん）といわれる。宗家毛利輝元を補佐した。

*芸州…毛利輝元。将軍足利義昭を備後鞆（とも）に迎えて、織田信長・豊臣秀吉に対抗した。

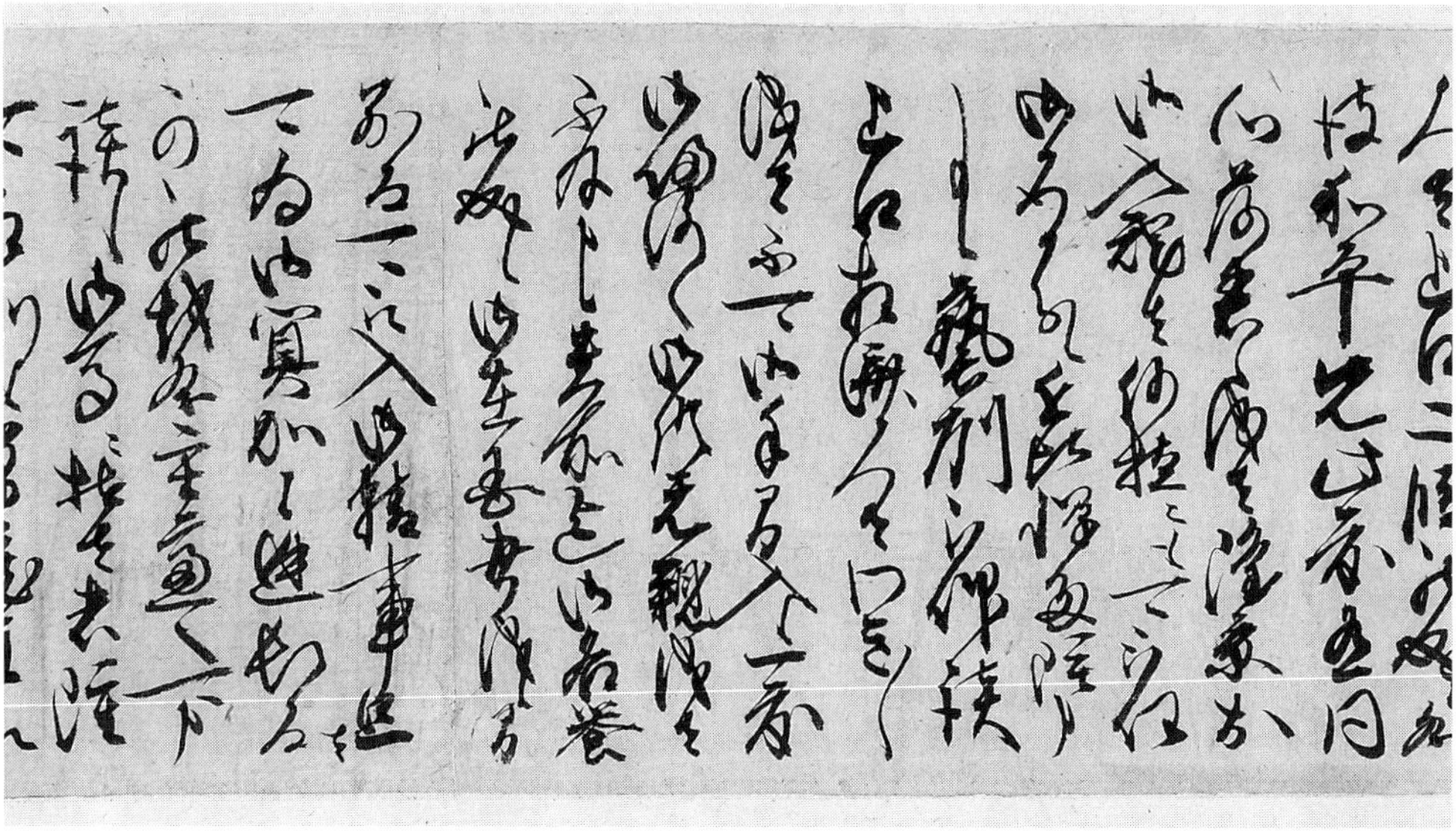

可相副候、草蔵主被
越候条、路次等可被心付通
申談候、旁期面拝之時候、
恐々謹言
（天正一二年）七月五日　家孝*（花押）

---

*家孝…小林家孝。足利義昭の側近で奉公衆。

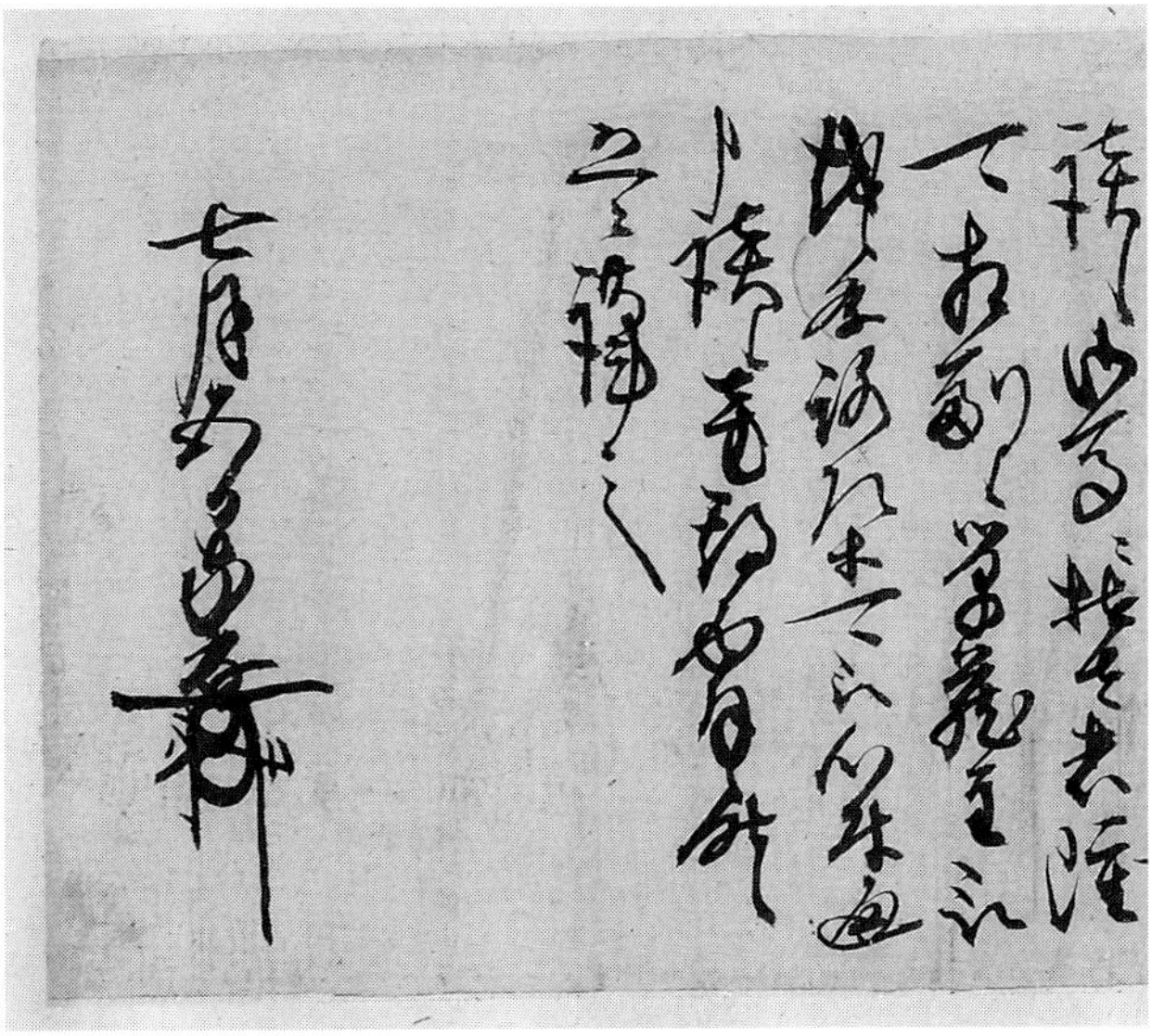

解説

土佐と伊予の和平交渉のために、将軍足利義昭の奉公衆小林家孝は、安芸国の禅宗寺院定恵寺と連れだって、まず讃岐天霧城主香川信景のもとを訪れた。義昭よりの御内書と御馬を長宗我部元親に下賜するにあたり、先に香川氏らが土佐へ赴き義昭の意志を伝えて、その大事な御馬を石谷光政・頼辰へ預けることとした。石谷両氏のとりなしによって、元親に土佐と伊予の和平同盟に合意させて帰洛の御供をするよう促し、それが将軍義昭への忠儀であると要請している。毛利輝元も伊予が解決すれば、四国平定は手間が入らないと言っている。香川氏はかねてより毛利氏や小早川氏とつながりがあり、元親とは姻戚関係にあることから使者を務めたのであろう。

この書状は天正一一年（一五八三）七月五日のものと推定される。このように、将軍義昭・毛利氏・小早川氏・長宗我部氏らにより、対秀吉包囲網を形成して同盟関係をめざそうとする動きがあった。しかし、同年八月に、輝元は羽柴秀吉とは、西伯耆・備中高梁川以西を毛利領とし、人質を秀吉に送ることで中国国分がなされた。

26

小林家孝書状

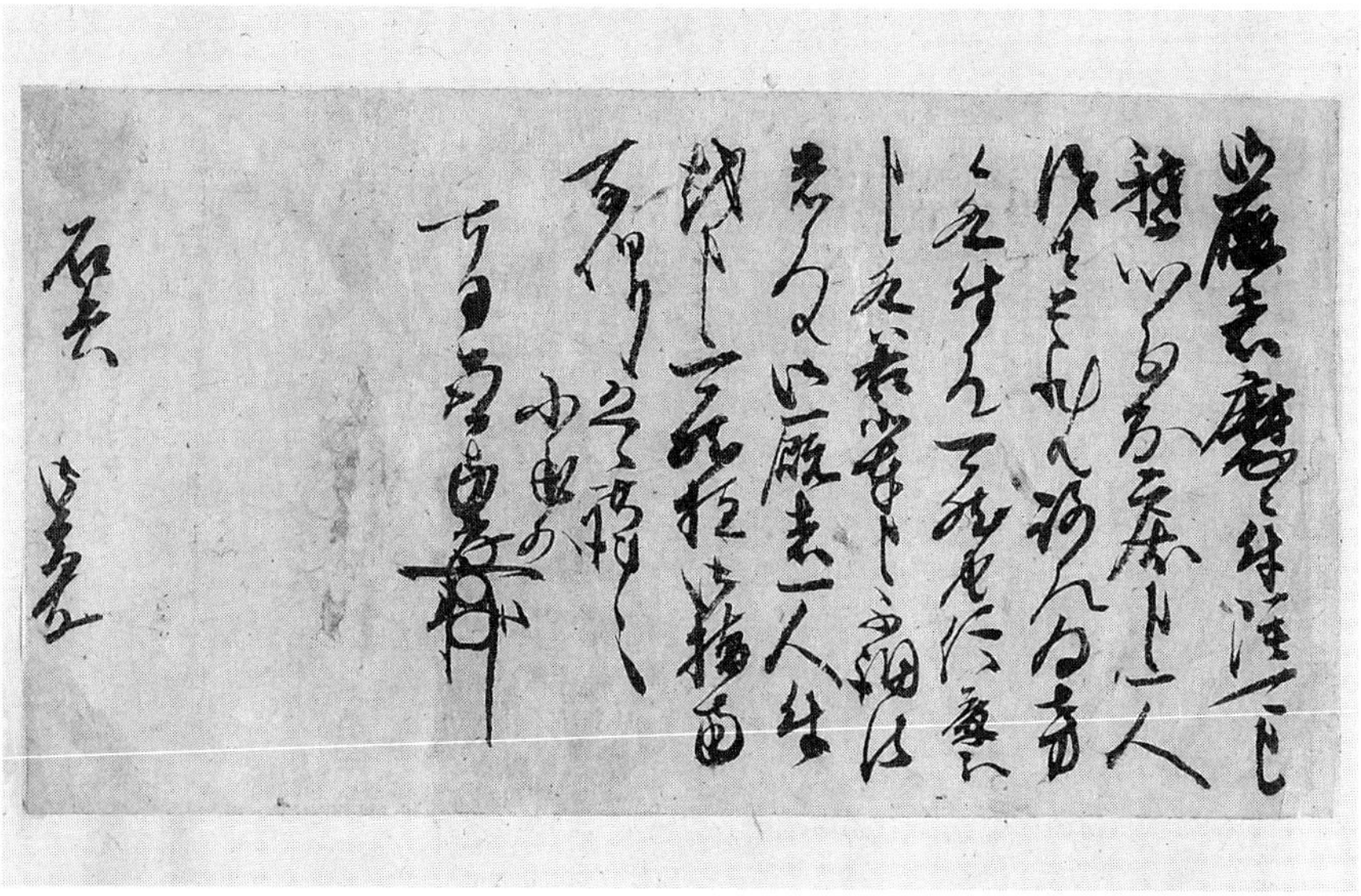

＊御厩者慰ニ付雖可申候、
我等以分別戻申候一人
儀者、是非共路次為旁
候条、付候て可然由、信景（香川）被
申候条、若輩申、不調法
者候へ共、御厩者一人付
越申候、可然様御指南
所仰候、恐々謹言

七月五日（天正一一年）　小民少（小林民部少輔）
家孝（花押）

石兵（石谷頼辰）
御宿所

解説

鞆の将軍足利義昭から長宗我部元親へ拝領の馬に、元親が上洛の際、御厩者を付けるよう香川信景が申していることを伝える。

＊御厩（みまや）…貴人を敬ってその厩をいう語。

27

小林家孝書状

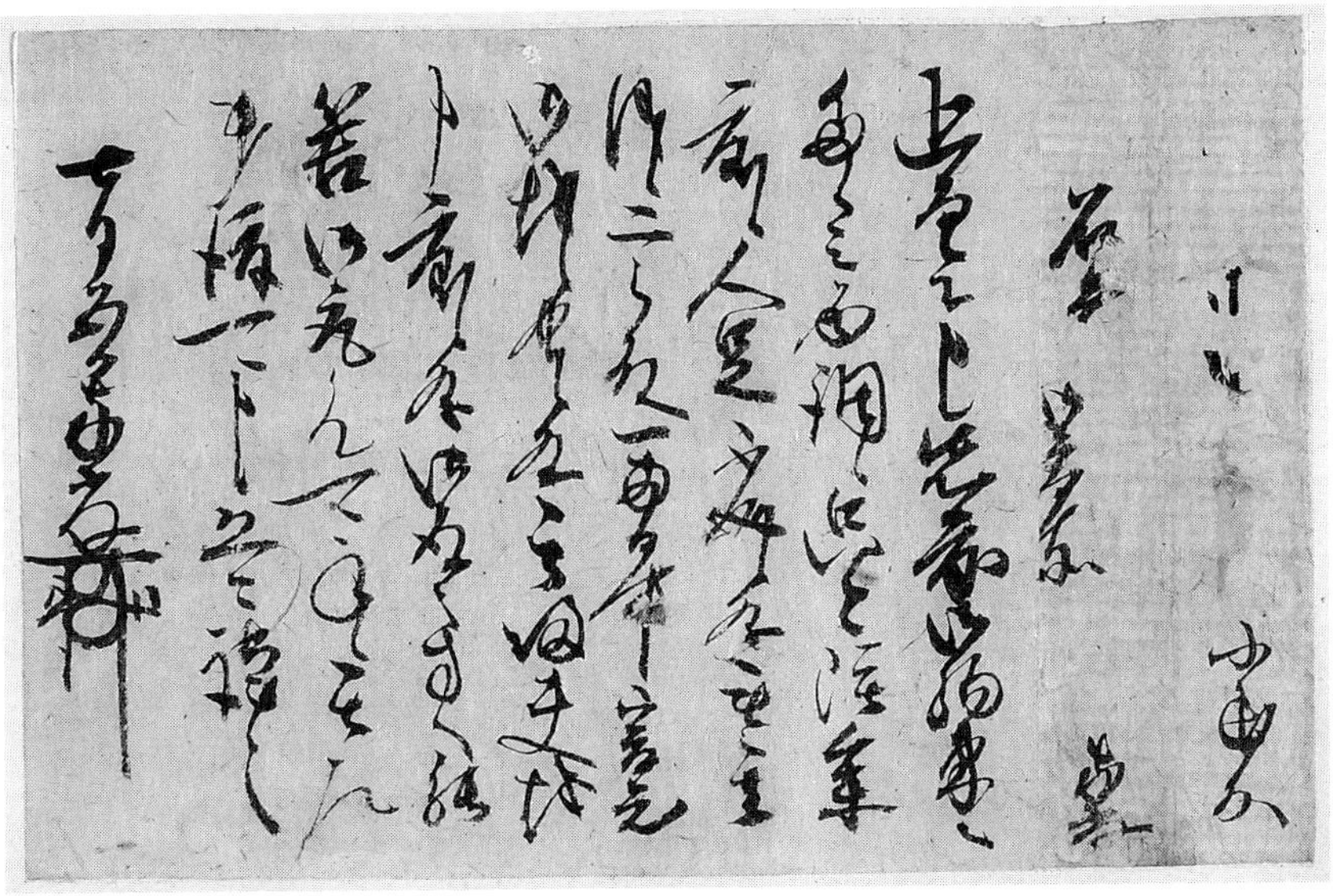

（ウハ書）
「（墨引）　小民少（小林民部少輔）
石兵（石谷頼辰）　家孝
御宿所　」

追而令申候、先度御約束之
た丶ミ面調候、只今雖参
度候、人足不成候条無其
儀候、二郎殿一両日中爰元
御越之由候条、其帰夫越
申度候条、御存之方へ能
*筈御取候て可承候、其次
第渡可申候、恐々謹言
七月五日（天正一一年）　家孝（花押）

解説

藺草の産地である安芸・備後で生産された畳表を土佐へ届けているようである。

*筈御取…手はず、順序を整える。

28

中島重房書状

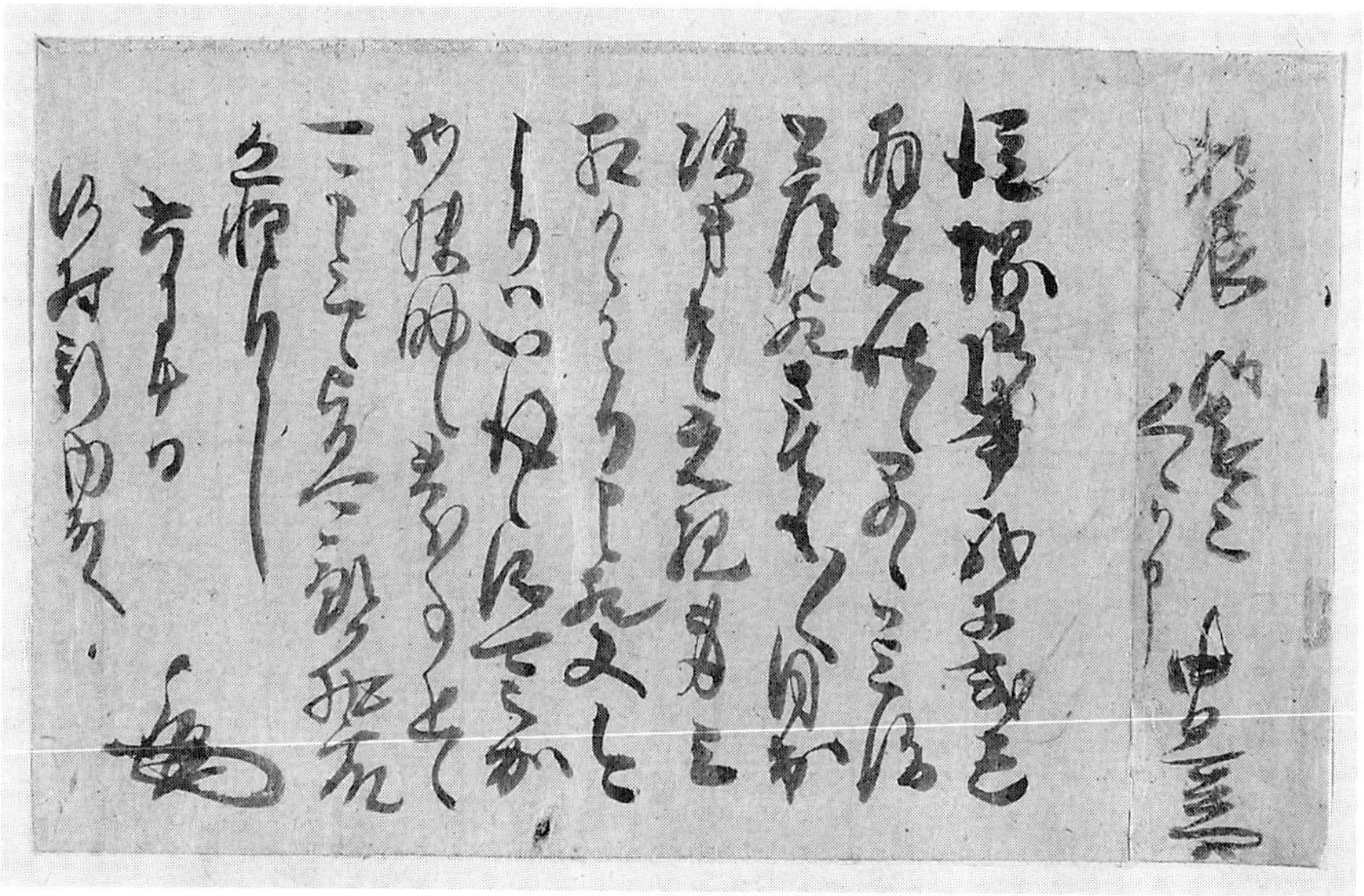

（包紙ウハ書）
「　頼辰（石谷）様　進上　＊中与一兵衛尉（中島重房）
　　人々御中　」

従堺御書、我等式迄
拝見仕候、早々御上洛
御座候歟、さても〳〵目出
次第共候、元親（長宗我部）身上
相かゝわり申候歟、又今
よりハ以後之儀可被加
御扶助候、慶事追々
可申上候旨、可預御披露、
恐惶謹言
六月十日　重房（中島）（花押）
河村新内殿

解説

この書状は、「従堺御書」とあるので石谷頼辰が堺から出した手紙に対する返事であることがわかる。さらに、長宗我部元親の上洛もしくは頼辰の上洛のいずれかが間近であることを喜ぶ内容である。

記された年代は、中島重房の生没年なども勘案すると、天正六年（一五七八）〜一〇年のいずれかになるだろう。宛先の河村新内は、石谷頼辰の近臣であると考えられ、このような形で中島と連絡を取っていた可能性が出てきた。

＊中島重房…長宗我部元親家臣。長宗我部氏の傍流。

中島重房・忠秀書状

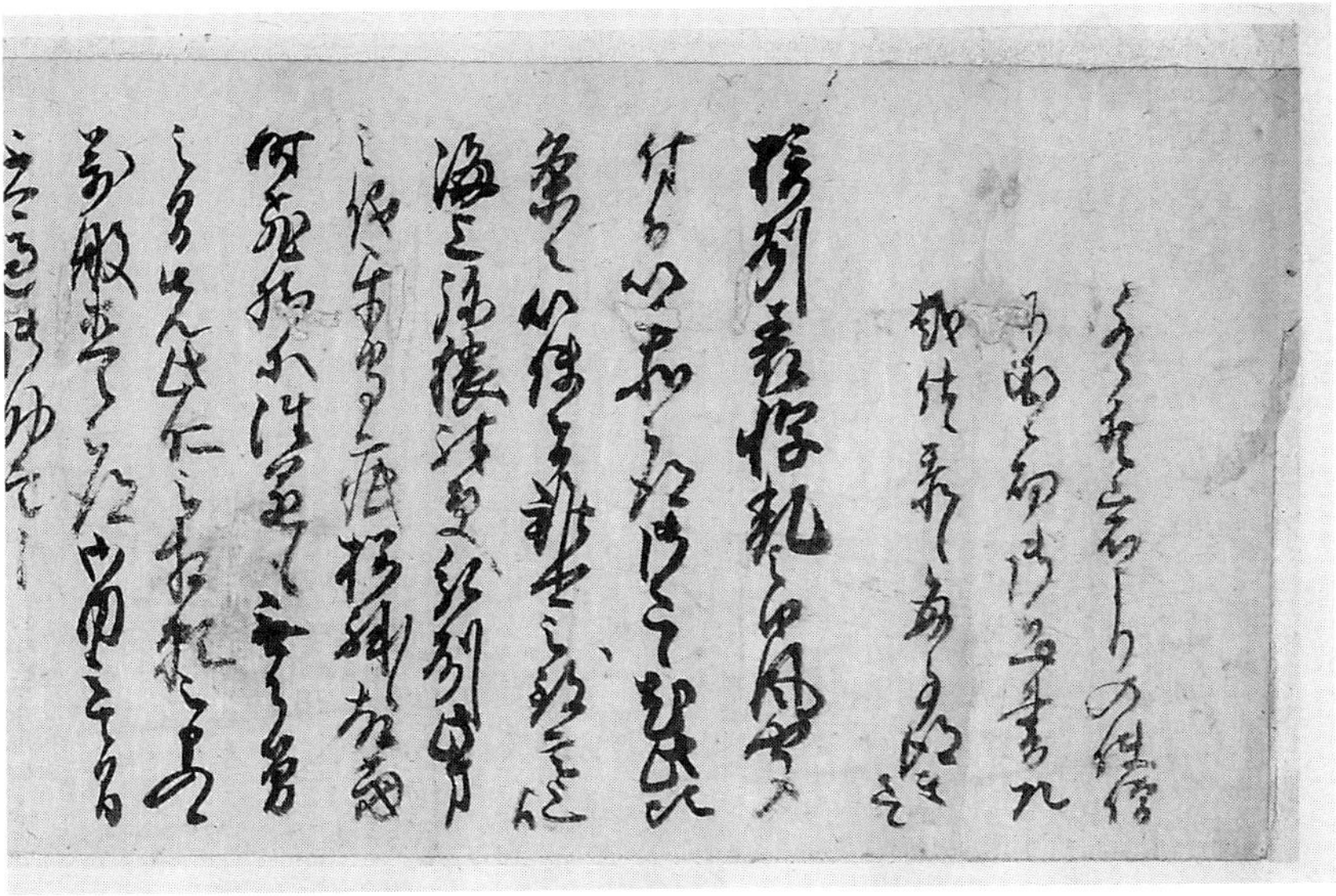

（ウハ書）
「（墨引）
□
利三様　　中与一兵
頼辰様　　　　忠秀
　　　　人々御中（カ）」

尚々、*愛宕よりの使僧
下国之砌、御文書頂
戴仕候、忝候、*毎事得其意候

摂州表*悖乱之由風聞
付而、以書状被得御意候、尤此比
条々、以使者雖可被致言上候、
海上弥猥、殊更*紀州*此方
之儀、互守疵様躰候故、当
時飛脚等往還も*無了簡
之間、先此仁被相頼被申入候、

*愛宕（あたご）…京都の愛宕山。
*毎事…すべての事柄。
*悖乱（はいらん）…道理に逆らい、正道を乱すこと。
*紀州…反信長派の雑賀衆（さいかしゅう）か。
*此方…この時、谷忠澄は阿波白地城にいる。
*無了簡…どうにもしようがない。

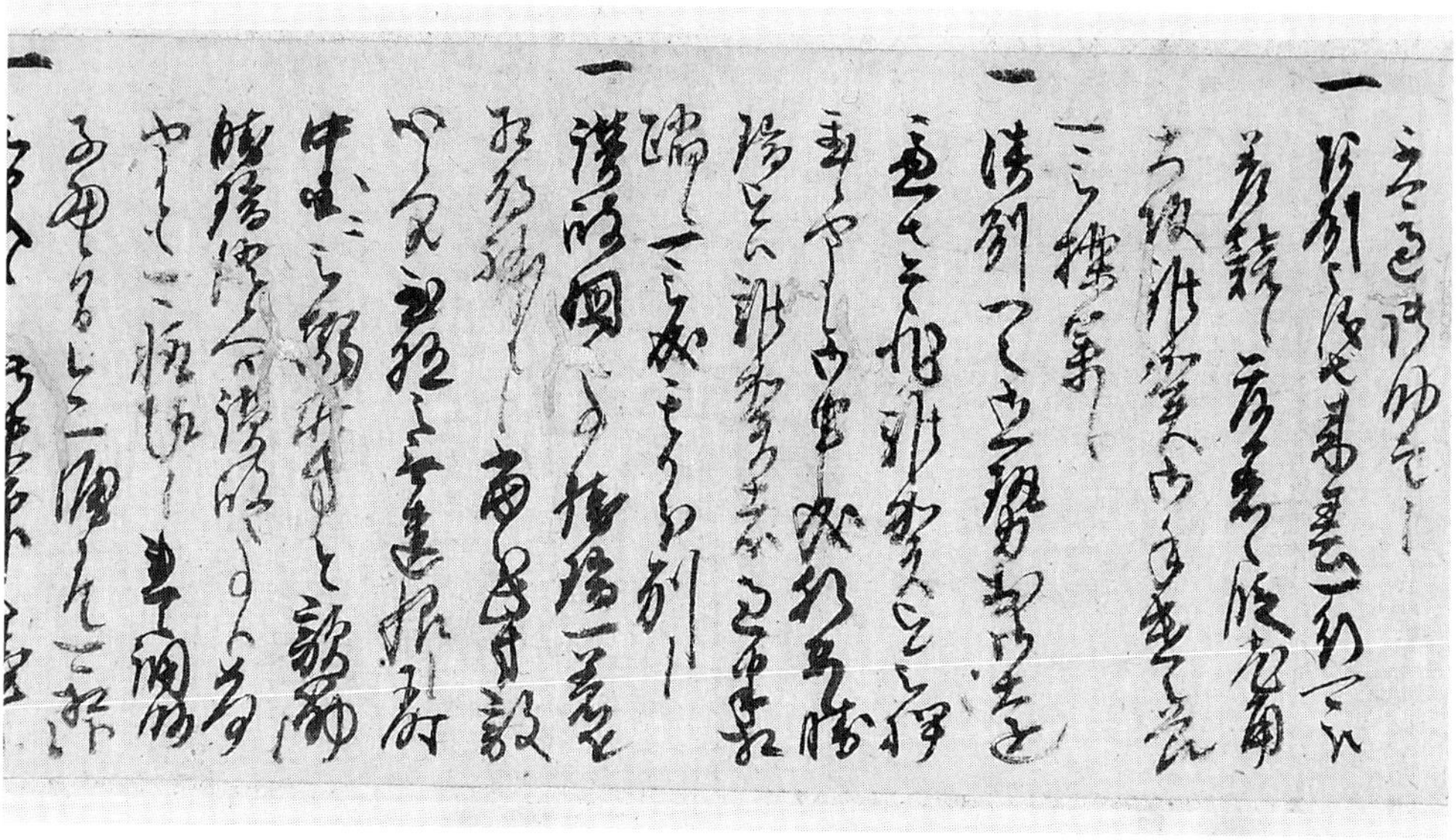

万般直に被得御内意候間、
不可過御助言候
一阿州之儀者、来春一行可被
差競候、落着之段、兎角
*大坂・*雑賀御*手遣之節
可被擽果候
一淡州へ之御一勢、於御遠
慮者、是非雑賀を被押
置候やう之御申成肝要候、*勝
瑞をハ雑賀者過半相
踏候、可被成其御分別候
一讃岐国之事、勝瑞一着を
相願躰に候、当分此方敵
心候へ共、至極之無遺恨候、于時
中国ニ被搦、此方と敵筋候、
勝瑞澄候へハ、讃岐之事ハ如何
やうも*可輙（輒カ）趣候、連々調略
子細候間、今一渥（握カ）にて可相下候
一被申入候 御*朱印之事、
早速御申請候て可被差下
儀、*大用に存候、此隣国之儀、

*大坂…石山本願寺。

*雑賀…信長派の雑賀衆か。

*手遣…配下の者をつかわすこと。

*勝瑞（しょうずい）…阿波国。三好氏の居城。現、徳島県板野郡藍住町。

*可輙…たやすかるべし。

*御朱印…信長の朱印状。元親の長男弥三郎が「信」の字を偏諱されること。従来、天正三年（一五七五）といわれてきたが、史料18よりその年代は天正六年ではないかと推定される。

*大用（たいよう）…大きな作用、効用。

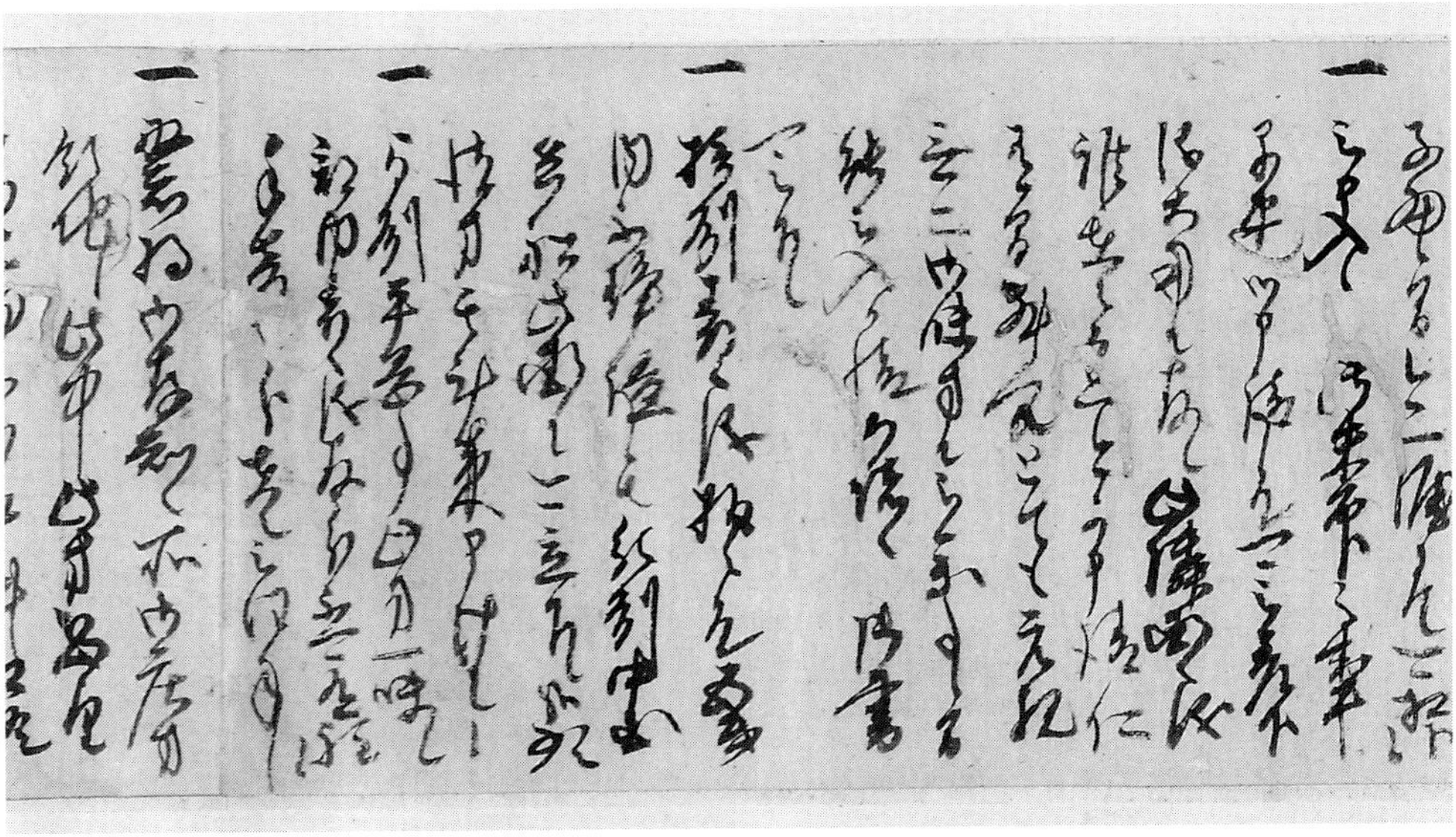

誰在之而只今可申請仁
有間敷候へ共、とても元親
無二御味方に被参事候間、
能被入御精、安堵之　御書
可被下候
一摂州表之儀、執々候て五畿
内不静謐候者、紀州・*中国
兵船此国に可立下候哉、少々
彼方其計策申けに候
一*与州平岡事、此方一味候、
*郡内表之儀、存分不可有程候、
*手寄之分在之、被任手候
一繁将（繁田将監）御存知之所*御庄方
領地候、此中此方懇望
候へ共、一切不被取置候、相澄
候者異儀あるまじく候、与州
表之事者、手間入ましき躰候
へ共、阿州之儀被懸念第一、
淡州、紀州遺恨に付而、
与州口之儀成次第之躰ニ候
一空然様（石谷光政）、道標（蜷川）さま、何事無

---

*中国…毛利方。

*与州平岡…伊予国、河野氏の家老。

*郡内表…喜多郡、現、愛媛県大洲市（おおずし）周辺。

*手寄（たよせ）…はるかに遠いこと。ずっと離れていること。

*御庄（みしょう）…伊予国。常磐城御荘氏。天正一二年（一五八四）正月降伏。

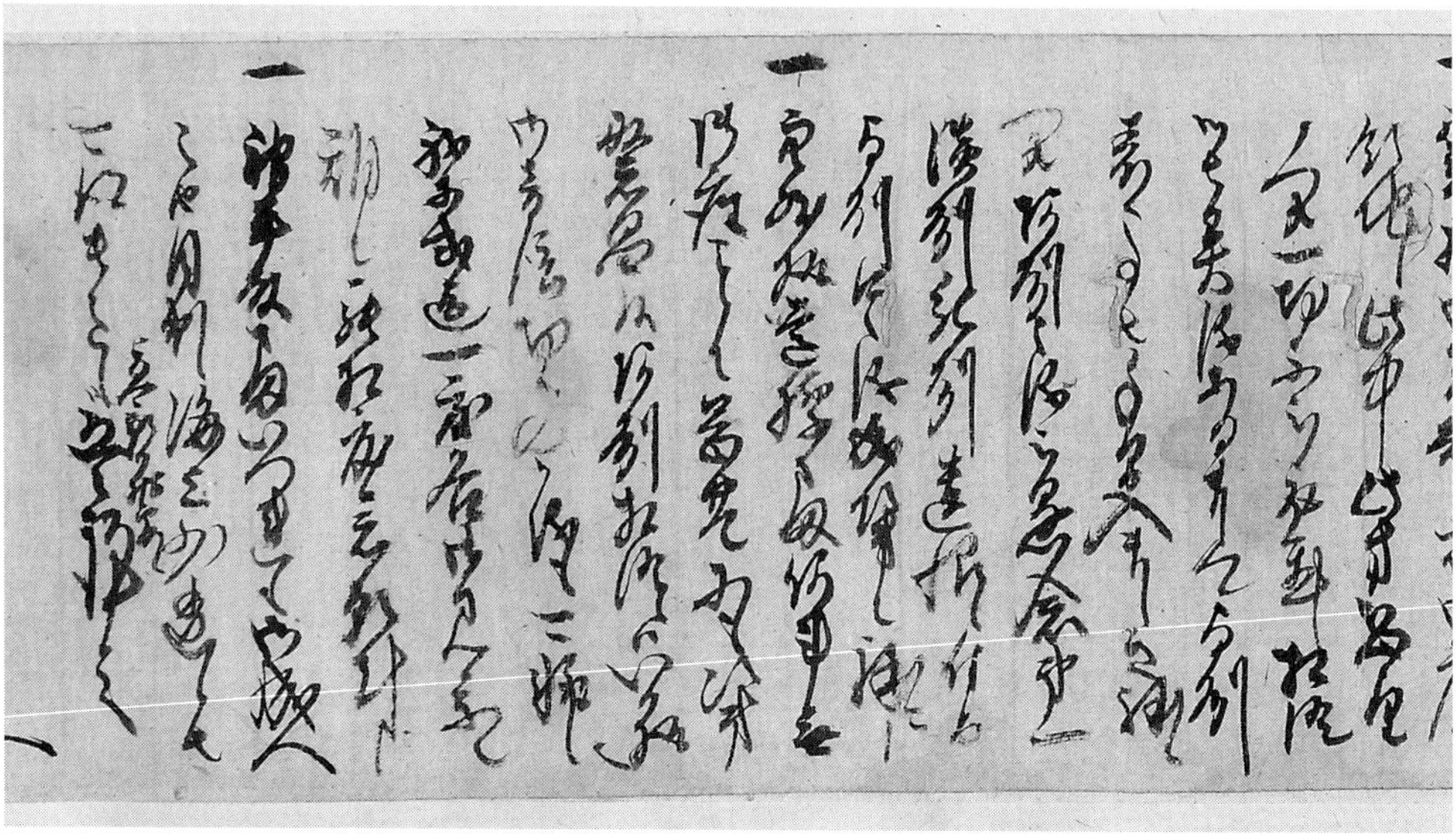

御座ことにて、岡豊＊等も次第
繁昌候、阿州相澄候ハヽ、いか様之
御音信切々の御儀も可輒候、
我等式迄一度、各御見参に
期候、罷相度念願計候
一神平殿さま、いつれも御成人
之由目出候、海上少透候者
可得貴意候旨、可預御披露候、恐々謹言

（天正六年カ）十一月廿四日　忠秀（花押）
（中島）重房（花押）

井上殿

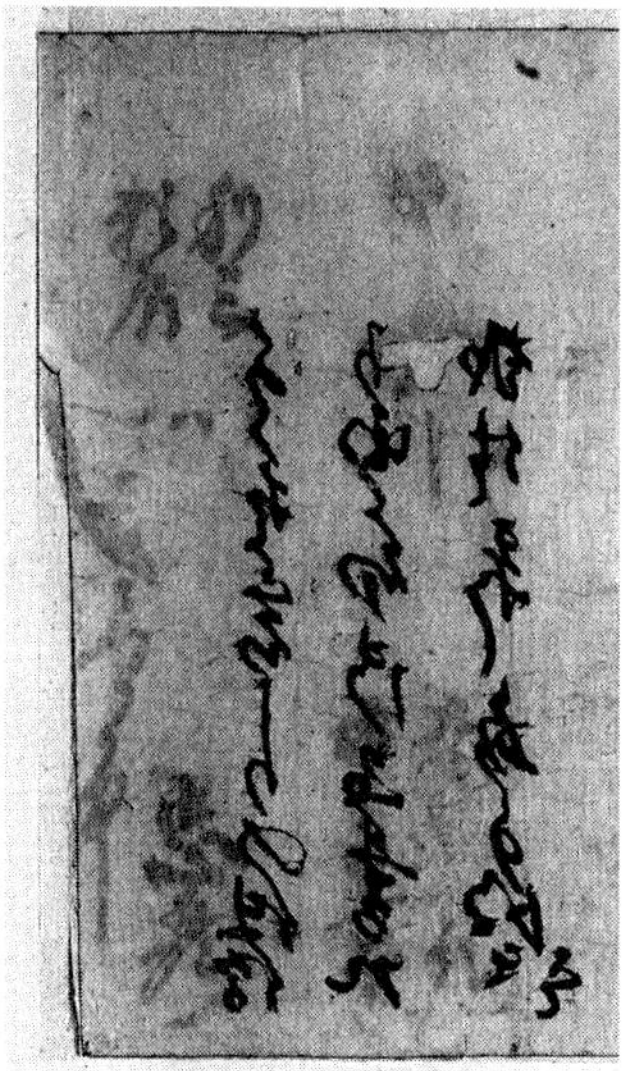

ウハ書赤外線写真

＊岡豊（おこう）…土佐国。長宗我部氏の居城。現、高知県南国市。

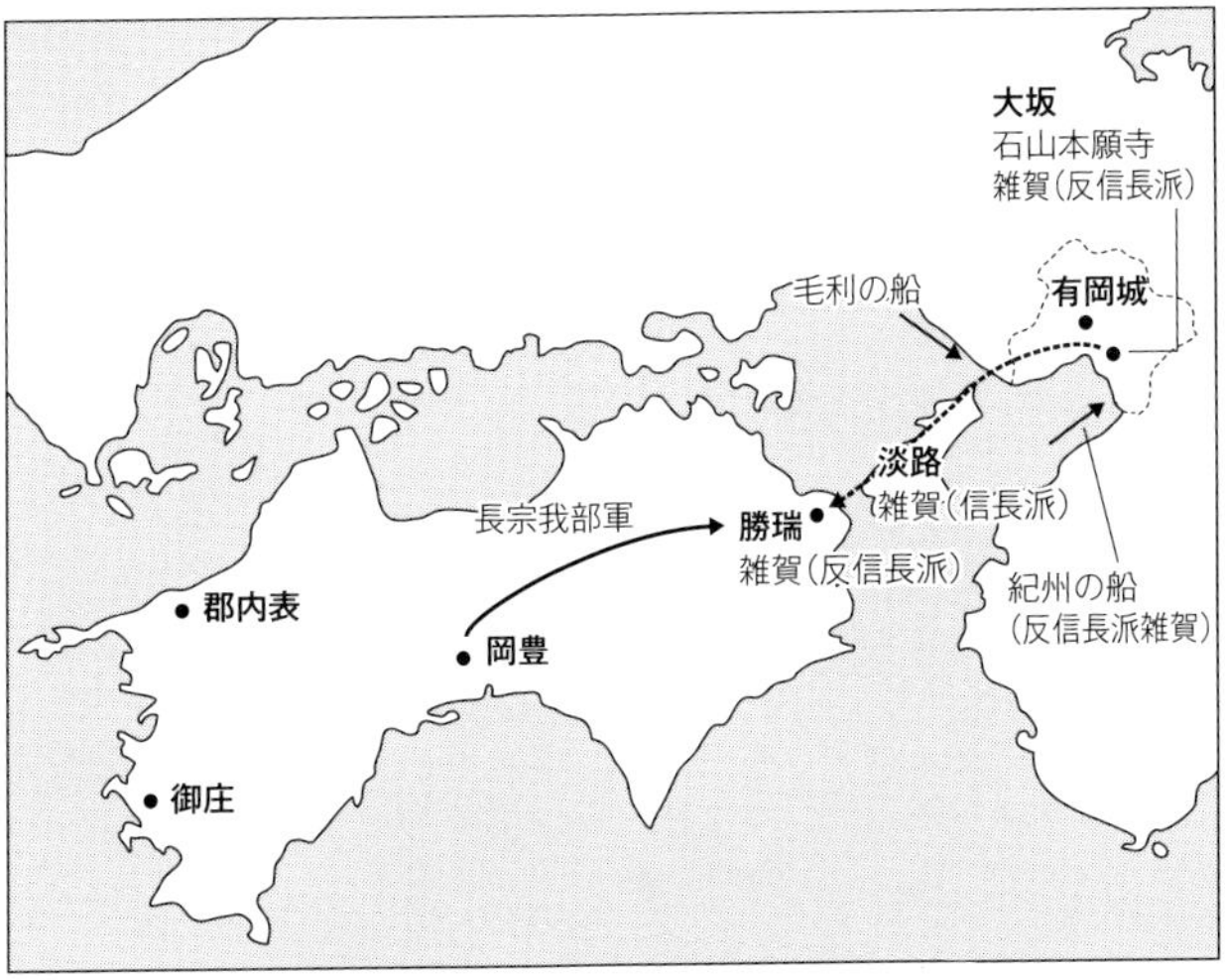

元親軍の勝瑞城陥落による四国統一構想（天正6年11月）

信長派雑賀：鈴木、反信長派雑賀（親元親派）：土橋・湊・岩橋・松江・賀田のいずれか。

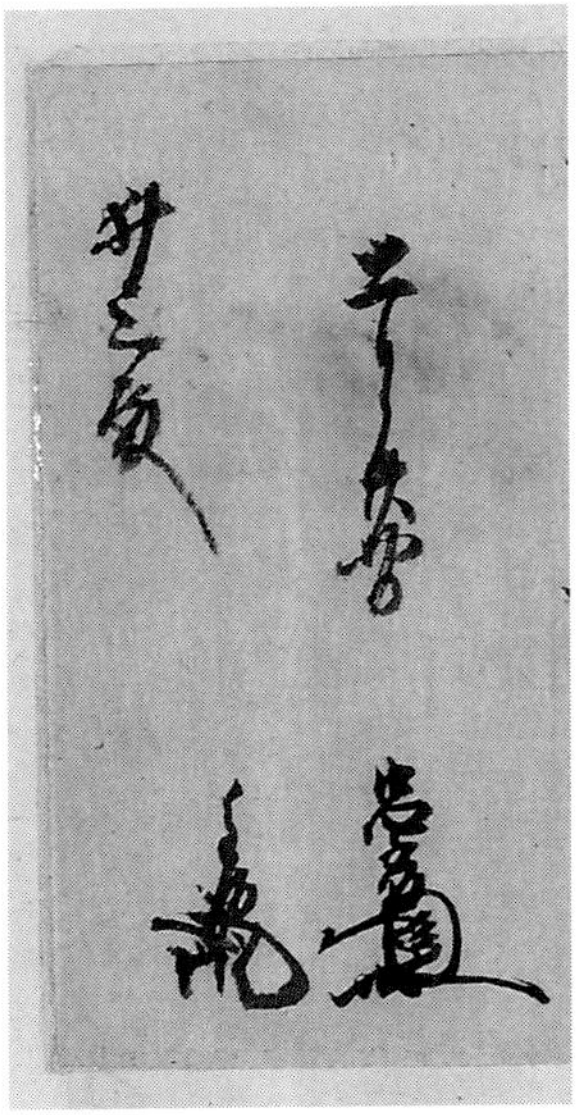

解説

井上宛となっているが、ウ八書より中島重房らが石谷頼辰・斎藤利三に宛てて出したものと判明した。井上については不明だが、明智光秀側の者と考えられる。

「摂州表悖乱」を天正六年（一五七八）に起きた荒木村重の反乱と考え、本状は天正六年に書かれたものと比定した。長宗我部元親家臣が、頼辰・利三に対して自分たちの戦略を連絡し、今後の見通しを述べている点が注目される。

また、中島らが阿波勝瑞を手に入れたならば、淡路（第二条）や讃岐（第三条）の戦線が一気に決着がついていくだろうと見通しを持っている点や、雑賀の動向が鍵を握っている（第一条）等、四国やその先の摂津や紀伊まで戦略の範囲を広げている。また、第四条に信長より天正六年に出された御朱印に対する感謝の意を述べ、主君の元親が信長の「無二御味方」になっていることを述べてもいる。この段階で、織田信長と長宗我部元親との関係が好ましいものとして元親家臣たちが認識していたことも注目されるだろう。

第八条では、頼辰の義父である光政や、蜷川道標の無事を伝え、阿波国が平定できれば実際に頼辰らのところに見参したい旨が記してある。

すべての記述の裏付けを取っていく必要があるだろうが、元親家臣たちの戦略眼の広さを窺うことができるものであろう。

30 稲葉一鉄書状

（ウハ書）
「（墨引）　一鉄《（稲葉）》
石兵《（石谷頼辰）》少輔殿
　　　　御報　」

如*芳札、其已来
御*床敷存候処ニ
預御使者候、本望之
至ニ候、被取越之
通、逐一令存知候、
来廿五日辺可為
上洛由候、於様体者
可申承候、一点不可有
疎意候、此御使者於
途中*愚報申候
間、不能一二候、聊
不可存油断候、
猶御使へ申渡候、
恐々謹言

---

*芳札（ほうさつ）…他人を敬って、その手紙をいう語。
*床敷（ゆかしく）…なつかしく感じられる。
*愚報…稲葉一鉄の伝言。

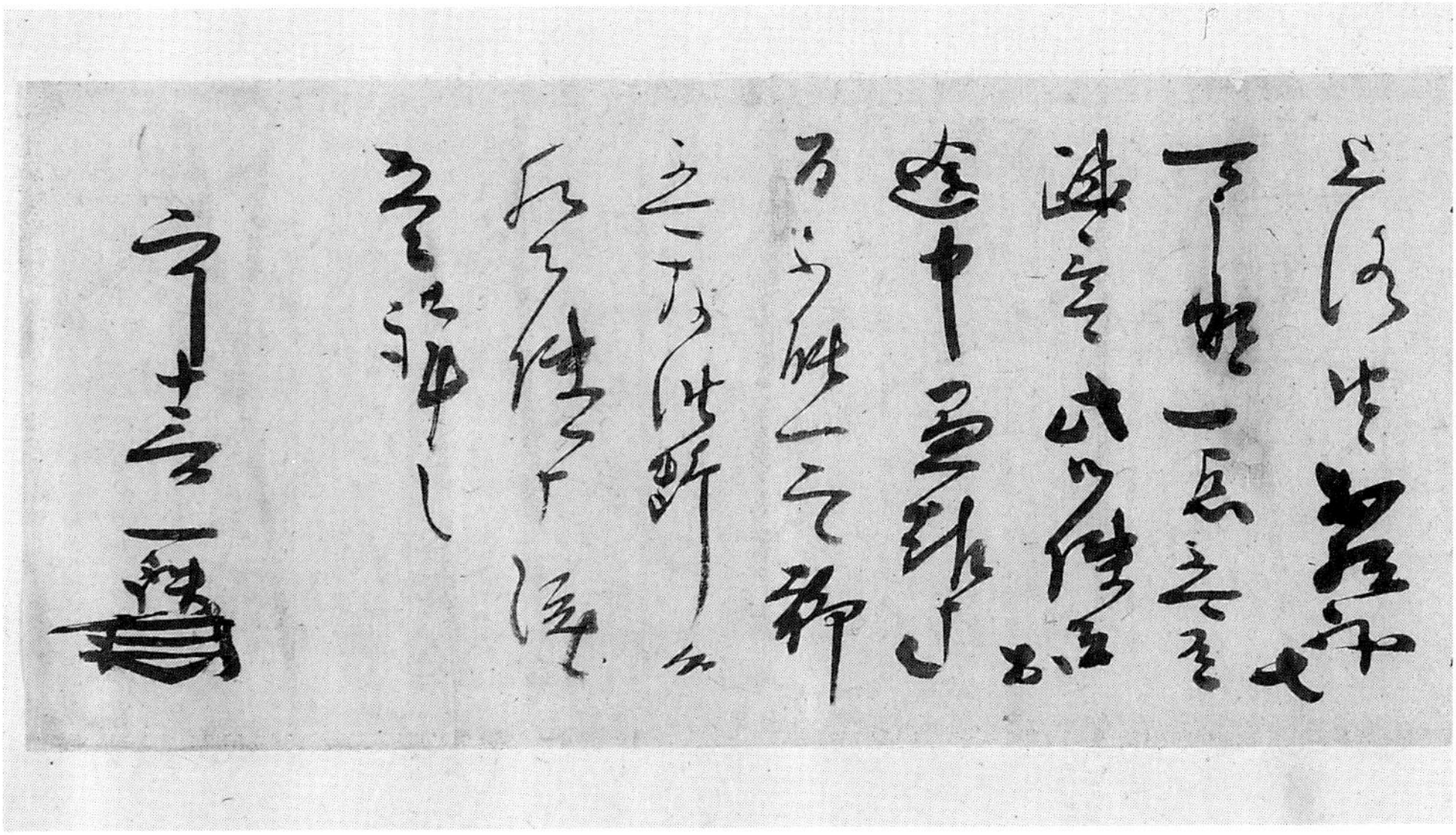

（天正一一年カ）二月十三日　一鉄（花押）

解説

稲葉一鉄は、土佐の石谷頼辰から遣わされた使者の返書について承知し、その使者に一つ二つ伝言を頼んだが十分でないと伝えている。

ウハ書赤外線写真

31 稲葉一鉄書状

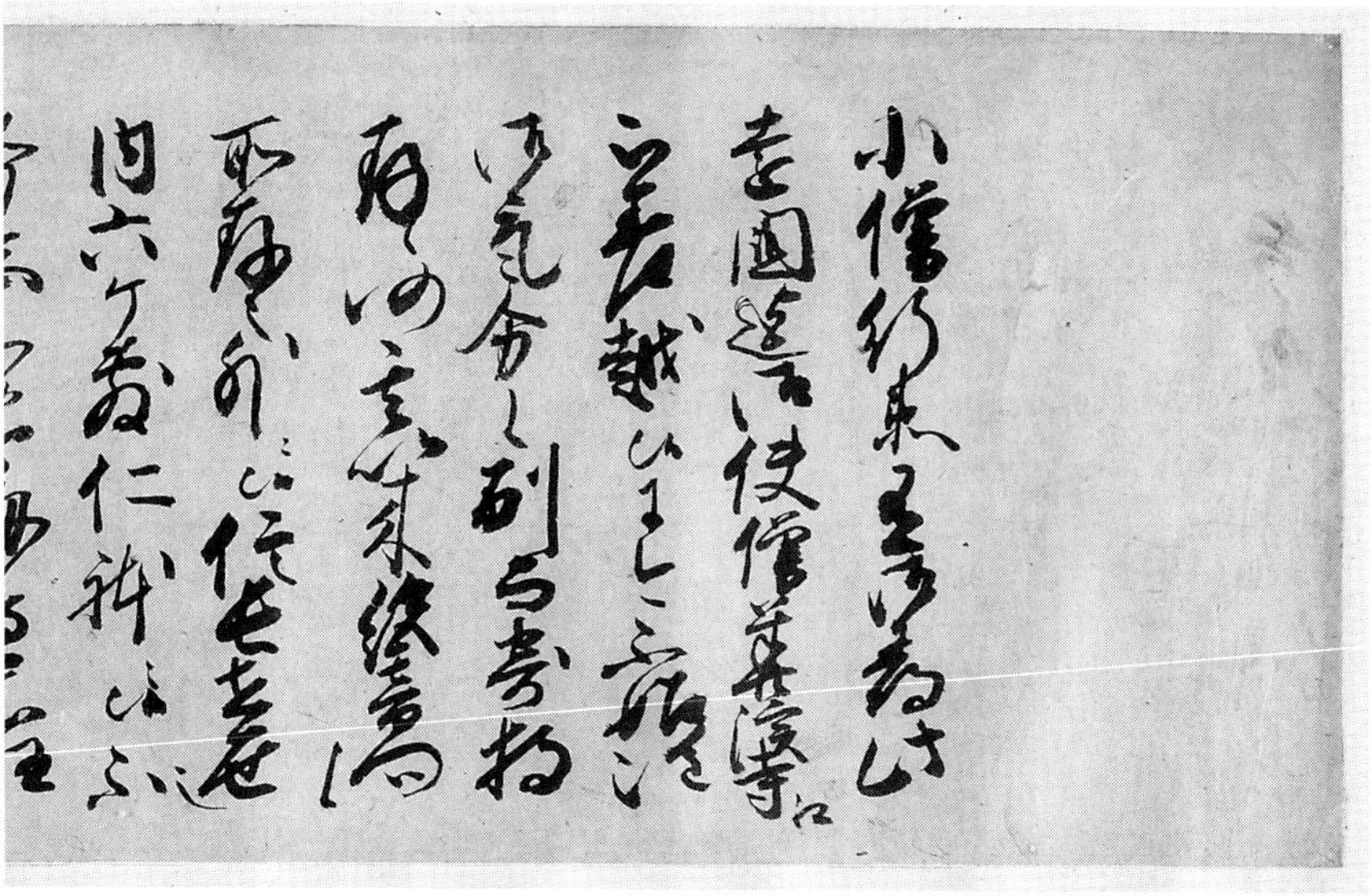

（ウハ書）
「　石兵殿（石谷頼辰）　似斎（稲葉一鉄）
　　人々御中　」

*小僧行衛有御尋、此
遠国迄御使僧*華渓寺江
被差越候、于今不始雖
御気分候、別而奇特
存候、仍其以来絶*音問候、
*所存之外ニ候、信長在世之
内六ヶ敷仁体ニ候、不
分忠不忠、毎辺（遍）心任之
条、令隠遁、世不存ニ
付而委細御*理申候キ、御
床敷存候、千変万化
更*難述筆舌候、然ニ御
様体逐一無其隠候、御名
誉*更々不足申候、目出
度候、小僧事、則雖可

---

*小僧…斎藤利宗のこと。史料23参照。
*華渓寺…美濃にある稲葉一鉄の母親の菩提寺。
*音問（いんもん）…手紙などで人の安否をたずねること。
*所存之外…残念である。
*理…道筋を立てて説明する。事情を明らかにする。
*難述筆舌…文章や言葉で十分に表現しきれない。
*更々（さらさら）…ますます。

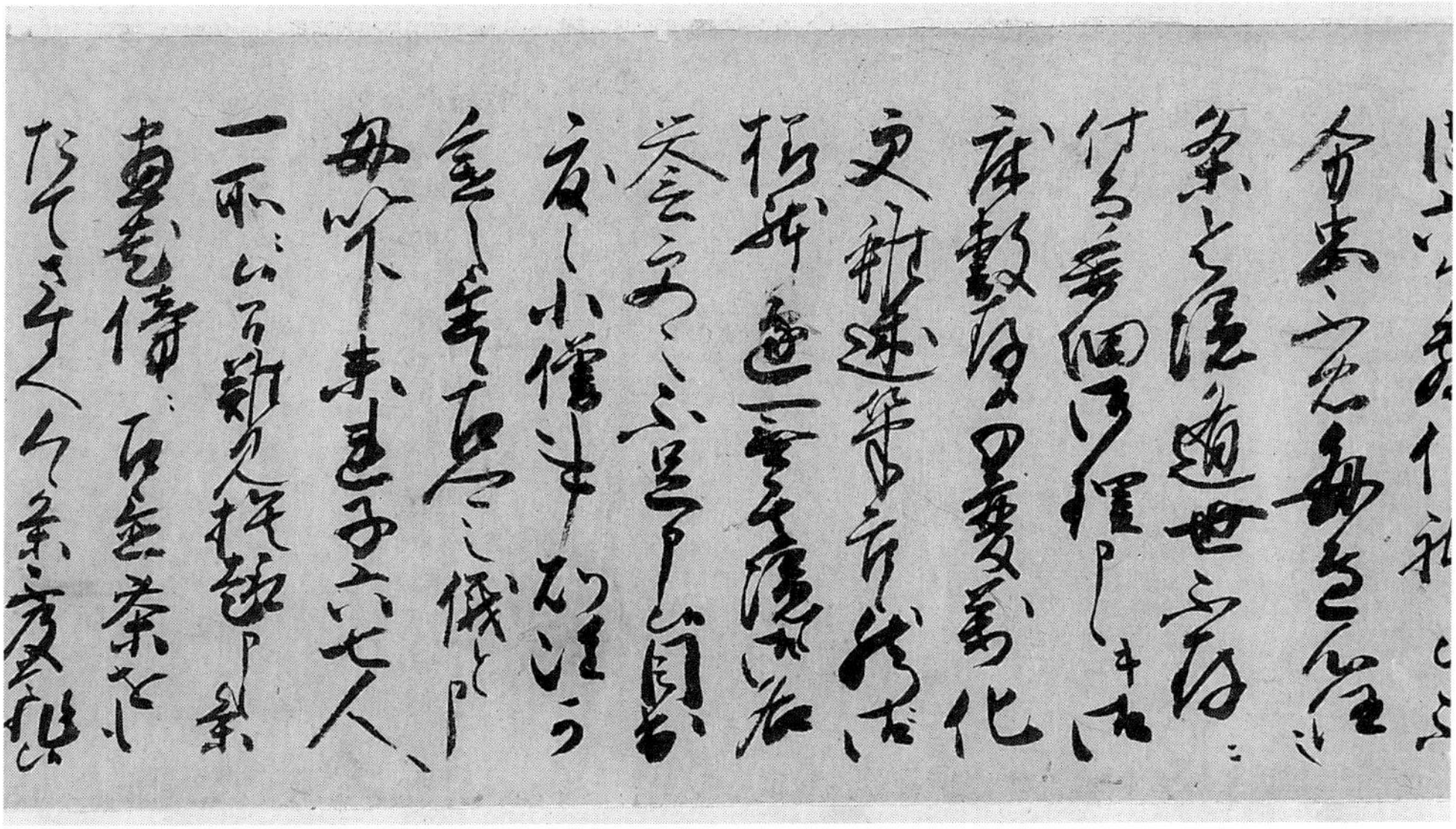

進之置候、古郷之儀と申、
母以下、未連子六七人
一所ニ候間、難見捨趣申候条、
愚老傍ニ召置、茶をも
たてさすへく候条、不及是非候、*
千万申度候事
繁多候へ共、在地所
取乱候間、一筆申候、追而
可申述候、恐々謹言
(天正一一年カ)三月十五日　一鉄(花押)
石谷兵部殿
人々御中

*不及是非…そうするしかない。

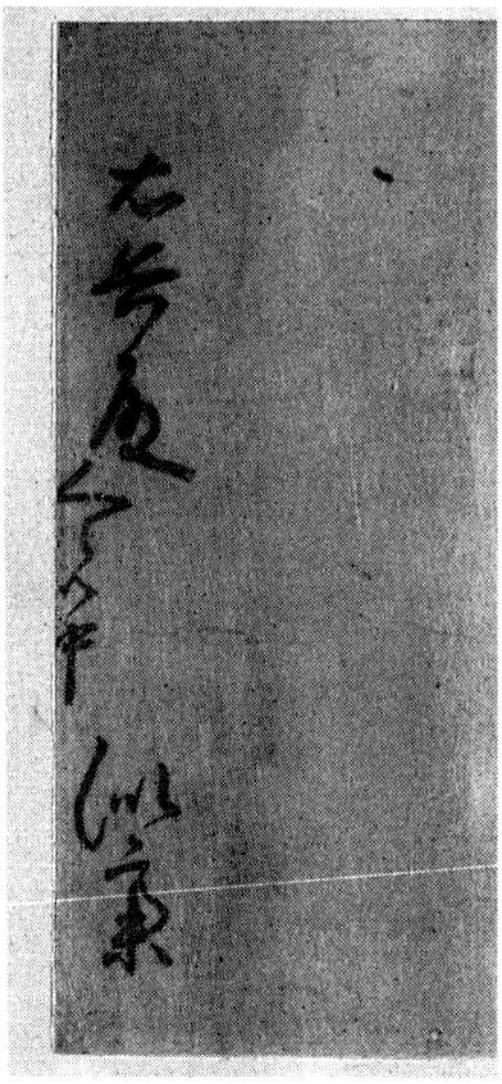

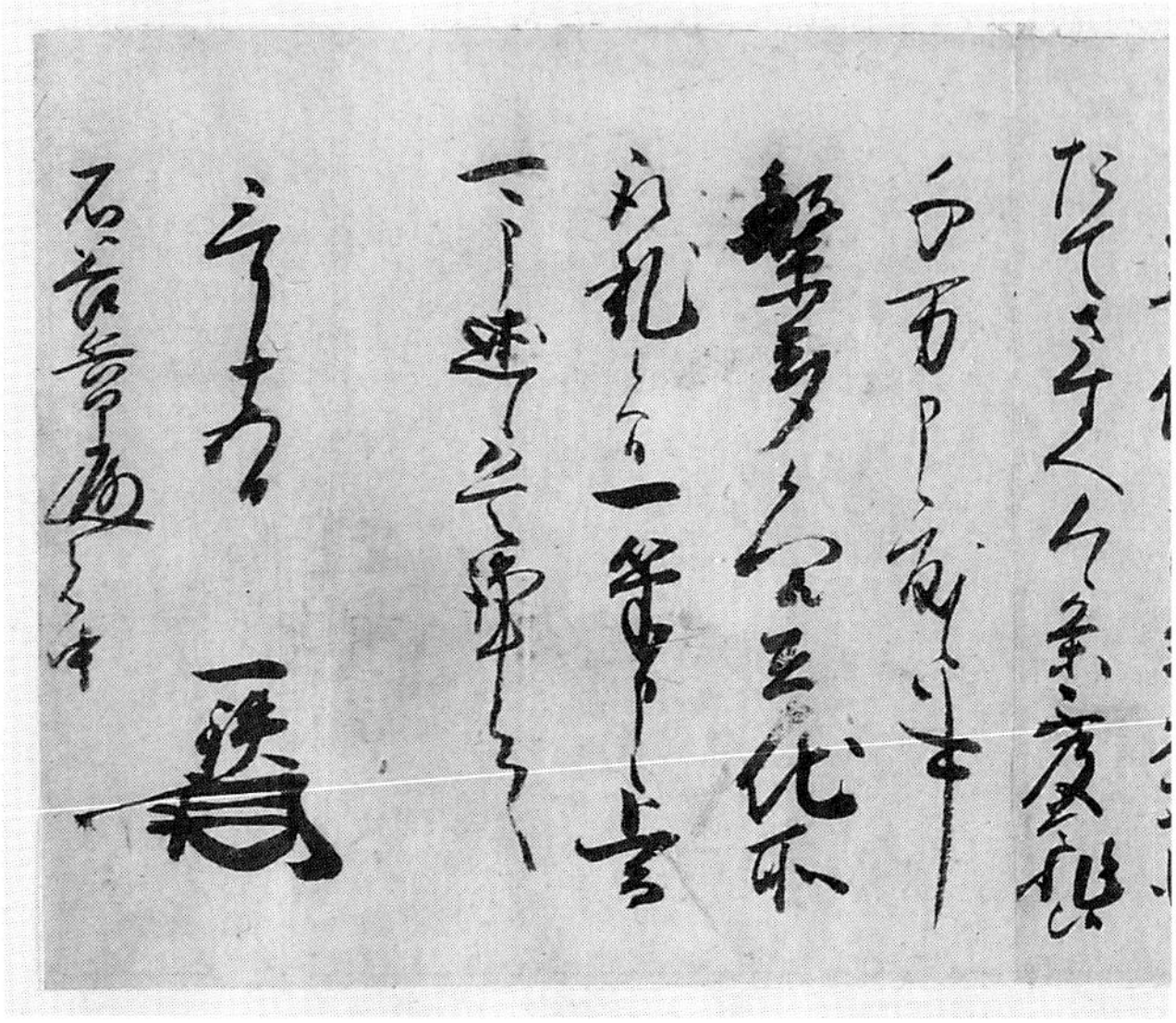

ウハ書赤外線写真

解説

稲葉一鉄と石谷頼辰は、縁戚関係である。文頭に出てくる「小僧」とは、斎藤利三の子息利宗を指すと考えられる。本能寺の変の罪人である利三の遺族を見捨てがたいとして、一鉄が面倒を見ると述べている。かれらは、一鉄の母親の菩提寺である美濃華渓寺に匿われていたこともわかる。

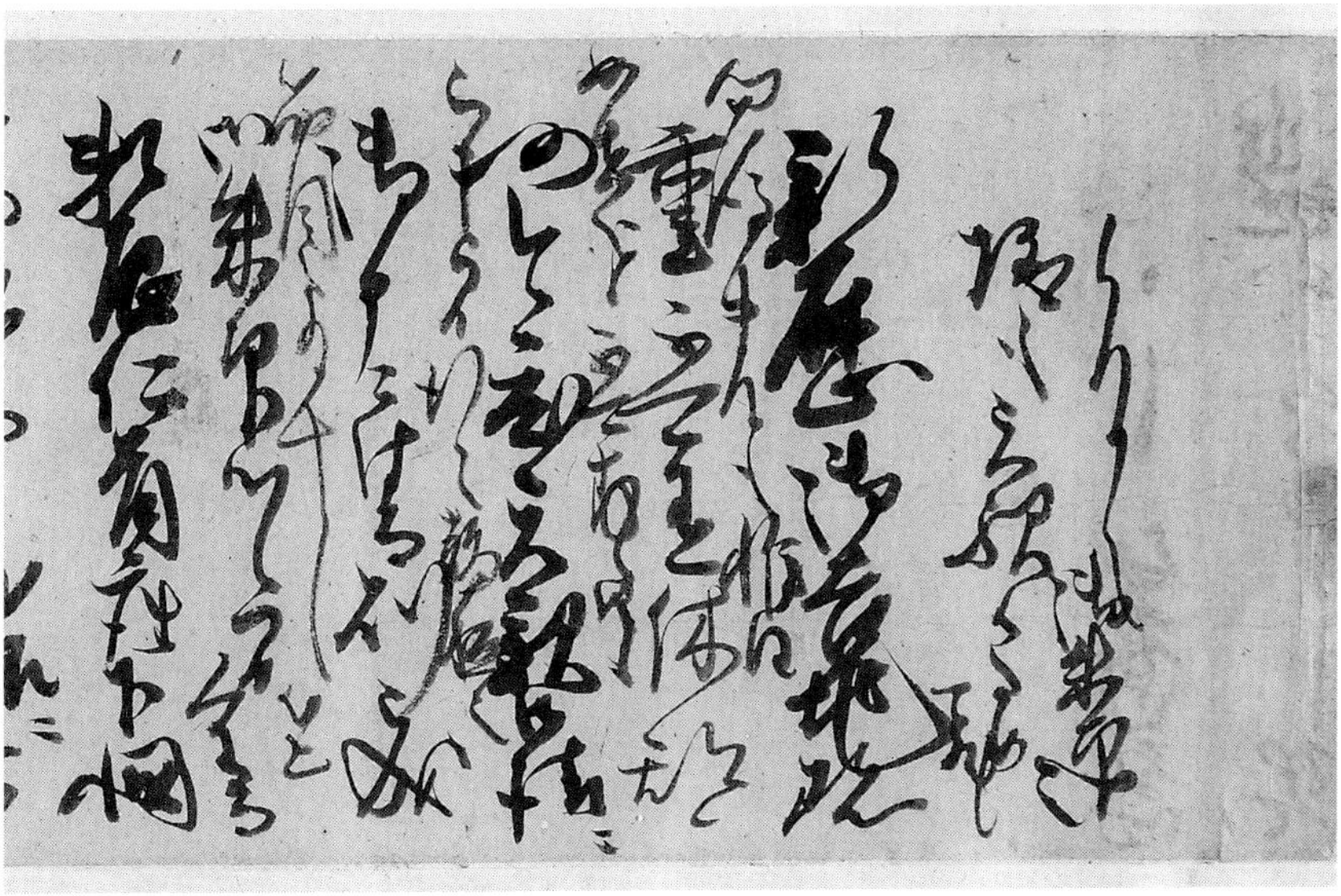

（ウハ書）
「（墨引）斎藤内蔵助
進上　　　　　　利三
空然（石谷光政）　人々御中　　」

尚々、御朱印之
趣も元親（長宗我部）御ため可然候、

（行間書）
向後までも、惟日（明智光秀）
*如在を不可存之由も
被申候間、行々静穏之
筋目之たるへく候、以上

新歴（暦）御吉兆、珍
重不可有休期候、
仍今度元親御請ニ
御申ニ付而、則被成
御朱印候之間、重而
頼辰（石谷）・仁*首座下国候、

---

*如在…いい加減にすること。疎略。

*首座（しゅそ）…禅宗の修行僧で首位の者。

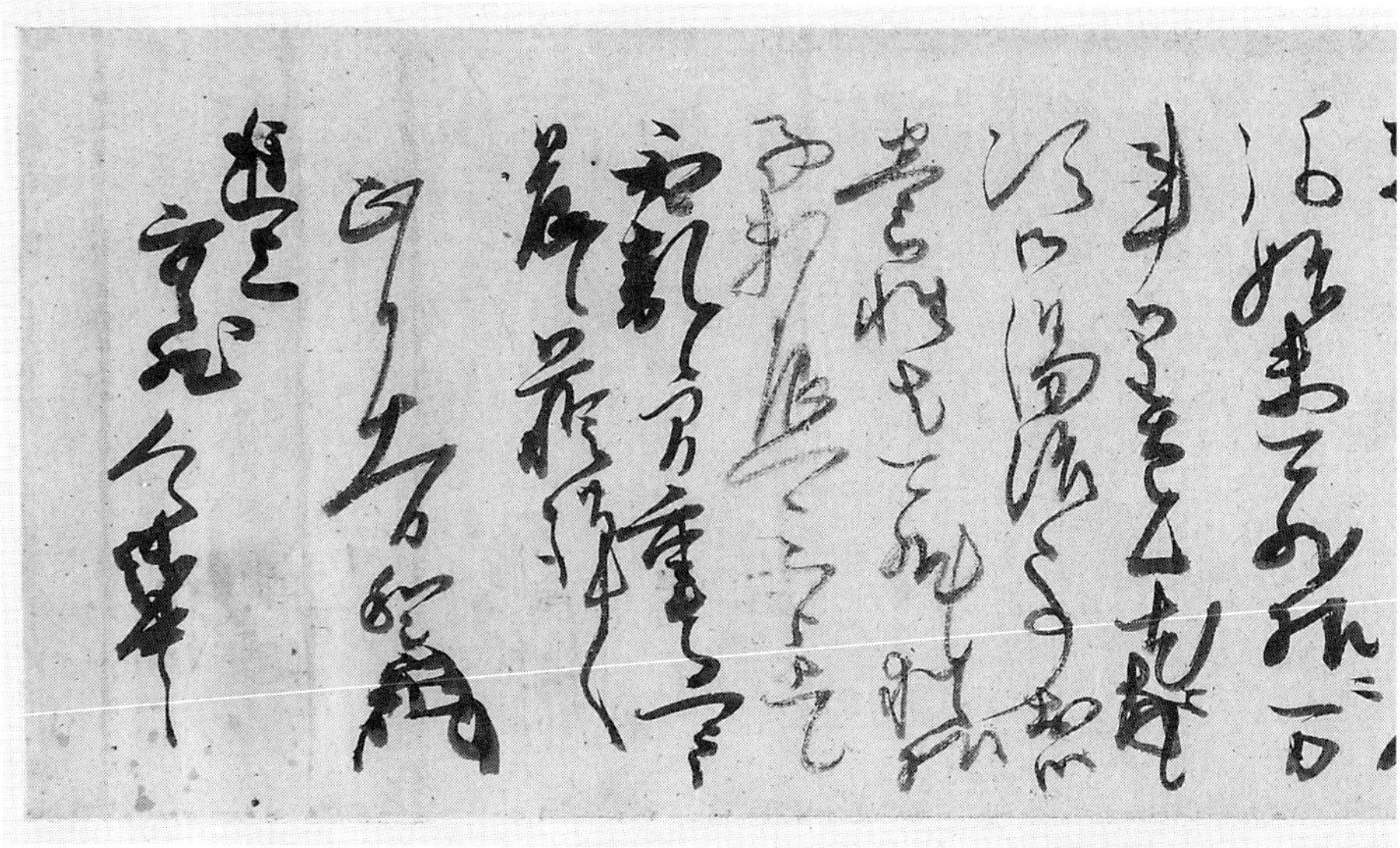

弥始末可然様ニ、万
事御異見尤ニ存候、
次御湯治之事、於御
養性（生）者可然候、猶様
子頼辰可被申上候、
取乱候間、重而可申
展候、恐惶謹言
（天正十年）正月十一日　　利三（花押）
進上
空然
人々御中

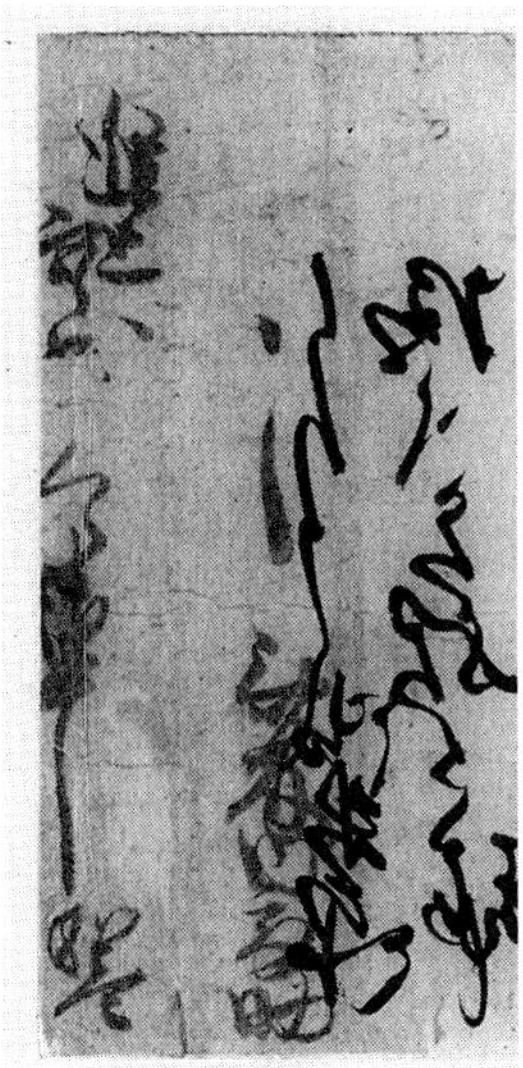

ウハ書赤外線写真

解説

天正九年（一五八一）の後半ごろ、織田信長は長宗我部元親へ対して、土佐と阿波南半分のみの領有を認める朱印状を発給する。それに不満を述べた元親に対して、そのままを受け入れることが元親のためであると斎藤利三が説得にあたった様子がわかる。なお、使者として元親の義兄石谷頼辰を土佐へ派遣したことも確認できる。

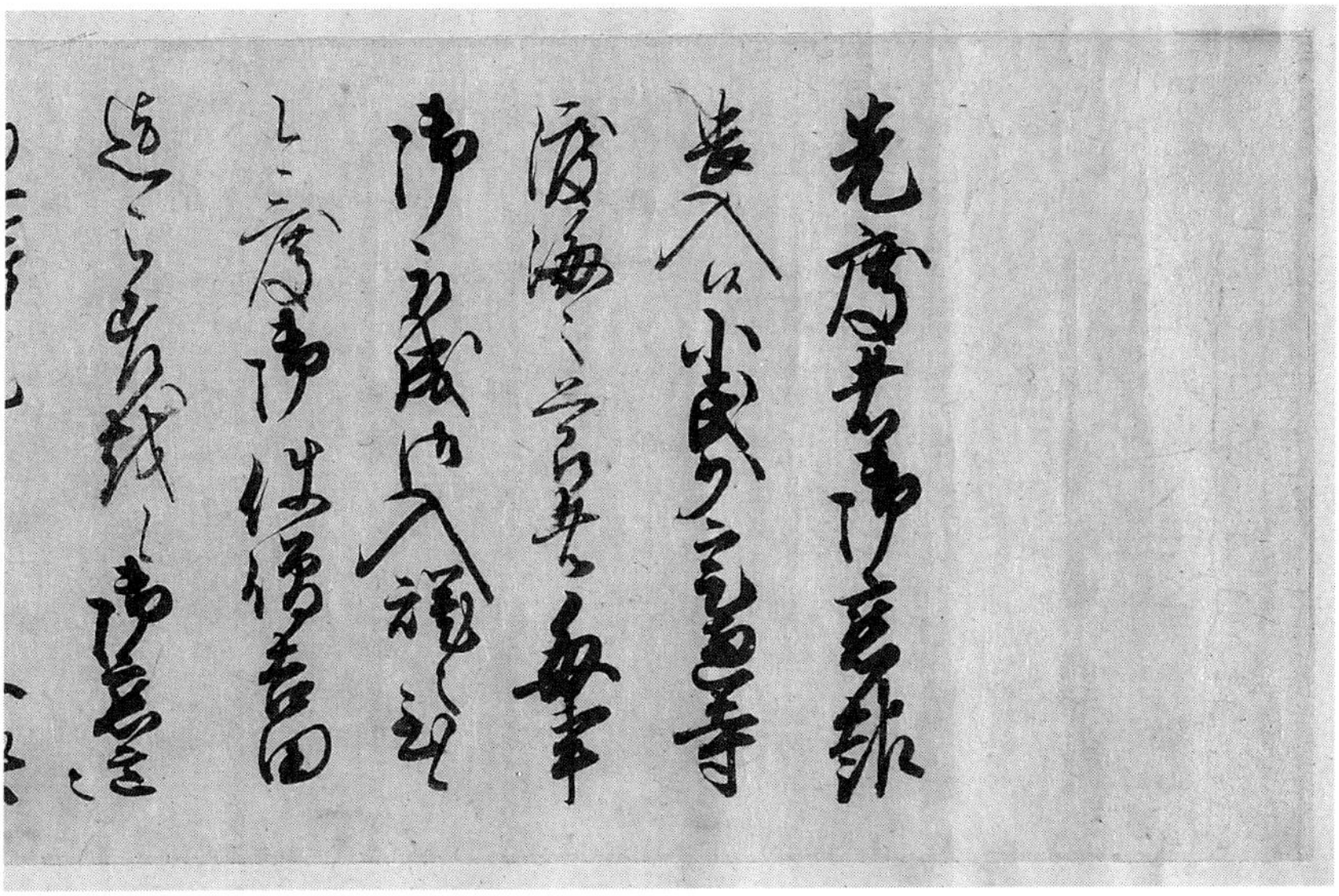

33 小早川隆景書状

先度者、御懇報
畏入候、*小民少（小林家孝）・*定恵寺
渡海之節者、毎事
御取成御入魂之至候、
今度御使僧、*吉田
迄被差越候、御懇意之
通*輝元（毛利）被申候、土与芸（土佐・伊予・安芸）
長久深重之段、弥
御心遣所仰候、猶家孝（小林）
可被仰達候、恐々謹言
五月廿二日（天正一一年カ）　隆景（小早川）（花押）
石谷兵部少輔殿（石谷頼辰）
御宿所

*小民少…小林家孝。足利義昭の側近で奉公衆。

*定恵寺…安芸国の禅宗寺院。雪舟嘉猷が開山。

*吉田…毛利氏の居城である吉田郡山城（よしだこおりやまじょう）。現、広島県高田市。

*輝元…毛利輝元。元就の孫。足利義昭を迎えて織田信長と対立した。後に豊臣秀吉と和睦し、五大老の一人となる。

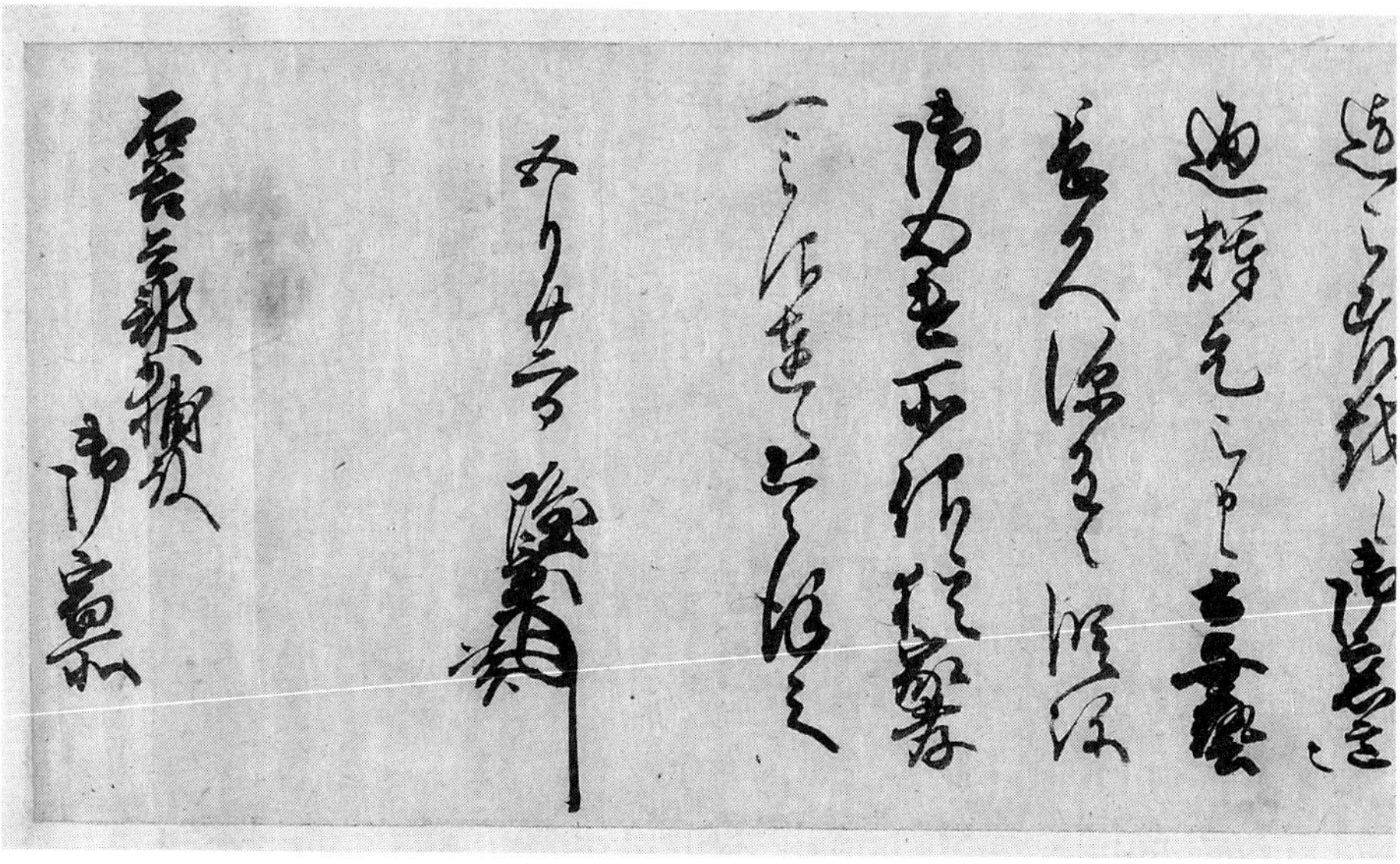

解説

将軍足利義昭の家臣小林家孝と、安芸国の禅宗寺院である定恵寺がともに土佐へ渡海し、長宗我部氏からの使僧が安芸吉田郡山城へ遣わされたことが記されている。毛利輝元は慈意を示し、土佐と伊予、安芸の同盟関係の強化と協力を求めるように、叔父の小早川隆景を通じて石谷頼辰へ伝えている。

　石谷家文書の他の書状との関係を考え、天正一一年ごろと推定した。

小松谷寺覚桜書状

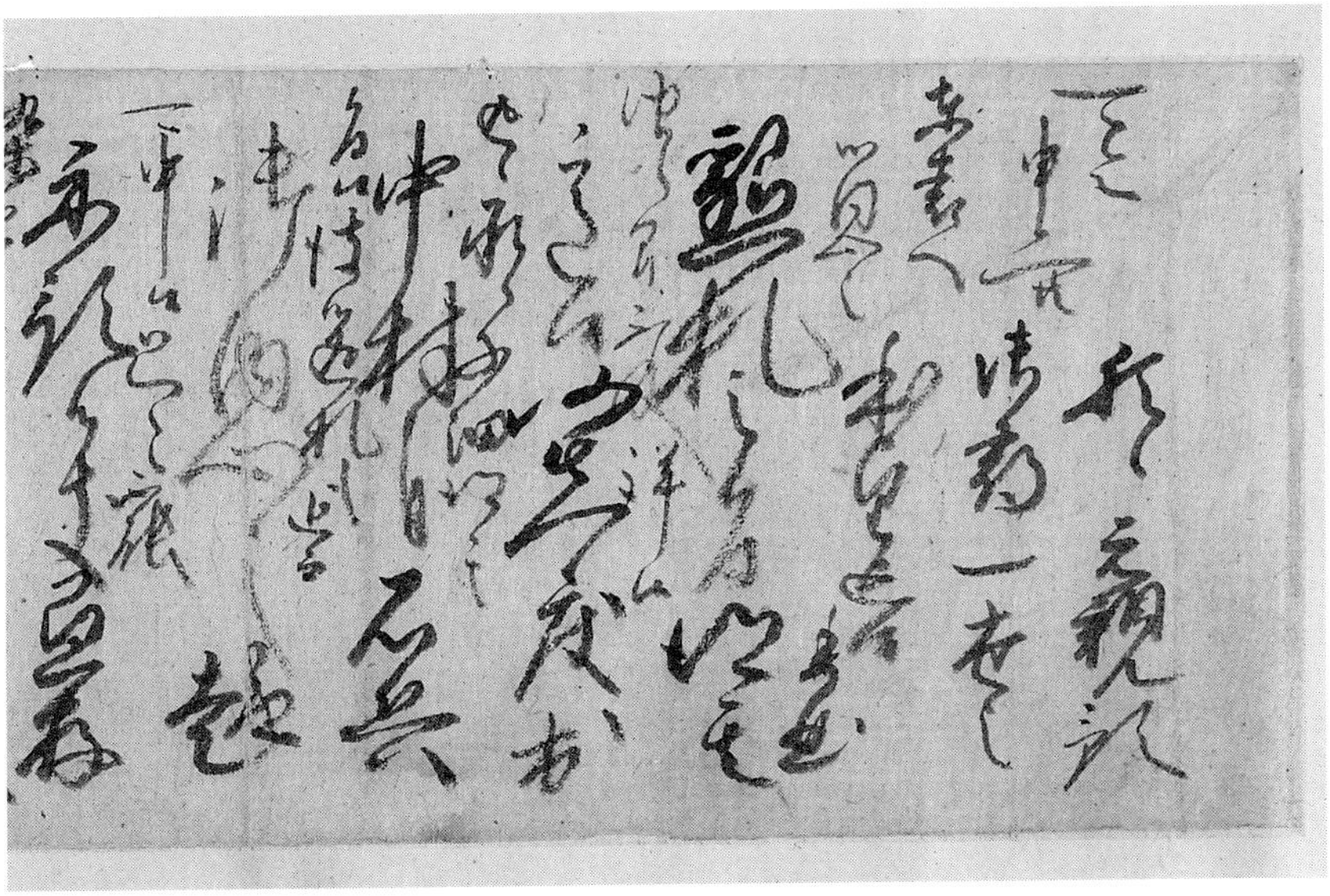

猶々、元親（長宗我部）預
御尋、一世之
本望迄候、委曲
（文書右上）
可令
申候へ共、
東表へ
御同心之
（行間書）
由候間、不及詳候、
返々承候子細得其
旨候、彼御返札も追而
可申候、只今不能
*染筆候、返々〳〵
御*執心*大簡之由申度候
*懇札之旨、得其
意候、仍先度於
*中村、自石兵（石谷頼辰）

---

*染筆（せんぴつ）…物を書くこと。
*執心…ある物事に心を引かれて、それにこだわること。執着。
*大簡…非常に簡略なこと。非常に大まかなこと。
*懇札（こんさつ）…心をこめて書かれた手紙。
*中村…現、高知県中村市。

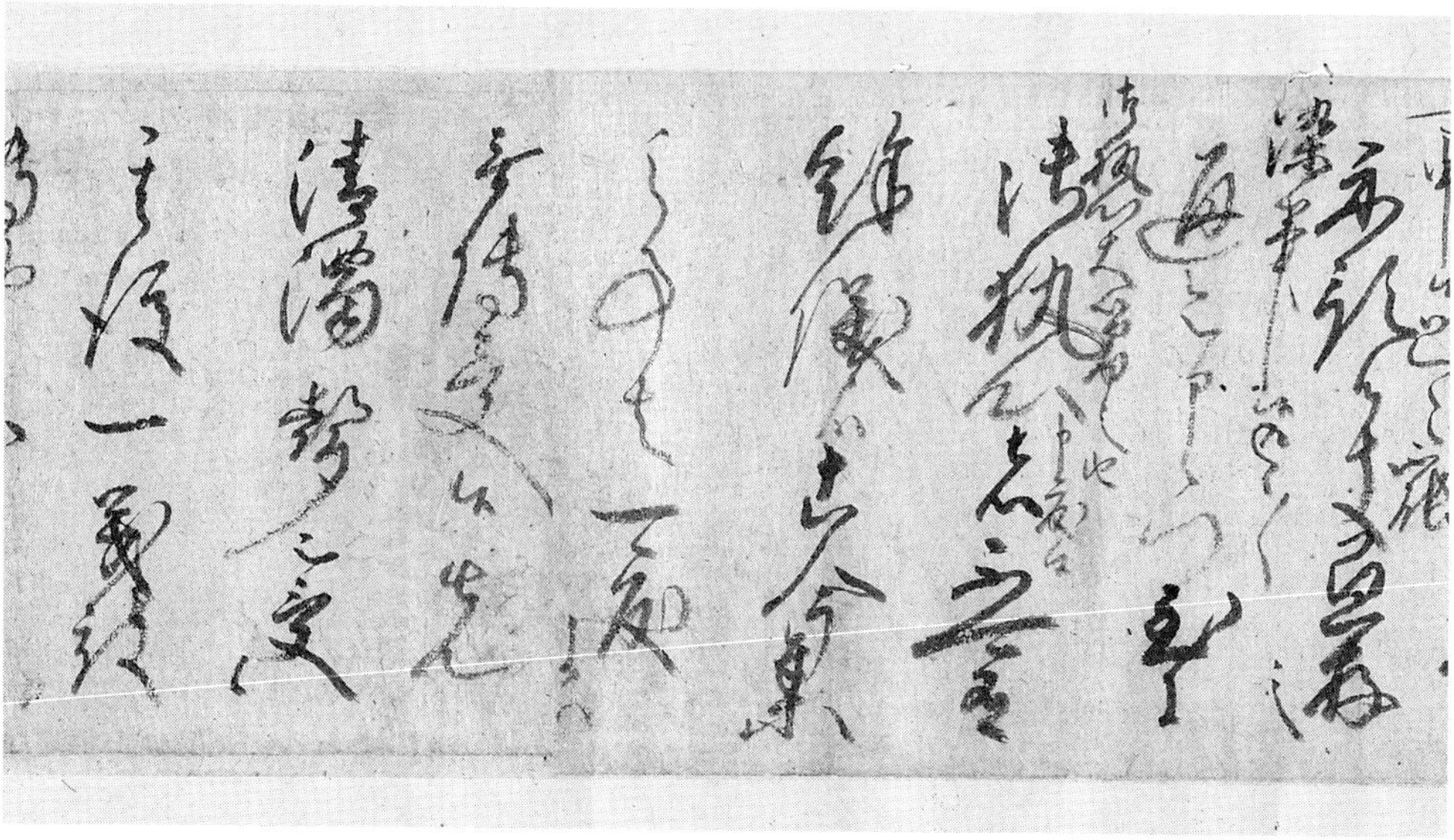

御内心之趣
示預御使、愚存之
通令申候つ、至于、
御執心者*不可有
余儀候、*古今集
之事者一度にハ
無伝受候、先
清濁声被受之、
其後*一義致
伝聞、少間置て
遂道之伝受
　*神文にて慥
渡、判紙進候物候、
此等之次第
御伝語、先以肝
要候也、恐々謹言
　*乃刻　覚桜（小松谷寺）（花押）
進左殿
　貴報

---

*不可有余儀…やむをえない。よんどころない。
*古今集…古今和歌集。
*一義（いちぎ）…根本の意義。
*神文（しんもん）…起請文。誓紙。
*乃刻（ないとき）…即時。即刻。

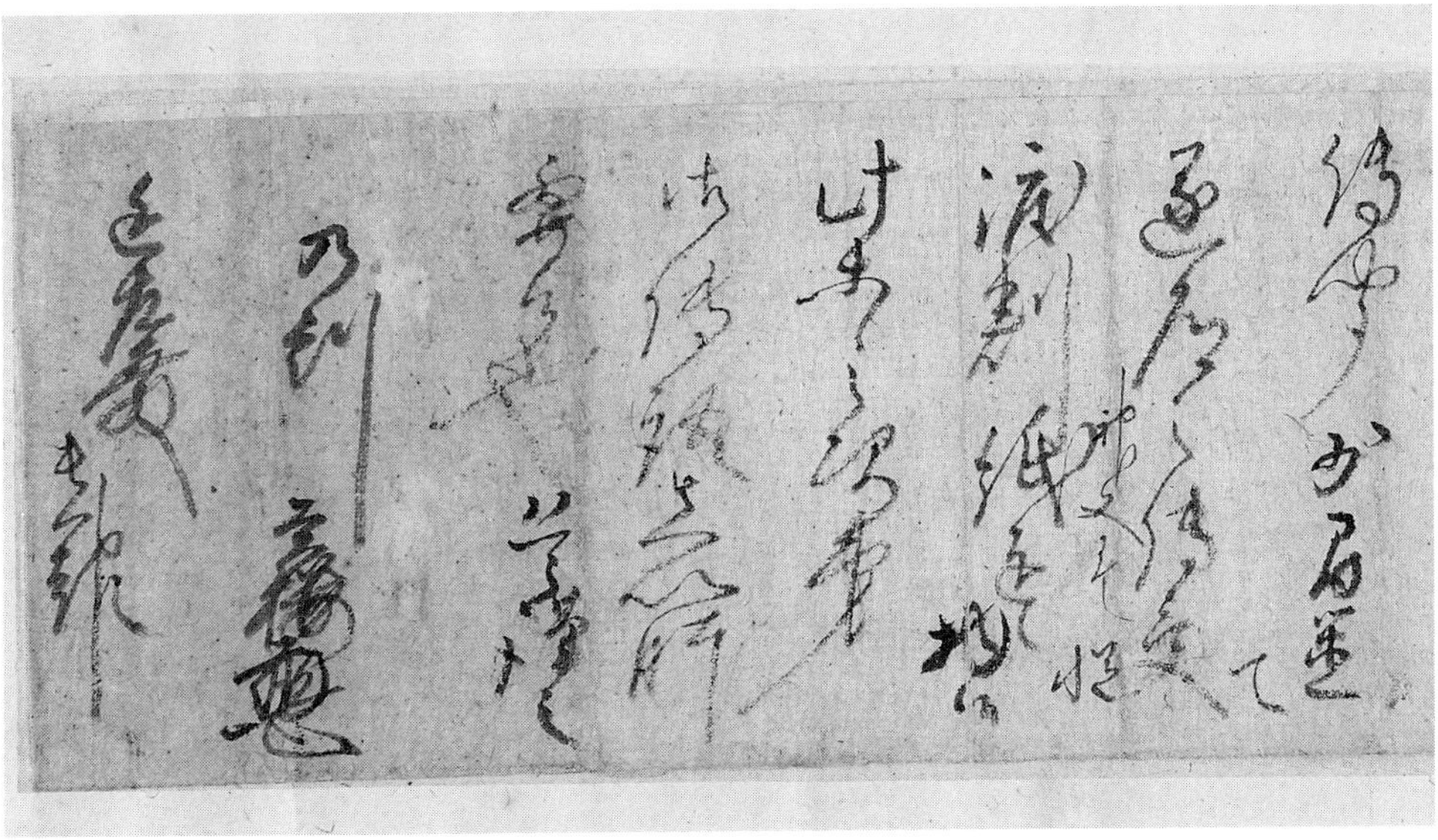

解説

小松谷寺覚桜は、京都から土佐へ呼び寄せられた和歌の宗匠である。この書状では、覚桜は土佐とは別の地にいて、古今伝授の仕方について伝えているようである。当時、戦国大名の間でも古今伝授がおこなわれ、細川幽斎は三条西実枝から伝授を受け、さらに島津義久などへ伝授している。この書状の伝授の相手は「進左」とあるが誰かは不明である。東表（小牧長久手の戦い、徳川方カ）へ加わっている者で、長宗我部元親が推薦し、石谷頼辰とも懇意にしている人物だと考えられる。

いずれにしても、元親がどのようにして、文化に接していたのかを伝えている点も興味深い。

コラム4

元親の花押

野本 亮

長宗我部《ちょうそかべ》元親《もとちか》は、その生涯において膨大な量の書状をしたため、領主としての意志を文書化し個別に発給したものと思われるが、大半は現存しないため、あくまで推測の域を出ない。またわずかに現存する「元親書状」「元親判物《はんもつ》」なども、実際の文書作成は元親以外の別人（右筆《ゆうひつ》）の手によるものである。元親本人は、自らの意志が最も的確に表現された文案を選び、清書させたうえでサインをするだけだった。今日遺されている史料を見ると、一口に元親の文書といっても、筆跡が微妙に違うものを数多く見かける。「元親」という署名部分でさえ複数の個性が見られることから、署名までが右筆書きで、元親は「花押《かおう》」しか記さなかった可能性が高い。

今回林原美術館において発見された「石谷家文書《いしがいけ》」のなかに、元親の書状が四通含まれていた。この新史料について筆者が最初に着目したのが料紙《りょうし》と墨色《ぼくしょく》、そして花押であった。その結果、料紙など、即断できない要素もいくつかあったが、花押については全く問題なしという実感を持った。史料18の石谷頼辰《よりとき》宛書状は天正六年（一五七八）に比定されている。確かに織田信長による荒木村重攻略に関する記述があることから、妥当な解釈と思われるが、何より決定的なのは花押の形状である。

筆者は、現職（高知県立歴史民俗資料館学芸員）に就いた時から、継続的に元親発給文書の調査をおこなってきた。そして、当初より元親の花押は生涯一型式という定説には疑問を感じていた。というのも、着任早々、永禄五年（一五六二）の山崎氏宛判物を子孫宅で実見したことが大きかった。山崎氏は、香美郡大忍庄《かみぐんおおさとのしょう》名主の出自をもち、戦国初期に長宗我部氏に服属した地《じ》侍《ざむらい》である。本史料は現存するなかでも最古の元親発給文書とみられるが、この文書の元親花押は上下左右のバランスのとれた極めて安定した形状をしていた。これは『高知県史』古代・中世史料編巻末の花押・印章一覧80番「元親花押」として採録されているものより横幅が長い。したがってこの永禄期の形状こそ元親花押の原型と考えるようになったのである。

その数ヶ月後、今度は埼玉県内において、元親の盟友ともいえる伊予の金子備後守元宅《もといえ》の子孫に伝来する元親文書九通をまとめて調査する機会に恵まれた。文書の内容からいずれも天正中後期頃のものと推測されたが、花押はすべて、先の山崎氏宛判物、さらに県史花押一覧の花押とは相当趣の異なる縦長の形状をしていた。年代とともに花押自体が縦に伸びる傾向を確信したのはこの時のことであった。

さらに、元亀三年（一五七二）の吸江庵《ぎゅうこうあん》宛裁許状や天正五年の家臣宛判物などを実見してゆくうち、どちらともいえない中間形態のものがあることに気づいた。県史一覧にみる元親花押はまさにこの型を採録していたのである。これにより、おおよそ元親の花押はⅢ期に分類できるようになった。

この分類基準によれば、史料18の石谷頼辰宛元親書状は第Ⅱ期に相当する。最近調査した「津野田家文書」中にある天正七年の元親発給起請文が第Ⅱ期の型式であることからみても、石谷頼辰宛書状を天正六年とすることは妥当といえる。また、史料19の斎藤利三《さいとうとしみつ》宛書状は現在天正一〇年に比定されているが、この書状の花押はⅡ期ではなく明らかにⅢ期のものであるから、石谷家文書の発見により、Ⅱ期からⅢ期への変更時期が天正八～九年頃に狭められたことは大変意義のあることである。

Ⅰ期（永禄四年ごろ～永禄一二年ごろ）

Ⅱ期（元亀元年ごろ～天正七年ごろ）

Ⅲ期（天正八年ごろ～慶長四年）

史料20・21は戸次川《へつぎがわ》合戦の翌年の内容とみられるが、間違いなくⅢ期の特長をもつもので全く疑いようがない。内容が元親の義兄石谷頼辰の戦死を縁者に報ずる弔意文であること。いまだ元親自身が敵地付近にいることなどから、比較的縦寸の短い横長の切紙を密書仕立てとしたのだろう。史料21の斎藤平十郎宛元親書状は、冒頭に張り継ぎした封紙もみられ貴重である。本文全体の筆跡と花押の一体感は、一見自筆書状の可能性を想起させるが、封紙上にみられる署名の「親」の字と本文中の「親」の一字が異筆であるため、完全な自筆書状であったかどうかについては留保しておく。

石谷家文書にみられる元親書状は、花押の変遷時期の特定および無年号文書の年代比定に貢献するばかりか、元親発給文書の書札礼《しょさつれい》そのものを考察するうえでも希有な史料といわざるを得ない。

コラム5

面目躍如たる「しとく」

津野倫明

しとくとのへたまハんハ土佐のかミ

　これは真宗僧慶念《きょうねん》が朝鮮出兵の渡海諸将を題材に作した俳諧連歌の一句である（以下、拙著『長宗我部元《ちょうそかべもと》親《ちか》と四国』参照）。「土佐のかミ」すなわち土佐守とは長宗我部元親のことで、擬態語「しとく」の意は「物事をゆっくりときちんとするさま」である。一句を現代語訳すると、「ゆっくりときちんとお話しなさるのは元親様」となる。連歌は元親死去の前年にあたる慶長三年（一五九八）の作で、朝鮮在陣中の元親は数え年で六〇歳であった。晩年の元親は「しとく」と詠じられるような物静かで慎重な人柄だったのである。

　こうした人柄は六〇歳頃の元親を描いた画像でも描出されているように思われる。戦国～豊臣期を大名として生き抜いてゆくには、「物事をゆっくりときちんとする」慎重さを要したのであろう。元親の四国制覇も「しとく」と外交手腕を発揮して四国内の諸氏と同盟関係を結ぶことにより進展していった。元親の人柄は石谷家文書に含まれる四点の元親書状にも表出している。ここでは、本能寺の変に関する「四国説」の論拠として話題を呼んでいる天正一〇年（一五八二）の五月二一日付斎藤利三《さいとうとしみつ》宛書状（史料19）に注目したい。

　元親は明智光秀《あけちみつひで》やその重臣利三を仲介役として織田信長と友好関係にあり、信長の承認のもとで四国制覇を進めていた。ところが、天正九年に信長は政策を転換して元親に三好《みよし》勢の阿波《あわ》征圧への協力を命じ、のちには讃岐《さぬき》・阿波北半国だけでなく阿波南半国の放棄も命じた。この厳命も承知するのが元親のためになると考えた利三は説得にあたっていたが（史料32）、信長の三男信孝《のぶたか》を指揮官とする長宗我部攻撃が計画される。信長は天正一〇年五月七日付信孝宛朱印状で、讃岐を信孝、阿波を三好康長《やすなが》にそれぞれ与え、伊予・土佐の措置は自身の淡路出陣の際に発表すると伝えた。信長の意思は固まっており、信孝らの出撃は六月二日（三日説もある）の予定であった。周知のとおり、その日の未明に本能寺の変がおこる。このように事態が推移するなかで元親書状は認められたのであるが、日付からして光秀はもとより利三にも届かなかったであろう。

　一条目からは、元親はかねてより恭順の意を表明していたものの、厳命承知の返答は延引していたことが知られる。進物《しんもつ》の用意を口実として「来秋」には返答すると元親は弁明しており、一見、横着にみえなくもない。しかし、この牛歩戦術を想起させる対応は信長の譲歩を引きだすための策であったと考えられる。ゆえに、いきなり「キレ」てしまうような性急さは微塵もみせず、「しと〳〵」と交渉する元親の姿勢を看取すべきであろう。

二条目では、厳命に応じて「南方不残明退申」つまり阿波南半国の諸城から完全徹底したと伝え、まずはこの実績を信長に披露するよう利三に依頼している。これは長宗我部攻撃をなんとか回避するためであった。しかし、完全撤退するのなら、早々に懸案の返答をすればよいのではないかとの疑問が生じよう。この疑問は三条目を読むと氷解する。

三条目では、海部城《かいふじょう》（徳島県海陽町）・大西城（同県三好市）の放棄を免除するよう要望している。撤退は〝完全〟ではなかったのである。その理由について、元親はけっして阿波・讃岐の領有を望んでいるからではなく、あくまで土佐の「門」にあたる両城を維持しなくては堪えられないからだと主張している。元親は阿波征圧中の康長らによる土佐侵攻を警戒したのであろう。両城は紛うことなき阿波の城であるから、もし厳命を承知すれば、これらを放棄することになる。「爰《ここ》ニ御成敗候へハとて無了簡候」のくだりは、両城の維持が元親にとって譲れない条件であり、これに関する信長の譲歩がない場合には対決も辞さない意思の表明と解される。その意思を支えたのは、元親が対決を想定して取っていた方策であろう。元親は信長の政策転換後に伊予《いよ》の盟友金子元宅《かねこもといえ》と結束を強め、また安芸毛利氏《あきもうりし》とは「芸土入魂」の間柄を維持していたのである。

元親は恭順の意を表明していたものの、唯々諾々と信長の要求を呑んでいたわけではなかった。元親による条件闘争は信長との対決も想定しつつ、本能寺の変の直前まで続けられたのである。元親が光秀決起を予見していたのかは杳《よう》として知りえないが、条件闘争は功を奏した。変により長宗我部攻撃計画は頓挫し、元親の覇業は俄然息を吹き返すのである。先の両城を放棄してしまっていたならば、元親の勢力挽回はおそらく難しかったであろう。史料19は、元親の「しと〳〵」が面目躍如としていて、じつにおもしろい。

長宗我部元親像（秦神社所蔵）

35 室町幕府奉行人連署奉書

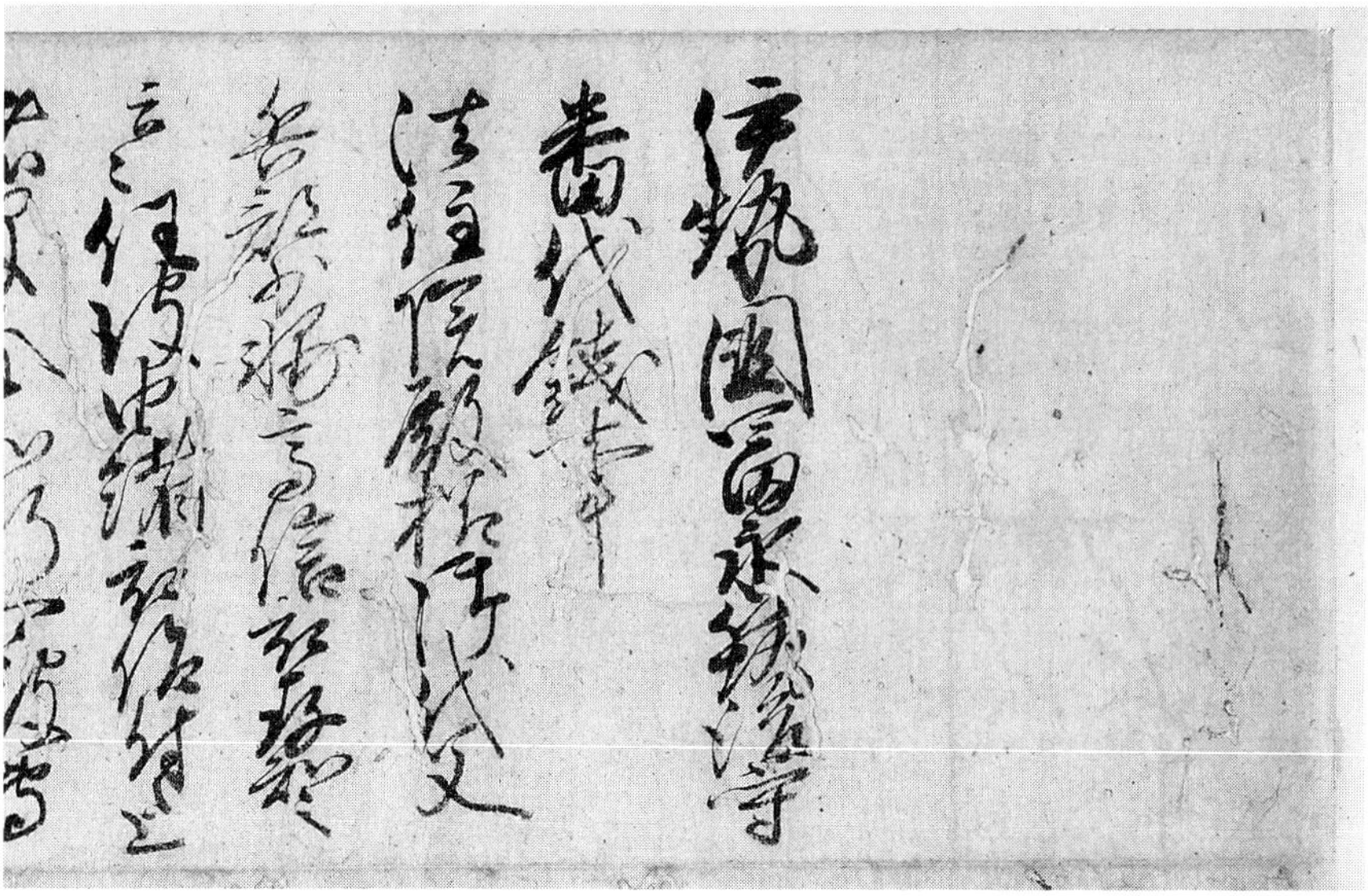

伊勢国*富永（富春）筑後守
番代銭事、
*（足利義澄）法住院殿様御代、父
兵部少輔高信被存知之
云々、任彼由緒被仰付之上
者、早全知行可被専
奉公之由被仰出候也、仍執達
如件
天文四
七月廿九日　（布施）元通（花押）
（飯尾）為時（花押）
石谷（光政）孫三郎殿

---

*富永筑後守…伊勢長深（ながふけ）城主。富永氏は、富春・富継・富輝と代々京都御所南門の警衛を司っていた。

*法住院殿…室町幕府第一一代将軍足利義澄。

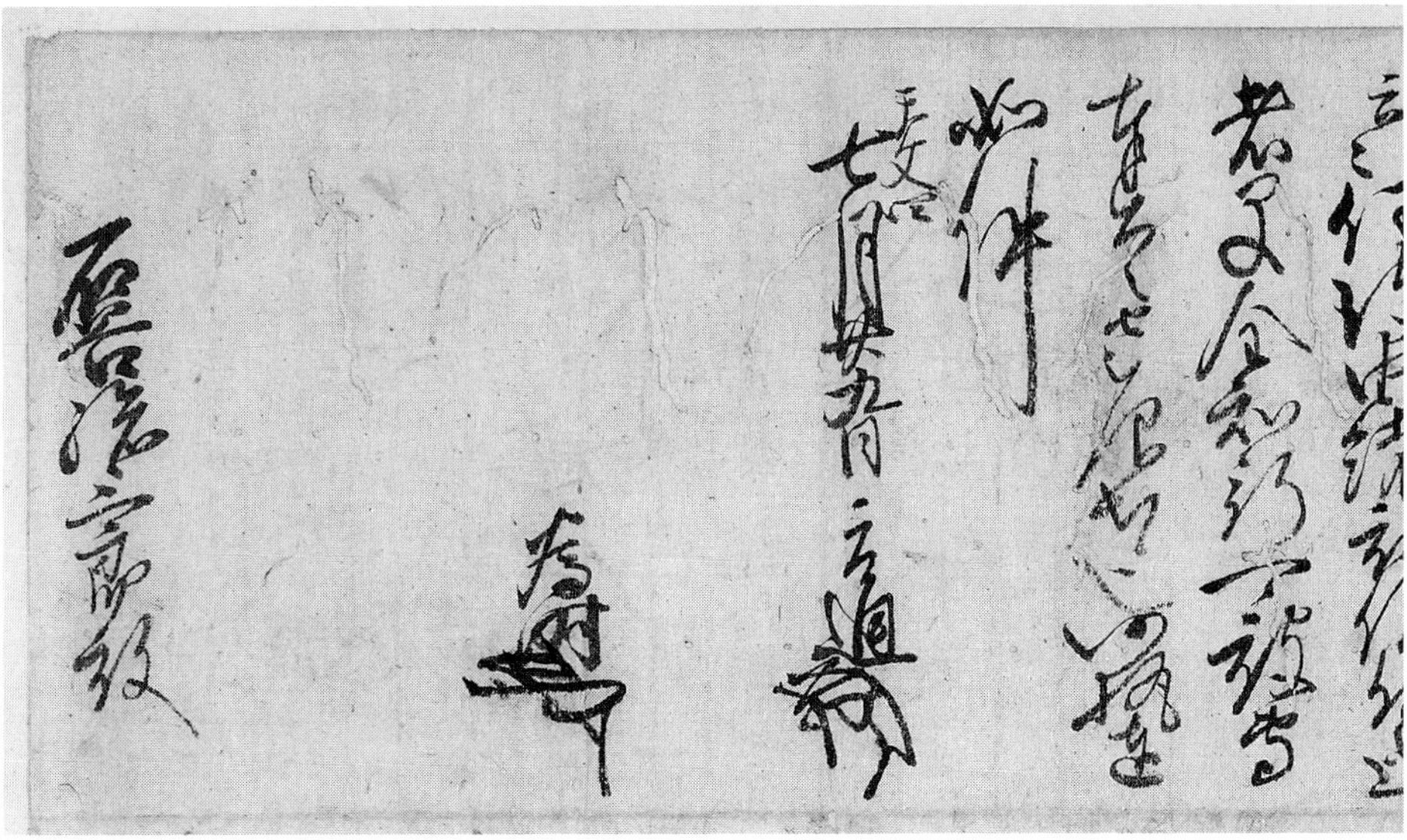

解説

天文四年（一五三五）に、室町幕府奉行人の布施元通らによって石谷光政が父高信により確認されていた富永筑後守の番代銭の保証を改めておこなったことを記したもの。光政の父が、足利義澄のもとにいたことや、京都近郊以外の伊勢国の案件にも石谷氏が関わっていたことを伝えてくれる。

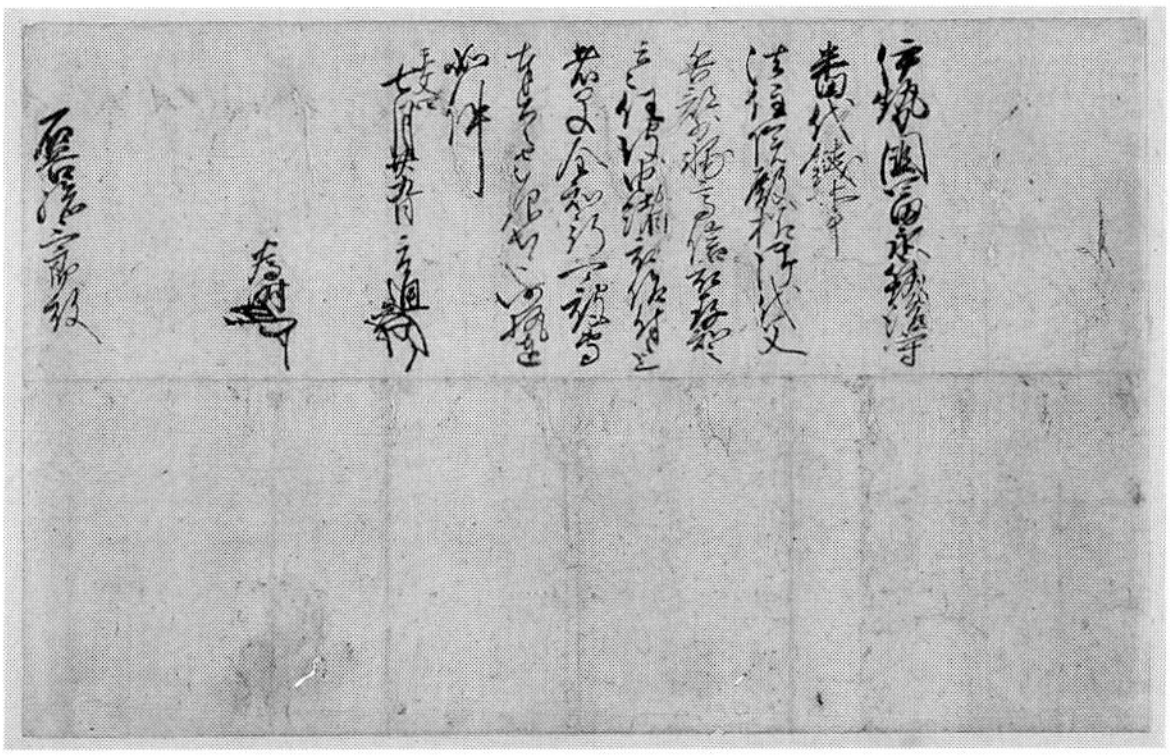

全形

36

室町幕府奉行人連署奉書

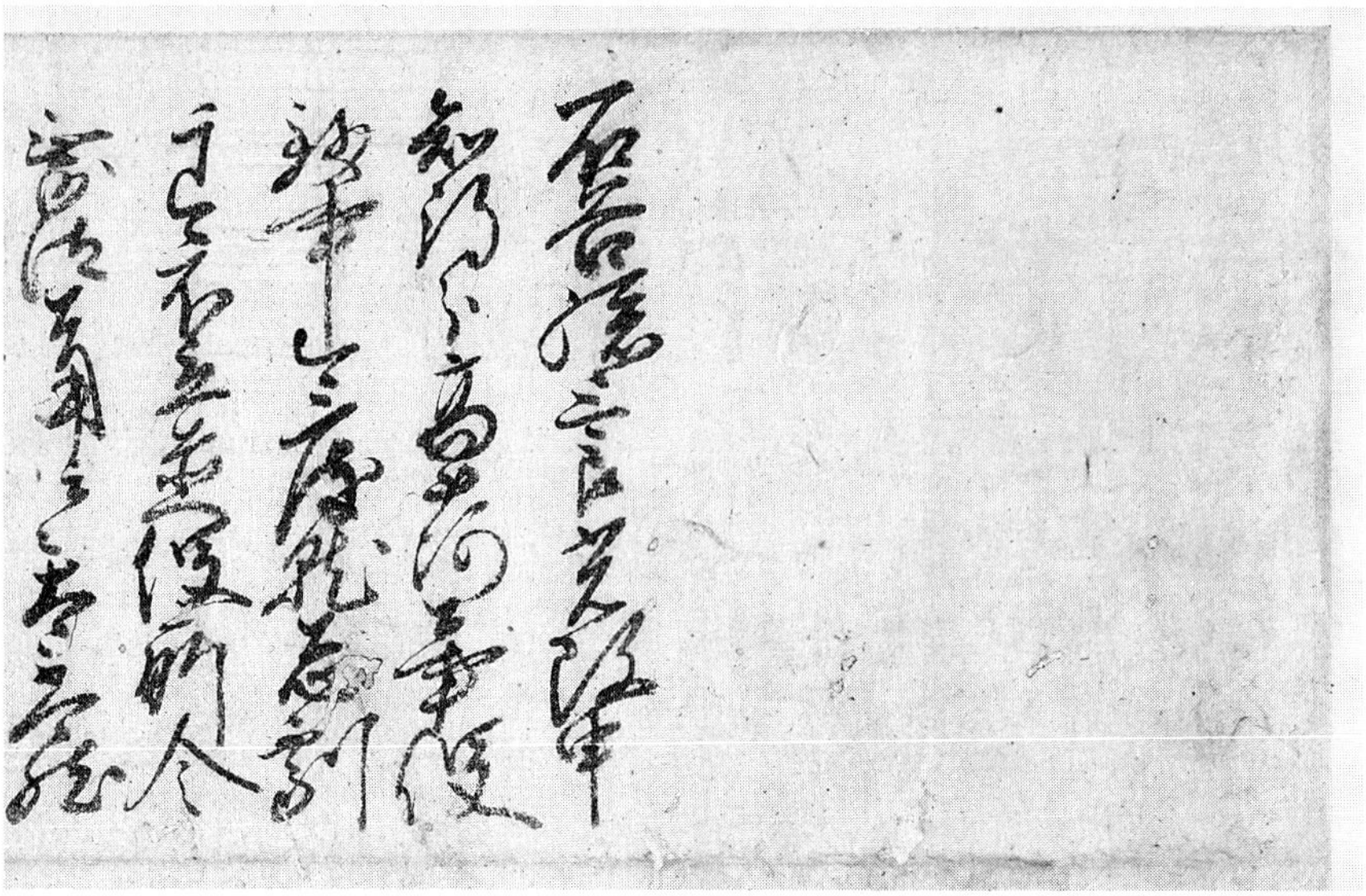

石谷孫三郎光政申
知行分高荷*公事役*
銭事、今度就忩劇、
于今不立置役所、令
無沙汰公用云々、太不可然、
所詮夫如先々可致其沙汰、
更不可有遅怠之由、所被
仰出之状、如件
天文十一
　二月廿六日　元通《布施》（花押）
　　　　　　晴秀《松田》（花押）
問丸*中

*高荷（たかに）…馬の背などに高く積み上げた荷物。

*公事役（くじやく）…課役。

*問丸（といまる）…中世に港津や都市に住んで貨物の保管、輸送、販売に携わった商人。

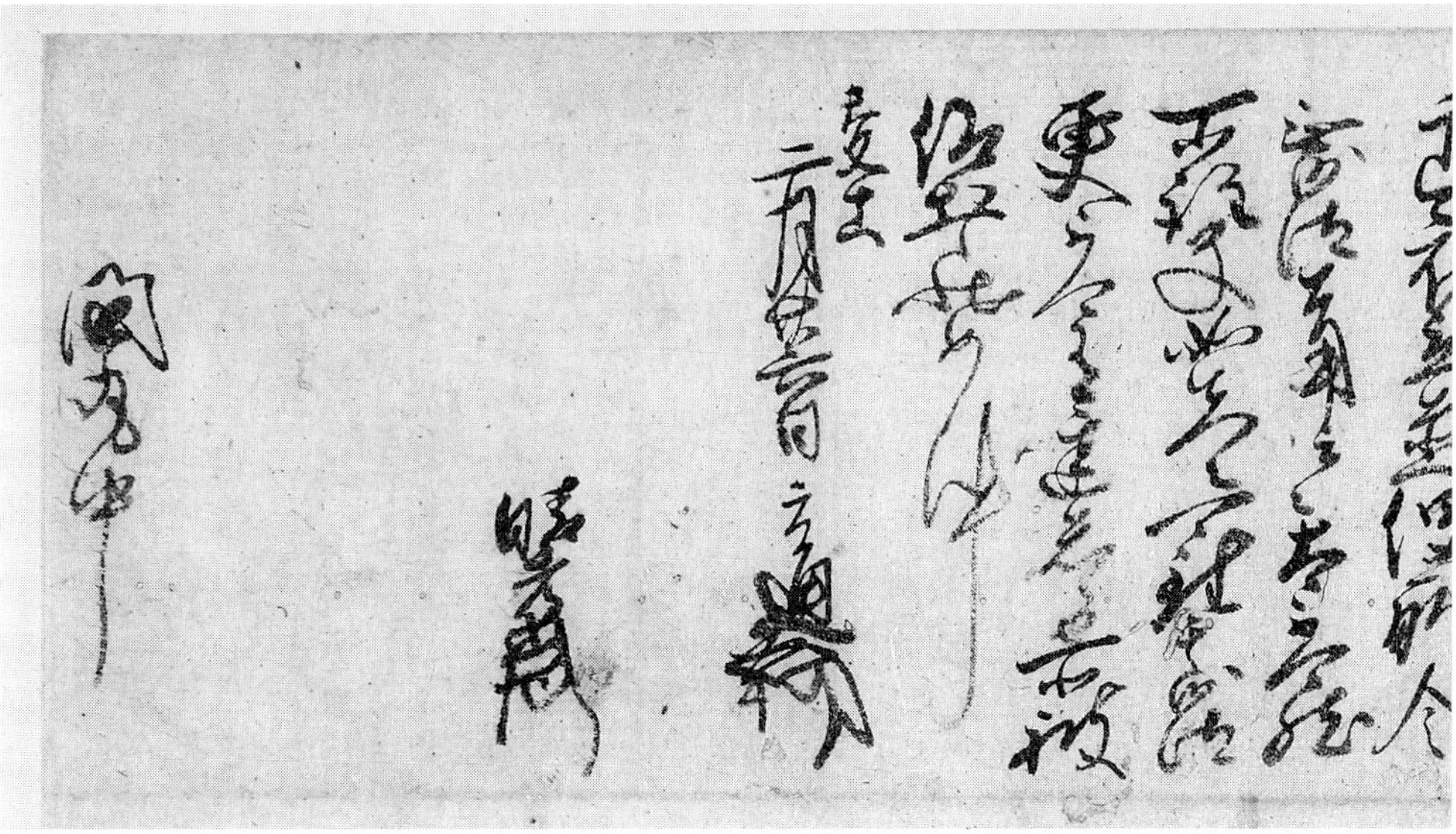

解説

文中にある「忩劇」が何を指すのかが不明であるが、何らかの事件によって石谷光政の知行の一部・高荷公事役がうまく徴収できず、そのため室町幕府奉行人から問丸中に宛てて指図を出してもらっている。光政自身の力によって、本来の状態に戻すことは難しかったのであろう。

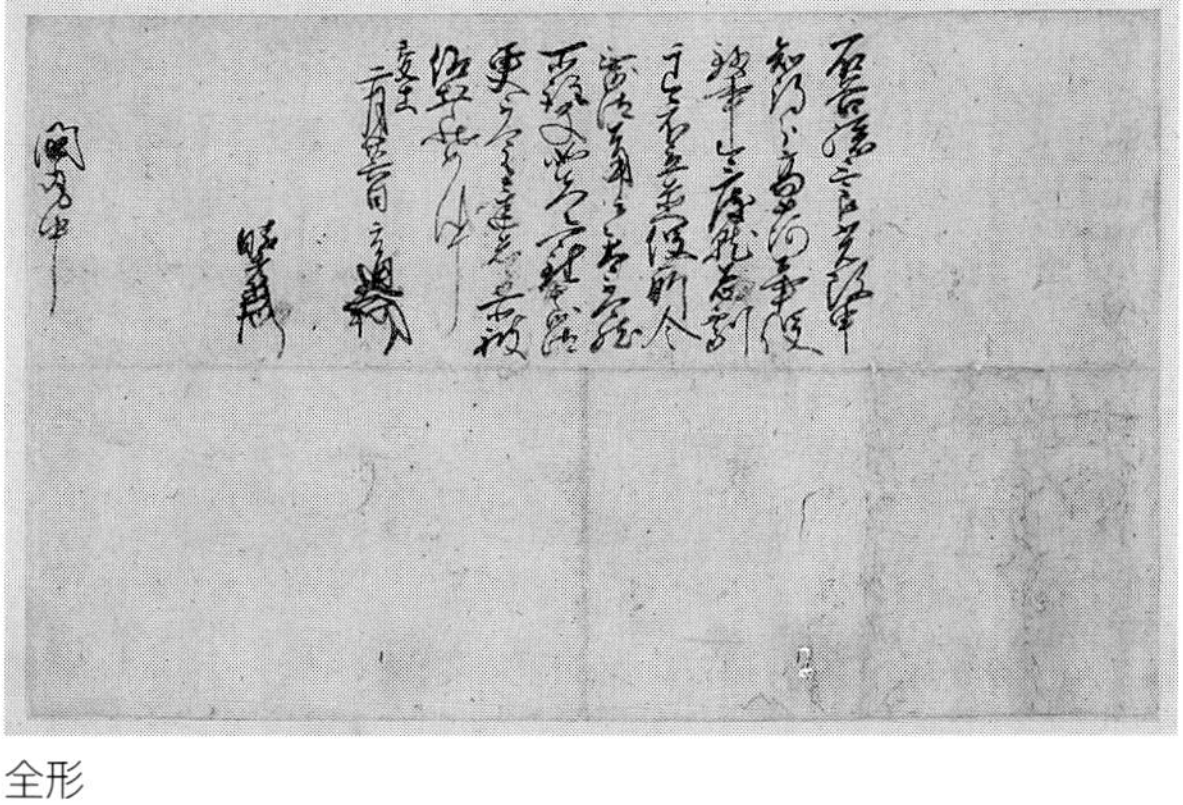

全形

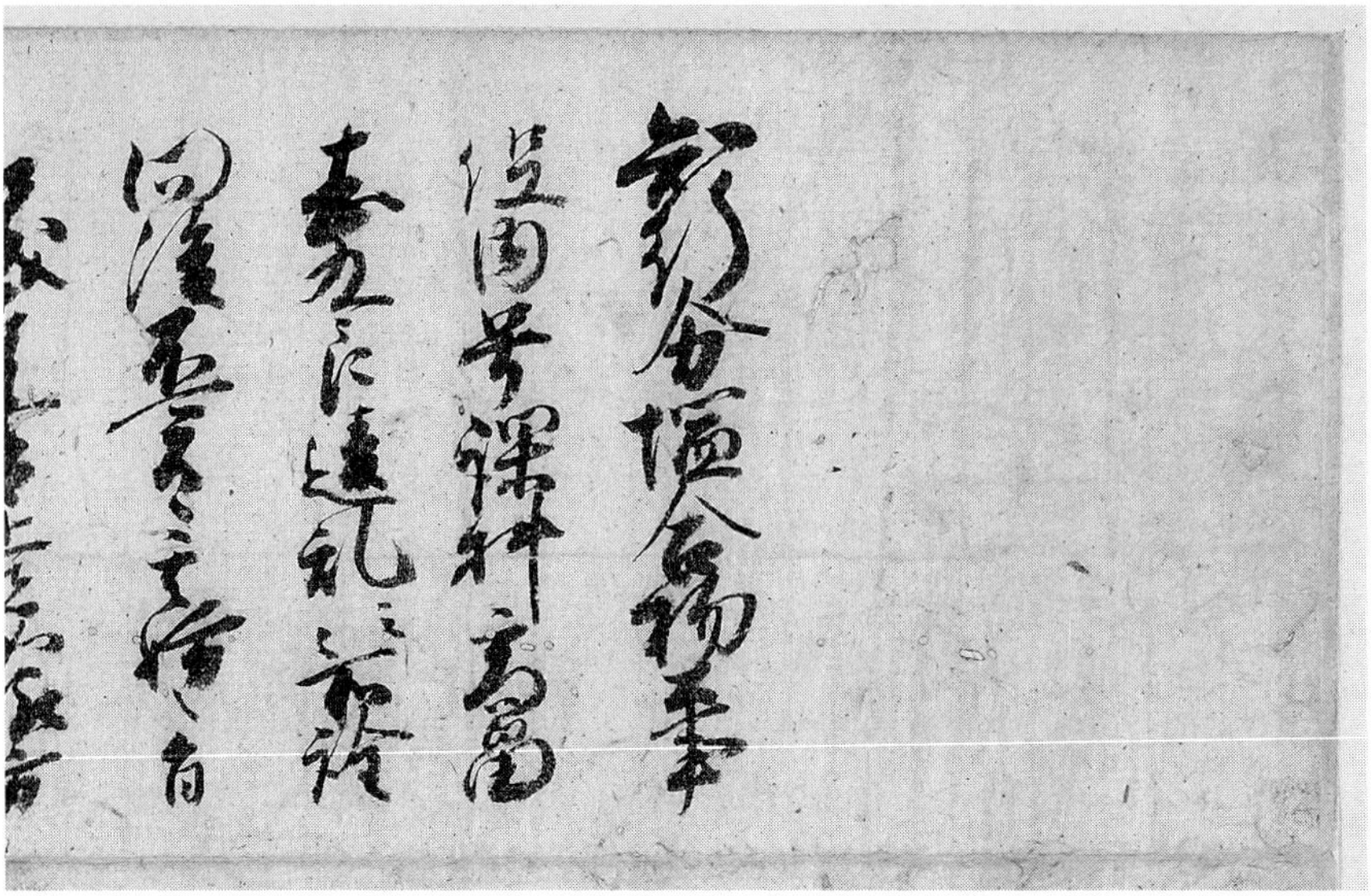

37 細川晴元奉行人奉書

知行分*塩合物公事
役内号課料、*高畠
甚九郎（長直）違乱云々、所詮
向後不可有其妨之旨
被成*奉書上者、如諏（訪カ）方
信濃守（長俊）時、弥可被全
領知之由候也、仍執達如件

天文十一
七月六日　　*為清（飯尾）（花押）
石谷孫三郎（光政）殿

---

*塩合物（しおあいもの）…塩干物。

*高畠甚九郎…高畠長直。細川晴元の被官。兄長信が山城（やましろ）下五郡の郡代（ぐんだい）に就任したのに伴い、その下僚として山城支配に関係した。天文九年（一五四〇）、長信から郡代の地位を継承した。

*奉書（ほうしょ）…天皇・将軍などの意向や決定を下知する文書。

*為清…飯尾為清（いいおためきよ）。細川晴元重臣。管領代。

解説

細川晴元は室町幕府の管領である。大永七年（一五二七）、阿波の三好元長らと和泉堺に兵をすすめ畿内を支配。天文一八年（一五四九）、元長の子長慶らにより京を追われて近江に逃れ、足利義晴・義輝とともに抗争を続けた。

本書状は史料36と同年のもので、混乱した状況下で細川晴元被官が、幕臣である石谷光政の塩合物公事役を横領していたのであろうか。細川晴元の管領代飯尾為清が、被官高畠甚九郎の不正を糺して、光政の領知を認めている。京都付近の限られた権利・知行をめぐって、武家が対立していた様子がうかがえる。

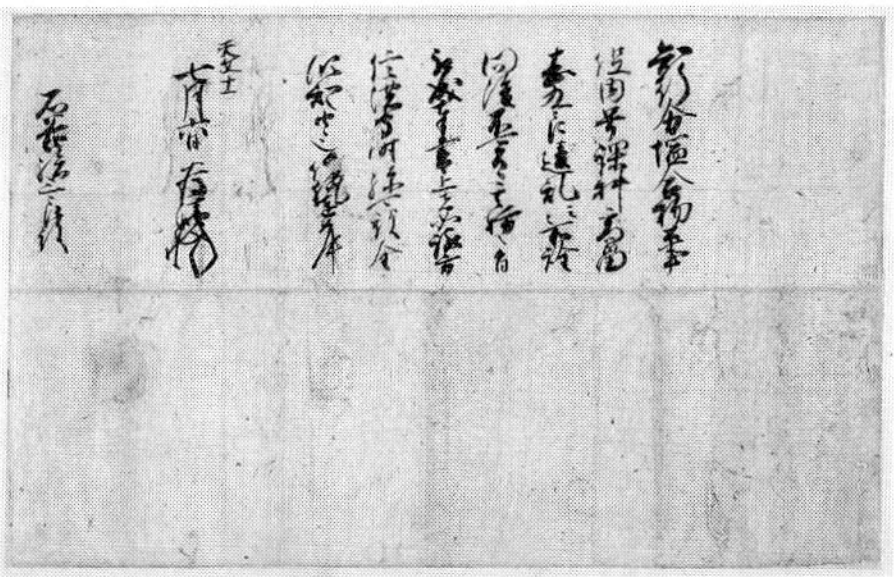

全形

38

細川晴元奉行人奉書

土岐石谷孫三郎光政
知行、*洛中洛外諸口・
*木幡口等塩合物并*高
荷公事役銭号石谷分事、
帯　公方（足利義輝）御*下知、任当
知行旨被成奉書上者、
厳重可致沙汰光政（石谷）代、聊
不可有難渋由状如件

天文十一
八月廿八日　　為清（飯尾）（花押）

洛中洛外諸口
　諸商売人中

---

*洛中洛外…京都の市街と郊外。
*木幡口（こばたぐち）…現、京都府宇治市木幡。
*高荷（たかに）…馬の背などに高く積み上げた荷物。
*下知（げち）…命令。

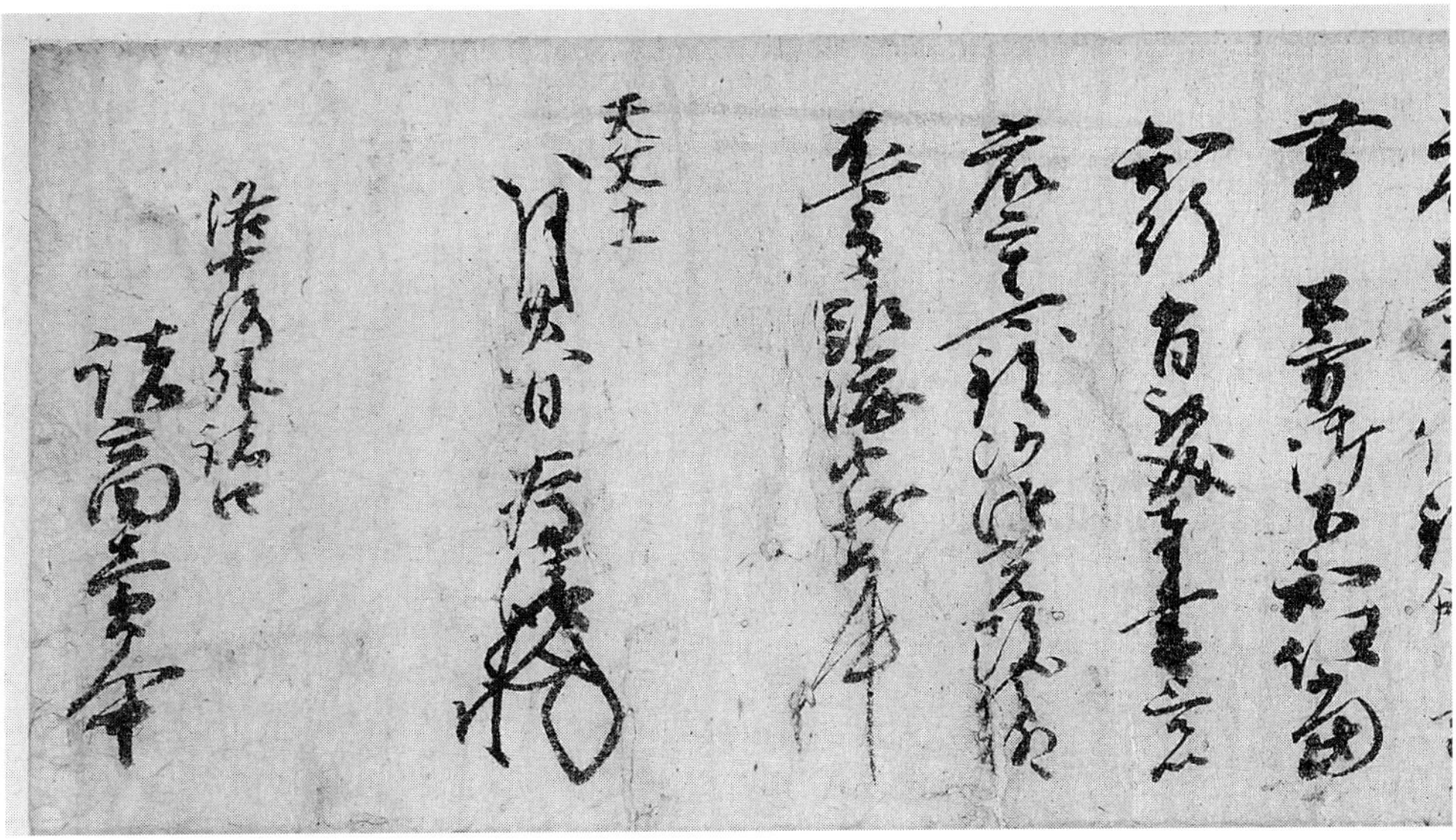

解説

史料36・37と同年であり、一連のものと考えて良いだろう。本書状からは、光政が土岐石谷と呼ばれていたとともに、洛中洛外の諸口・木幡口などに設定された役銭が石谷氏の収入になっていたことも明らかである。

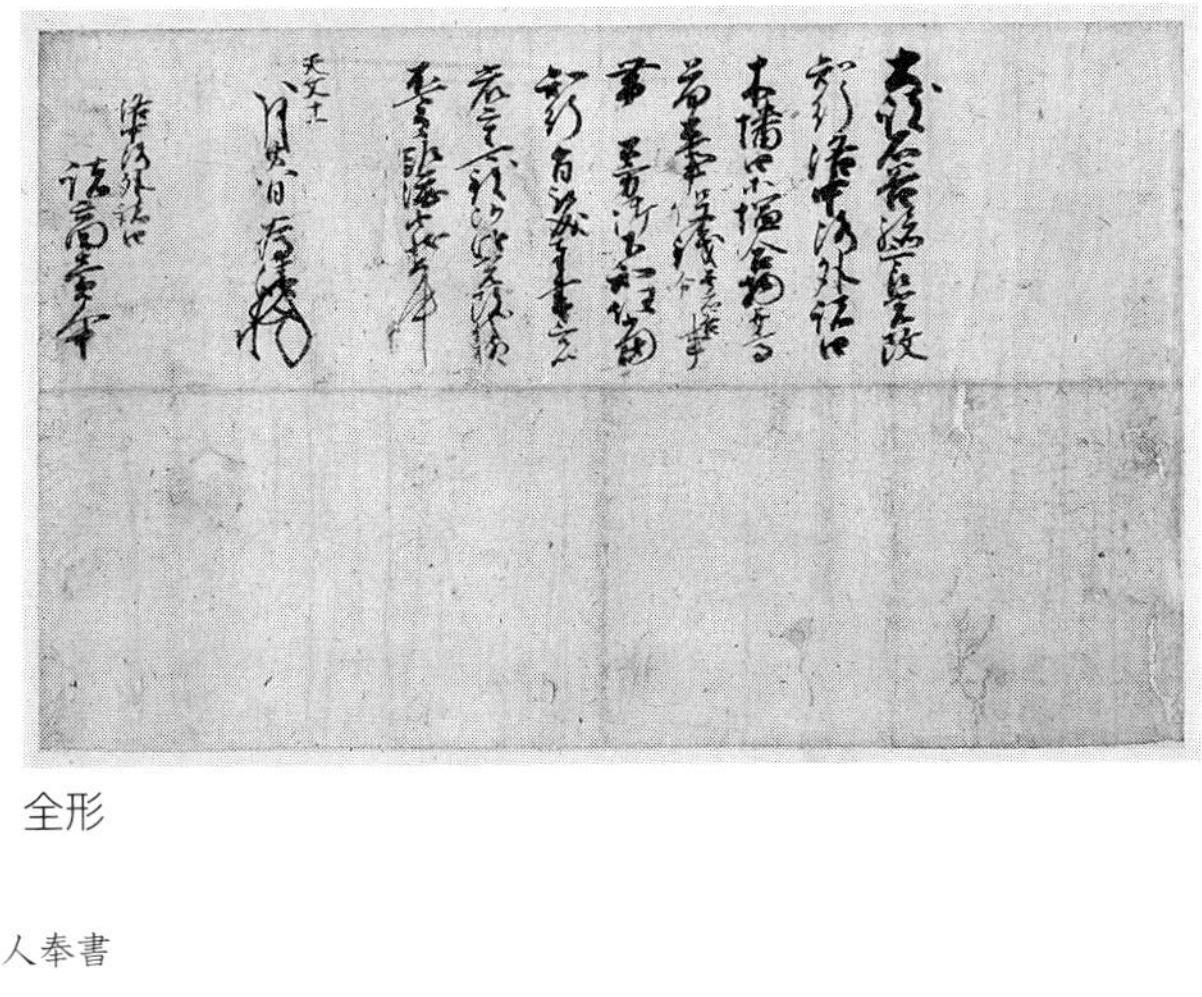

全形

39 室町幕府奉行人連署奉書

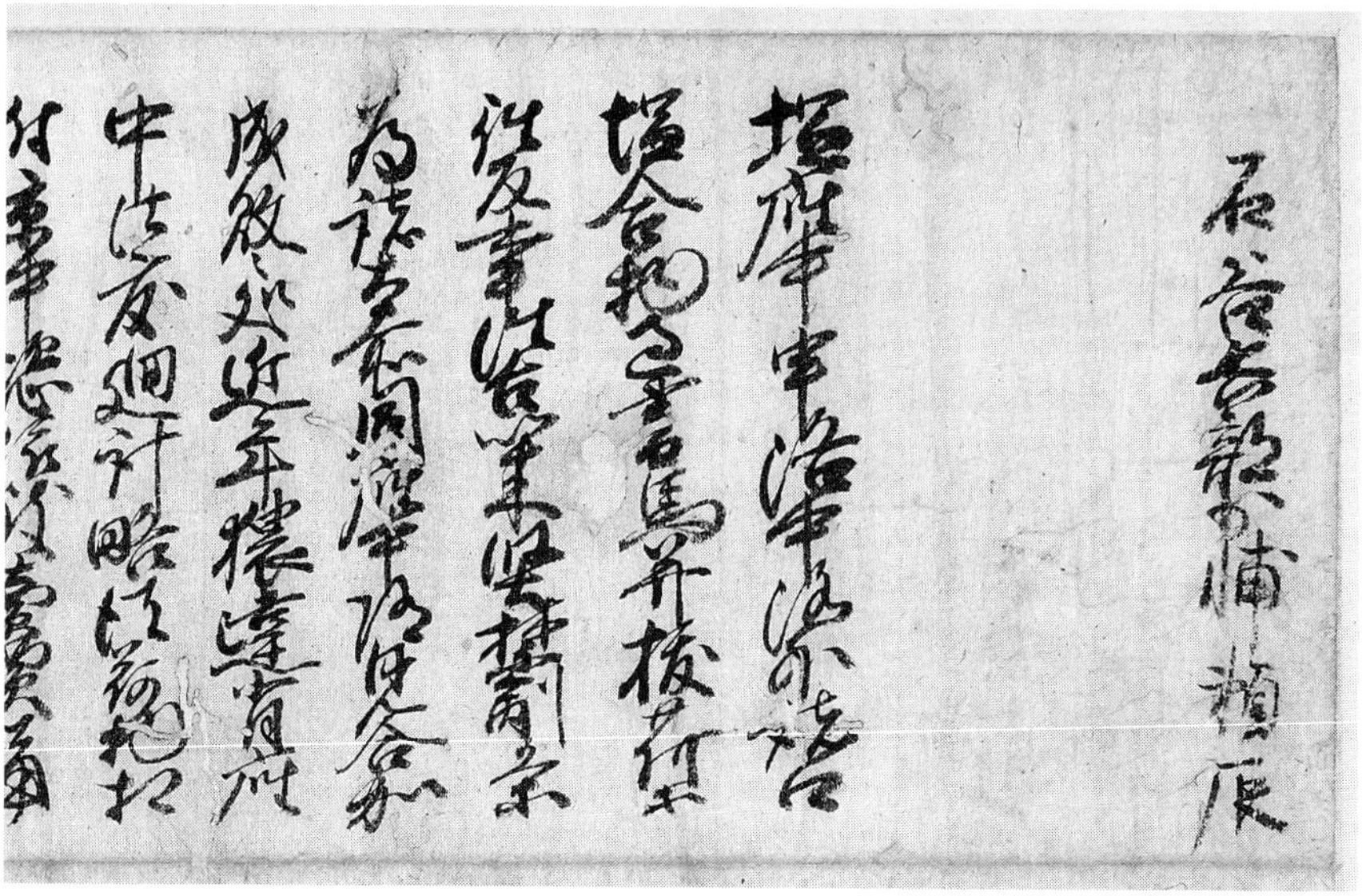

石谷兵部少輔頼辰

*塩座中申、洛中洛外諸口
*塩合物、*過書馬并*抜荷等
*往反事、往古以来堅*禁制条、
為諸本所同座中、随見合加
成敗之処、近年猥違背座
中法度、廻計略、彼荷物相
付京中恣依致売買、公用
減少云々、以外次第也、所詮向後背
先例、於致*非分企輩者可被
処其咎之条、宜存知之由
所被仰出之状、如件
天文十六
二月廿八日　（飯尾）貞広（花押）
（松田）盛秀（花押）

---

*塩座中…塩・塩合物（塩魚・塩干物）を扱った塩商人による座。
*塩合物…塩干物。
*過書馬（かしょうま）…通行許可証を持つ馬。
*抜荷（ぬけに）…禁令を犯して取引すること。
*往反（おうはん）…往復。往来。
*禁制…権力者が禁止事項を公示した文書。
*非分…道理にはずれたこと。

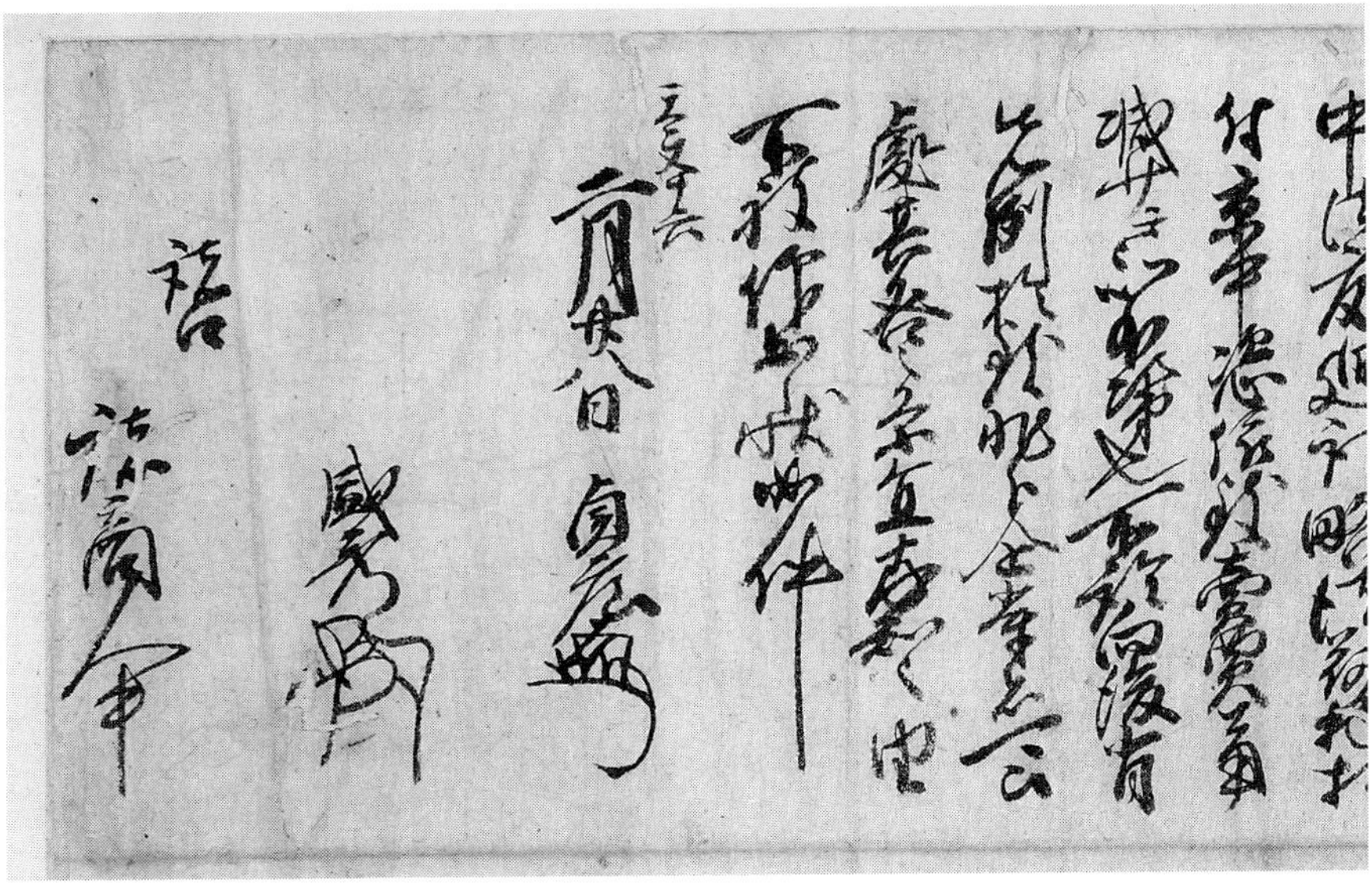

諸口
諸商人中

解説

室町幕府奉行人の飯尾貞広と松田盛秀が、洛中洛外諸口の塩合物の過書馬や抜荷に対して、これまでの通り、発見した場合は処分することを述べている。このような奉書が出されていることは、諸口において従来のルート以外の方法で、塩合物が流通していたと言えるだろう。

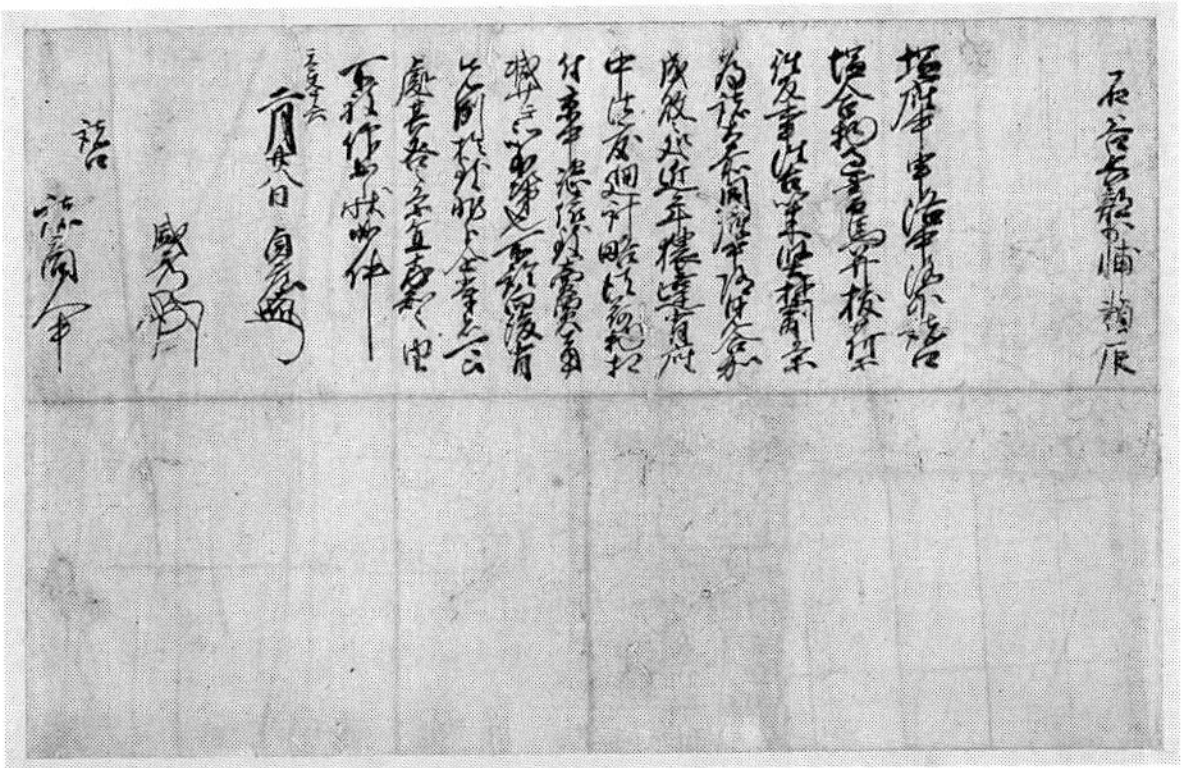

全形

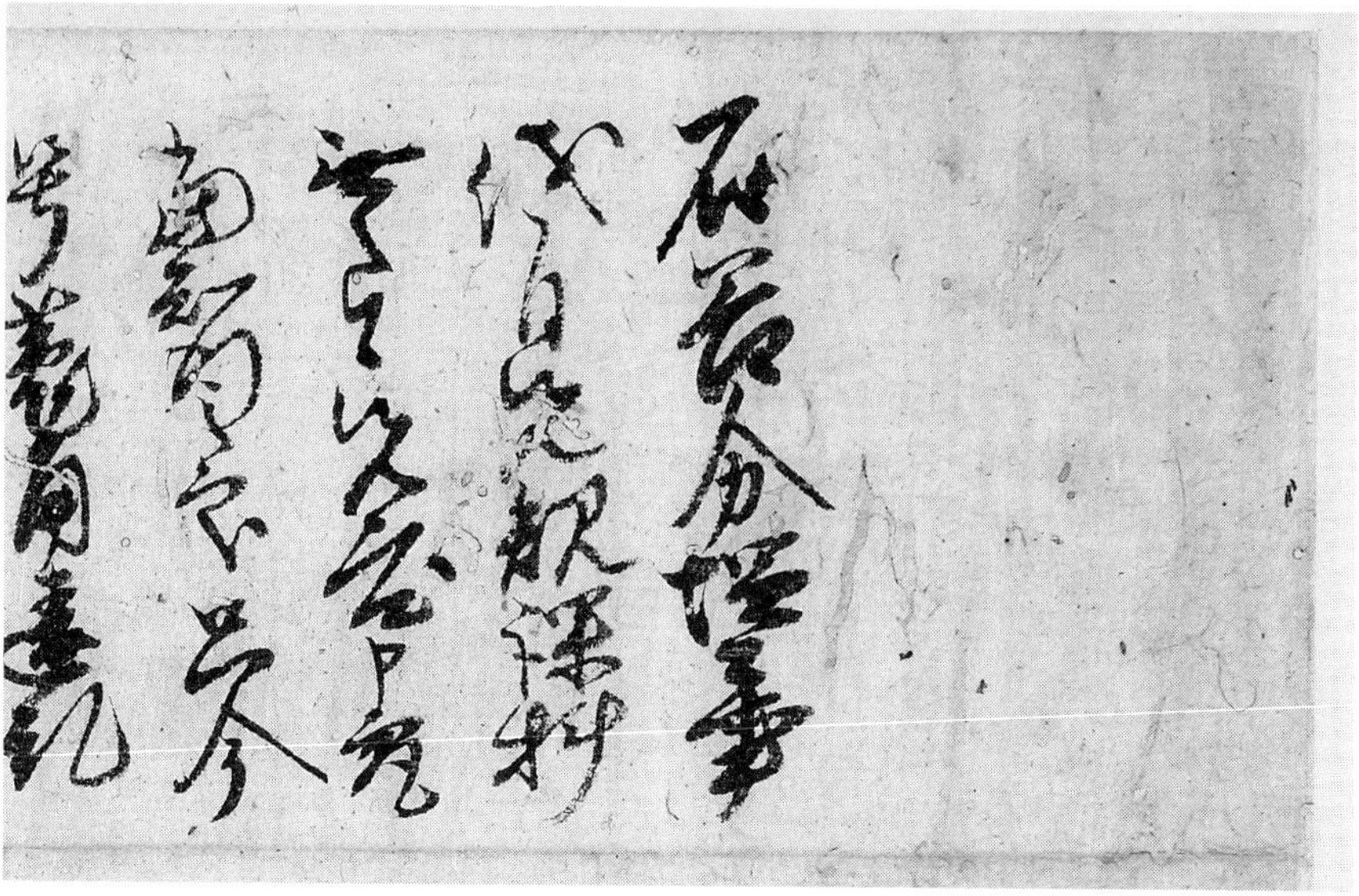

40

三好長慶書状

石谷分塩*公事
儀、自先規課料
無之旨、先度申究候、
当知行之処、只今
号菟角*違乱、
役銭無沙汰之由、言
語道断之次第候、所
詮尚以於難渋者、以
*譴責使可申付候也、
謹言

*三好

九月廿八日　長慶（花押）

*京淀当座中

---

*公事（くじ）…年貢以外の雑税。

*違乱（いらん）…秩序を乱すこと。

*譴責使…年貢・公事の未進・対捍（たいかん）をおこなう百姓を勘責し、催促をおこなうために荘園領主が派遣した使。

*三好長慶…阿波細川氏の被官。天文一八年（一五四九）、将軍足利義輝を追放し、同二一年、管領細川晴元を退け畿内・四国を支配。のち家臣の松永久秀に実権をうばわれた。

*淀…現、京都市伏見区淀。

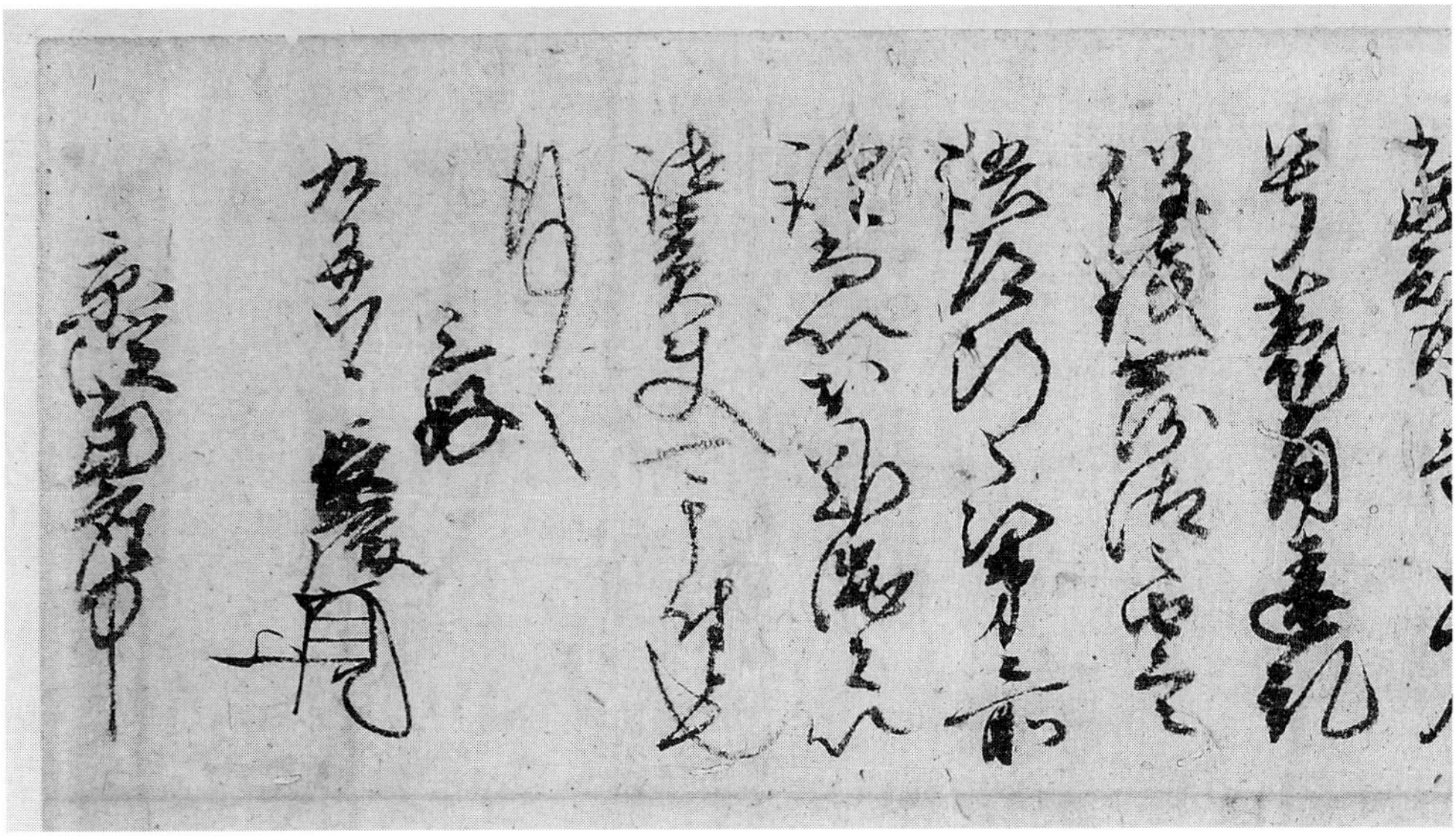

解説

三好長慶が、京・淀の塩座中に対して石谷光政に運上を支払うように言い渡したものである。年代は不明だが、将軍足利義輝の側近であった光政の知行を、長慶が保証している点が興味深い。

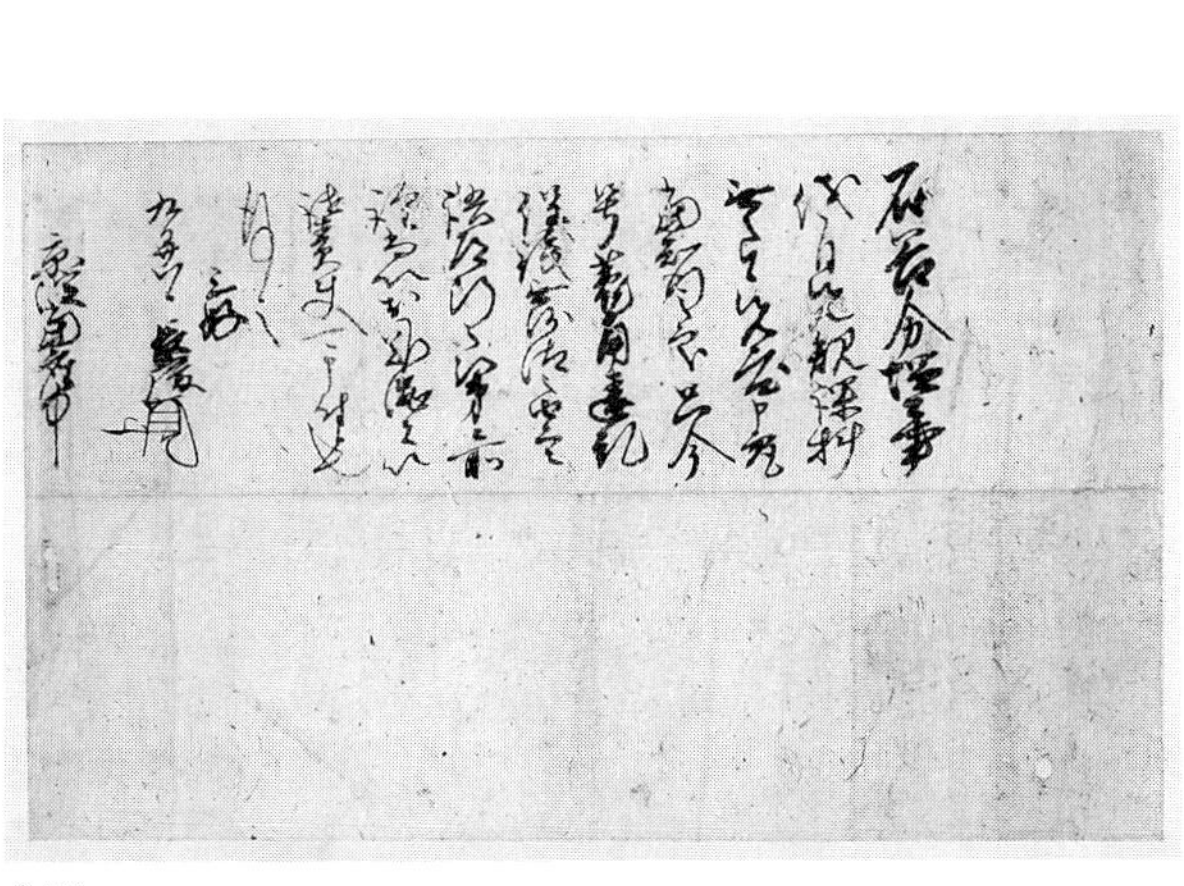

全形

41

十河一存書状

就石谷殿御知行儀、
御*折紙委細拝見候、
仍家中者相構
之由承候、堅申付候条、
不可有別儀候、猶
以面可申入候、恐々謹言

*十民（十河民部大輔）
五月十日　　一存（花押）

三筑（三好筑前守長慶）
まいる御報

*折紙（おりがみ）…室町時代には奉行人奉書、消息等にも用いられた。

*十民一存（そごうかずまさ）…十河民部大輔一存。三好長慶の弟。十河氏を継ぎ、三好氏の分国讃岐を支配。

解説

三好長慶に宛てて実弟十河一存が出した書状である。石谷光政の知行を三好家中全体で留意するよう指示した長慶の命に対して、十河家臣にも申し伝えたことがうかがえる。

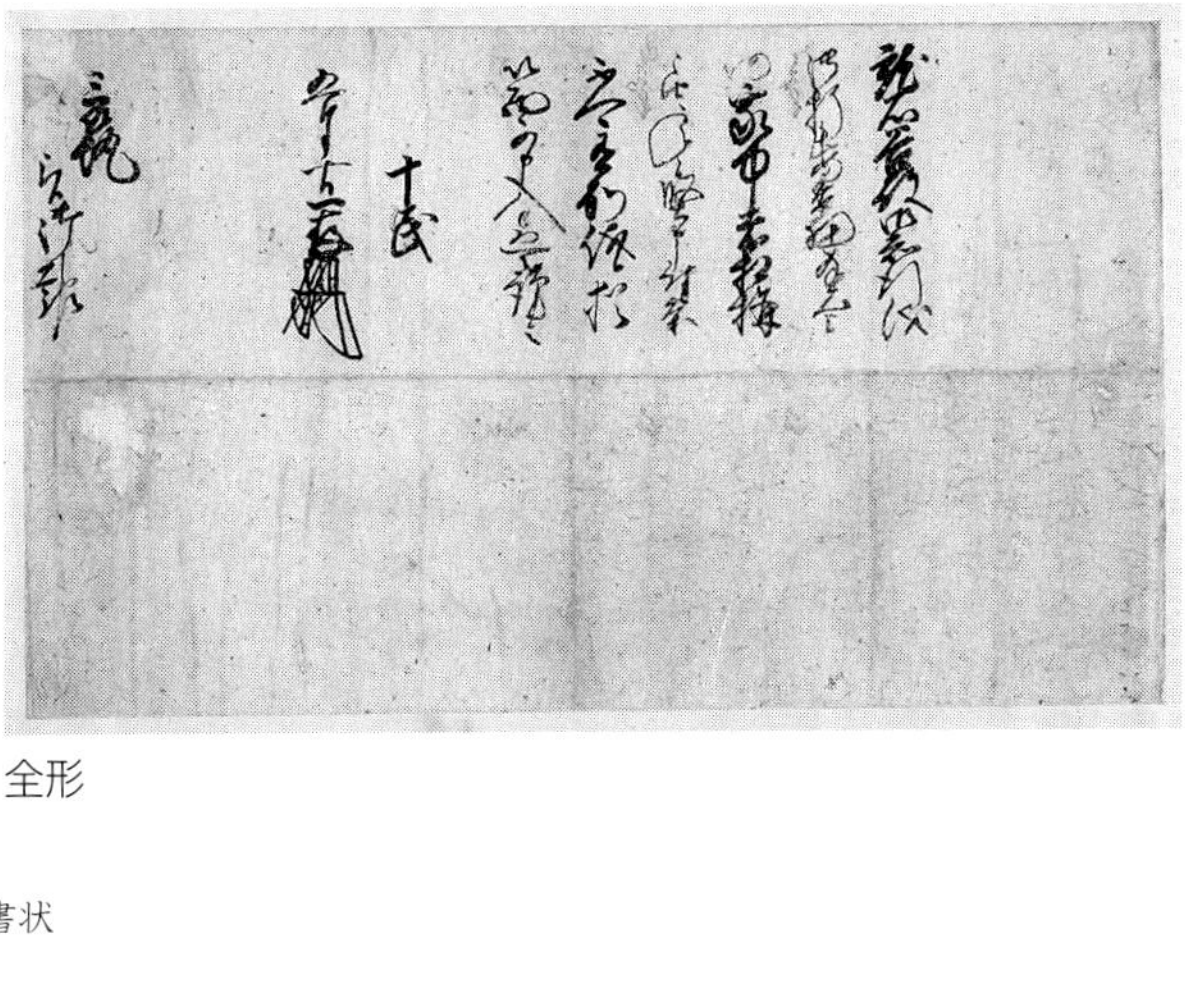

全形

42 室町幕府奉行人連署奉書

石谷孫九郎頼辰申
知行分城州《(山城国)》*木幡口
関代官職事、今度
赤塚大和守《(家政)》雖及訴訟、
領主進止*之段分明之
上者、任御法可改易之
旨被成奉書*訖、可令存知
由候也、仍執達如件

永禄五
三月十日　藤弘《(松田)》（花押）
光秀《(中沢)》（花押）

当所諸役所中

---

*木幡（こばた）…現、京都府宇治市木幡。

*進止（しんし）…土地や人間などを占有し、思うままに支配すること。

*奉書（ほうしょ）…天皇・将軍などの意向や決定を下知する文書。

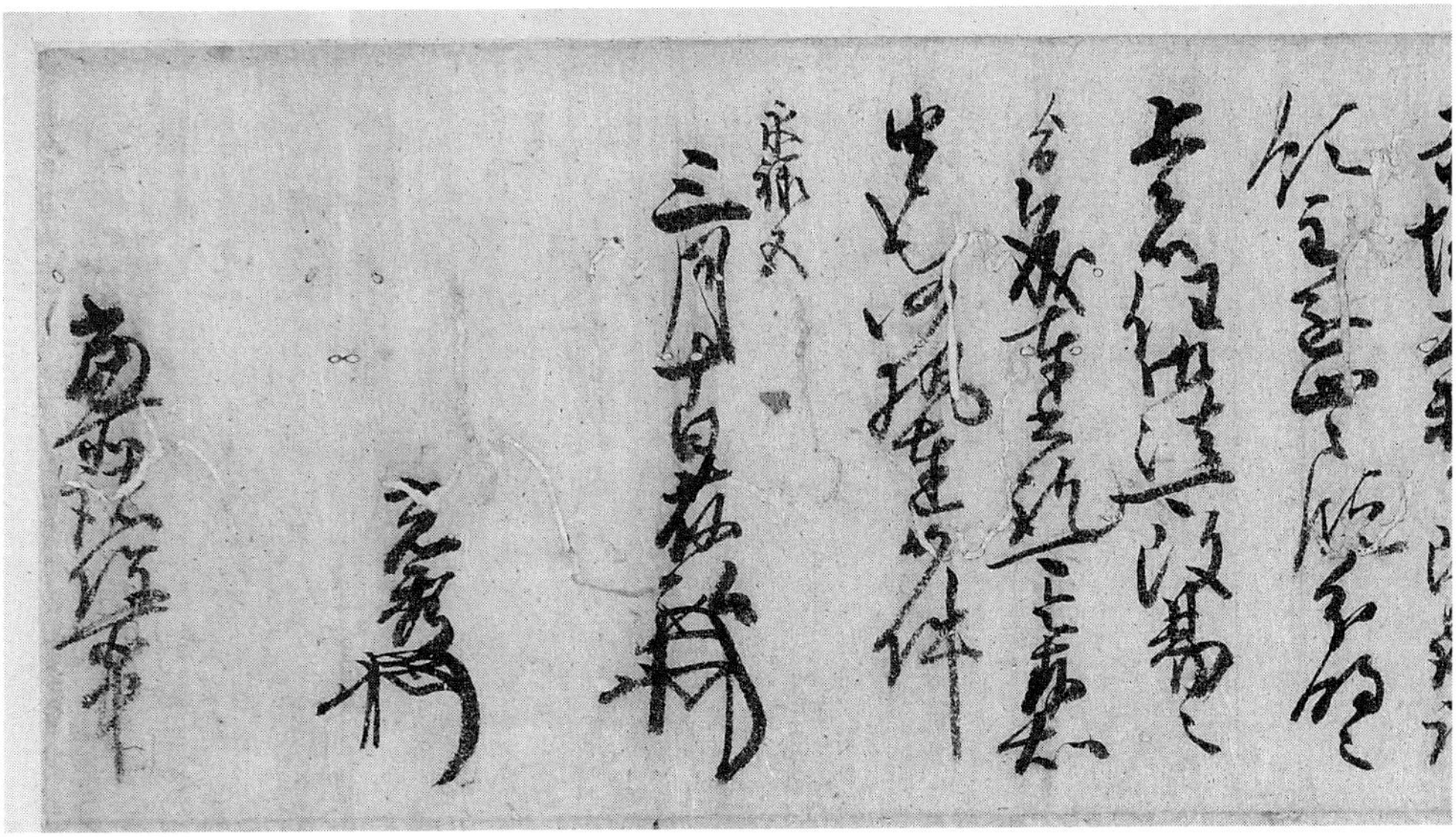

解説

この奉書が書かれた永禄五年（一五六二）三月一〇日の同じ日に、赤塚大和守家政の改易に関する同様の内容のものが、室町幕府奉行人の同両人から石谷頼辰へ宛てて出されている（「土岐家文書」群馬県立文書館所蔵）。さらに、それ以前の同年二月二九日にも石谷兵部大幹へ宛てて、同様の内容の連署奉書が出された。

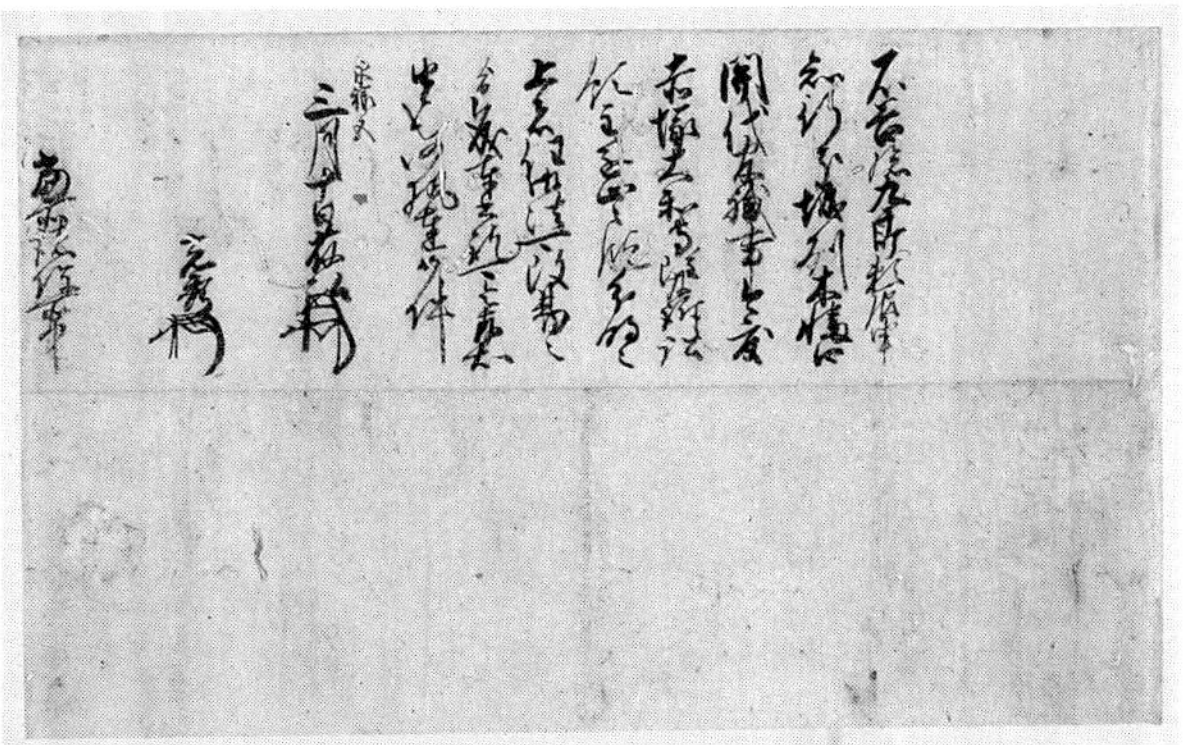

全形

43

室町幕府奉行人連署奉書

石谷兵部少輔頼辰申

知行分諸口高荷*公事役

事相定、代官致沙汰之処、

近年所々領主号在所

料構新儀、毎度及違乱候

条、公用減少云々、太不可然、

所詮先規無其例上者、雖

為何之所堅被停止候段、

度々任御成敗之旨被成奉書

訖、若有違犯之輩者、速

可被処罪科之由、所被仰出之状、

如件

永禄十一

三月六日　　光俊《（中沢）》（花押）

藤弘《（松田）》（花押）

所々諸侍并地下人*中

---

*高荷（たかに）…馬の背などに高く積み上げた荷物。

*地下人（じげにん）…官職・位階など公的な地位をもたない人。農民や庶民。

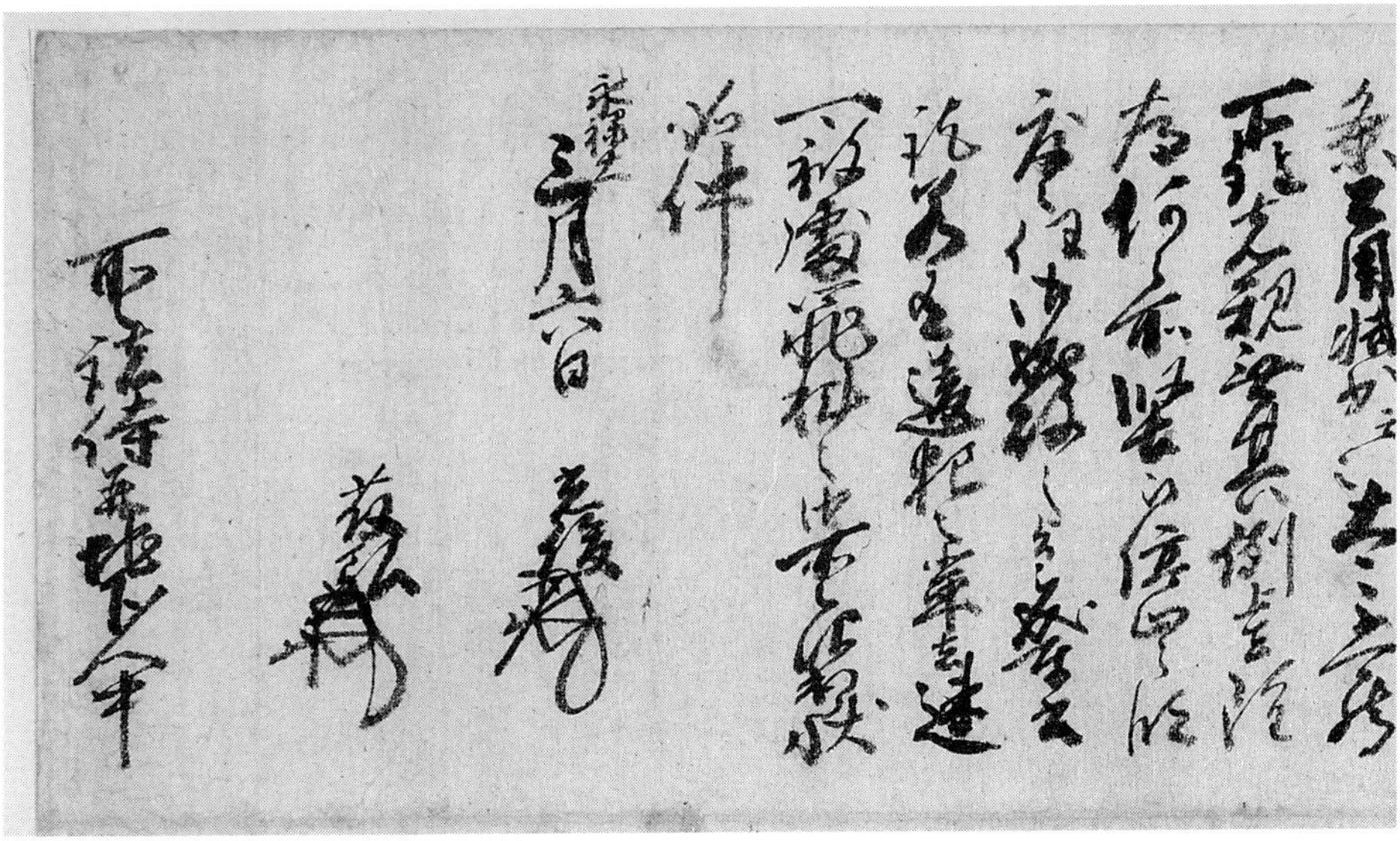

解説

石谷頼辰が口高荷公事役のことについて定め、代官が指図したにも拘わらず、近年かってに所々の領主が新たな運上を設定したため不安定になっていたことが書かれている。

永禄一一年（一五六八）前半は、足利義栄が将軍の座についていた。したがって、この奉書を有しているということは、石谷頼辰が足利義栄のもとに奉公していたことを示すのであろうか。

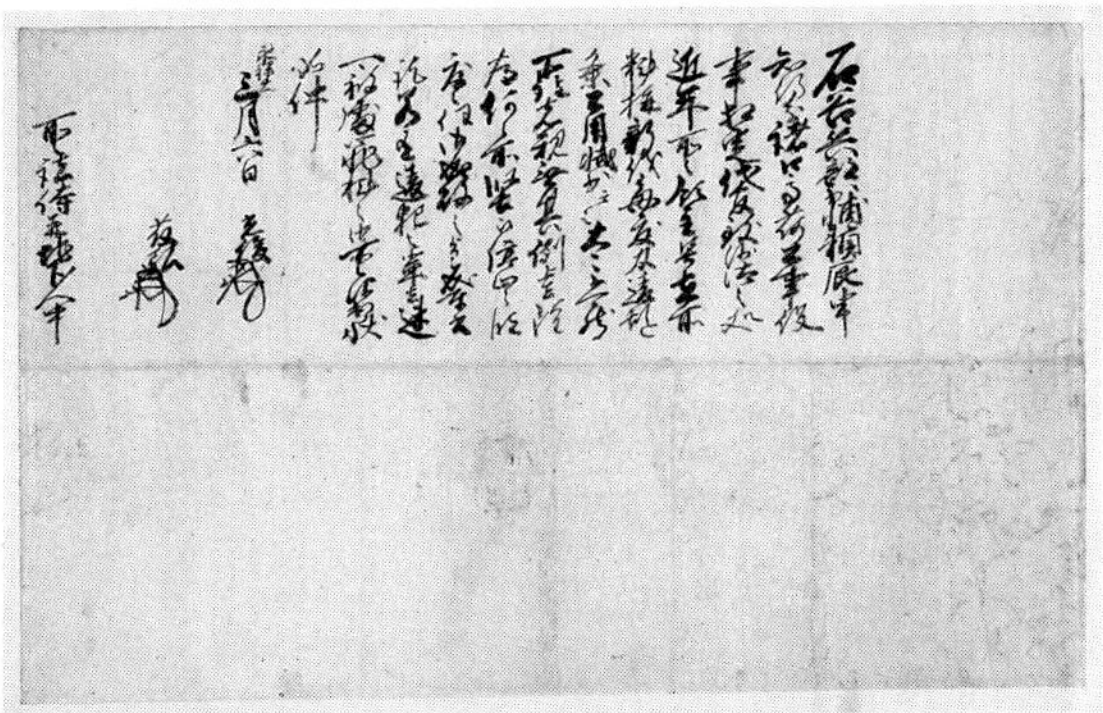

全形

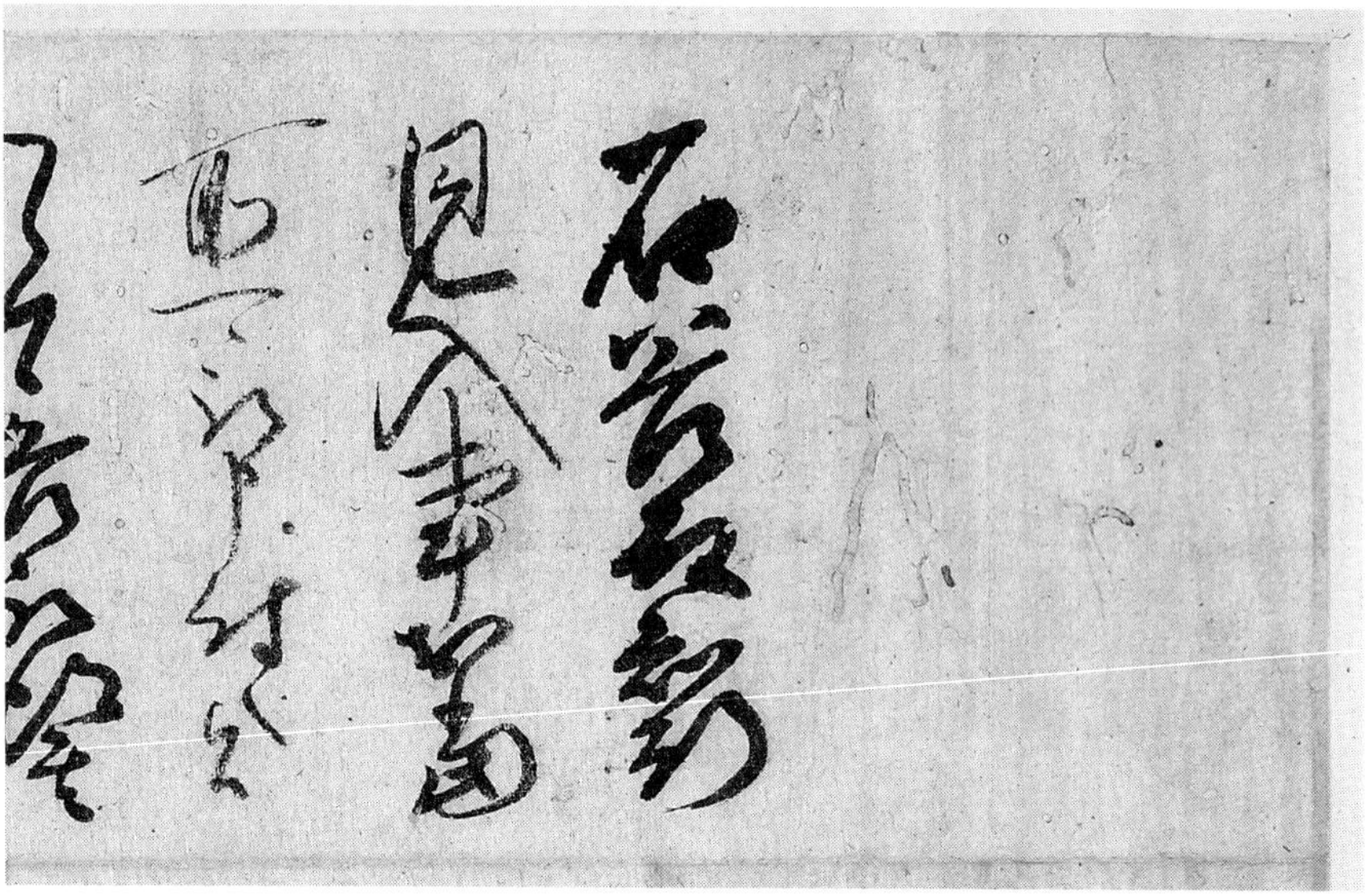

44

三好長慶書状

石谷殿知行
見入事、於当
所可被申付之旨
候之間、各被得其
意、*馳走肝要候、
恐々謹言
　　三好
七月六日　長慶（花押）
*粟田口
*白河
　　惣中

*馳走（ちそう）…奔走すること。世話をすること。

*粟田口（あわたぐち）…京都市東山区にある京都七口の一つ。

*白河…かつて京都洛外、山城国愛宕郡（おたぎぐん）に属していた白川流域を指す名称。

解説

三好長慶が上位権力（足利将軍か）から言われて、石谷光政の知行を保全することを述べたものである。粟田口・白河はいずれも京都近郊であり、石谷家文書内の史料から、光政が京都の関銭や塩等の運上を収入にしていたことがわかってきた。

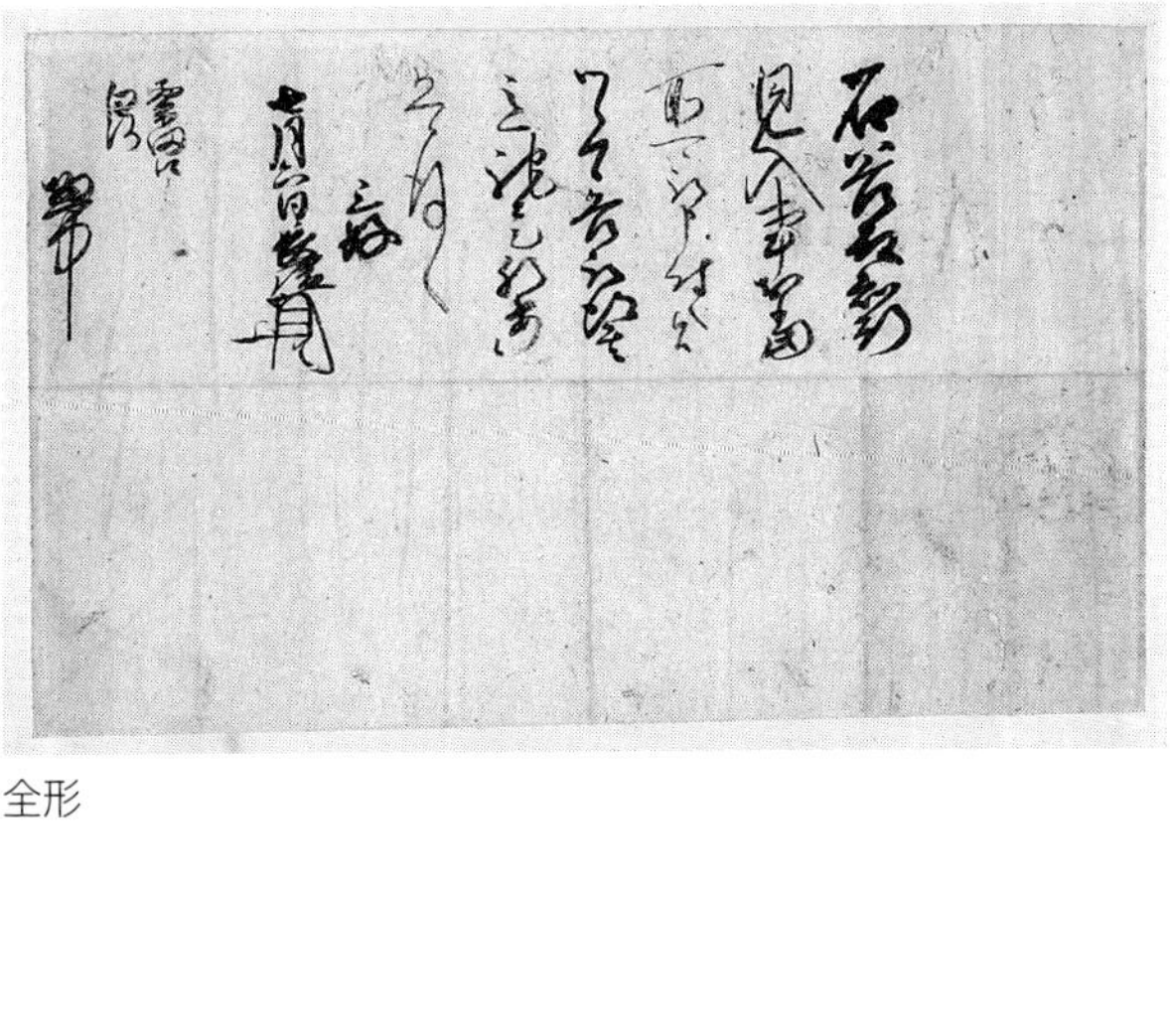

全形

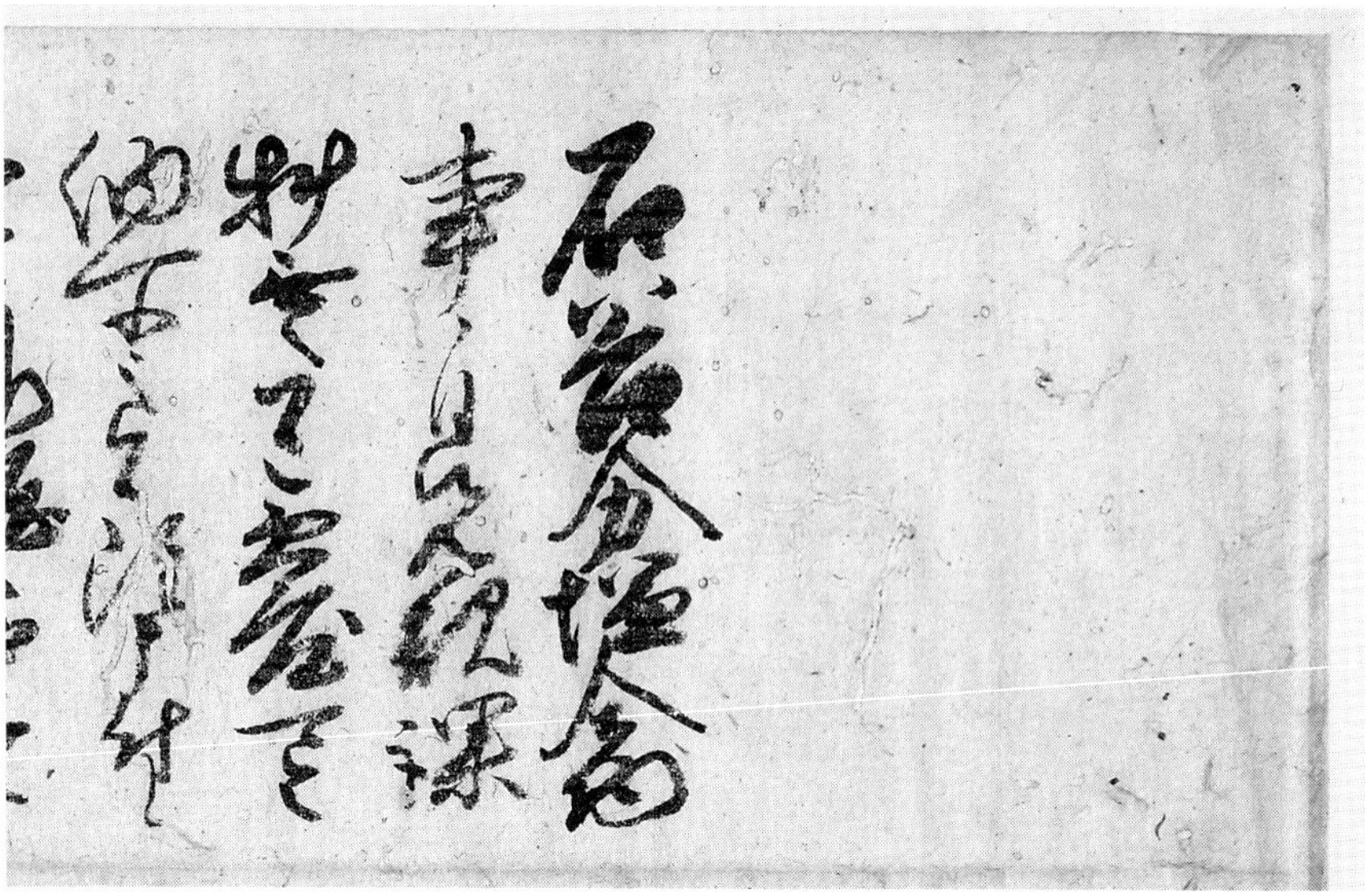

45 三好長慶書状

石谷分*塩合物
事、自先規課
料無之間、急度可令
*納所之旨雖申付候、
于今難渋之由、言
語道断之次第候、去々
年以来、押置*公物
悉可令其沙汰彼
代、為其差越催促
候也、恐々謹言
三好
七月十三日　長慶（花押）
塩座中
祐（カ）玉

---

*塩合物（しおあいもの）…塩干物。

*納所（なっしょ）…年貢などをおさめること。

*公物（おおやけもの）…朝廷・天皇の所有物。官有物。

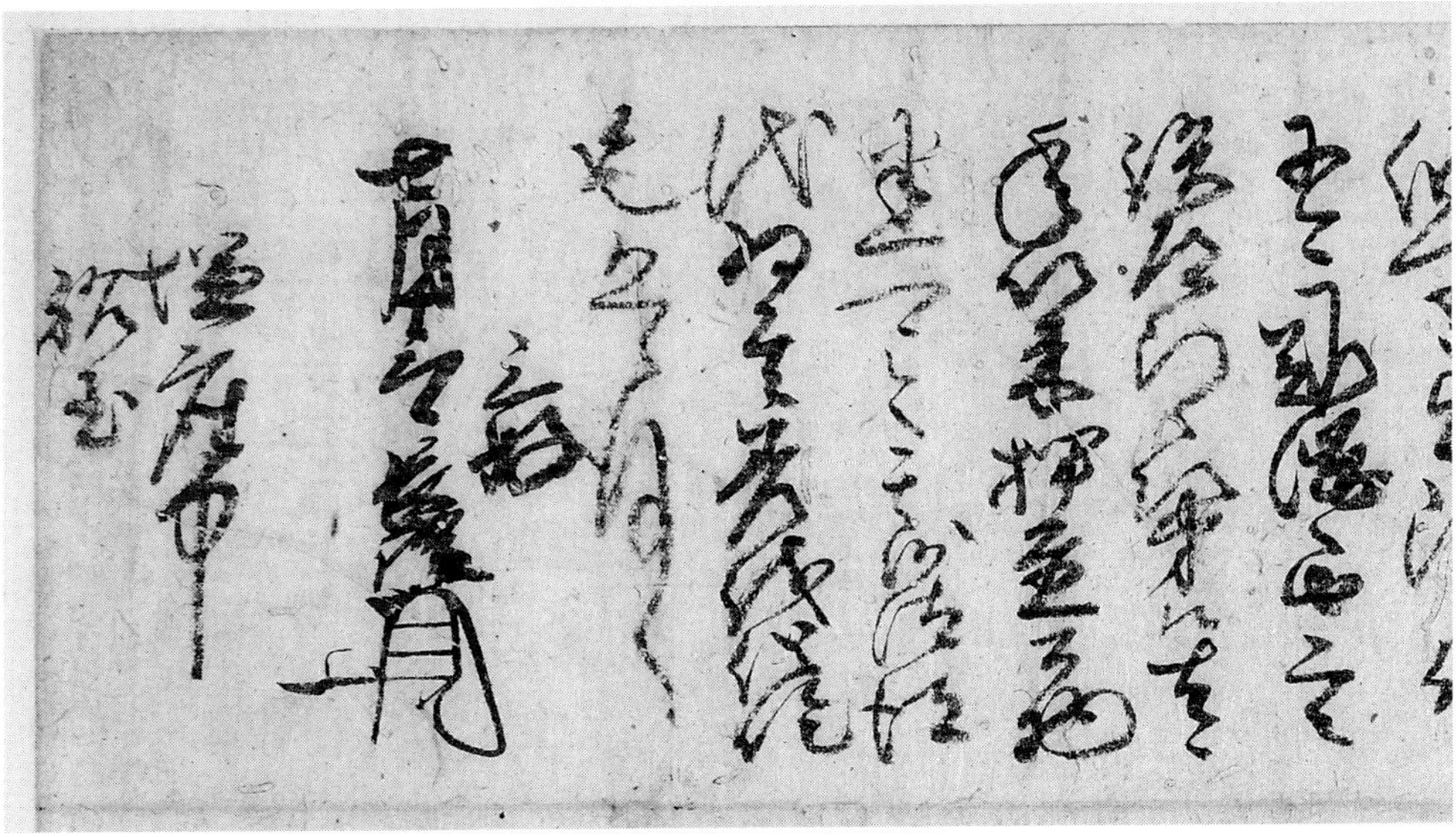

解説

先例にはない塩合物からの運上が納められないことに対して、三好長慶が塩座らへ速やかに納入するように命じたもの。足利義輝側近の石谷光政でも運上を取ることが難しかった場合、巨大な軍事力を持っていた長慶の協力を得ていたことを示している。

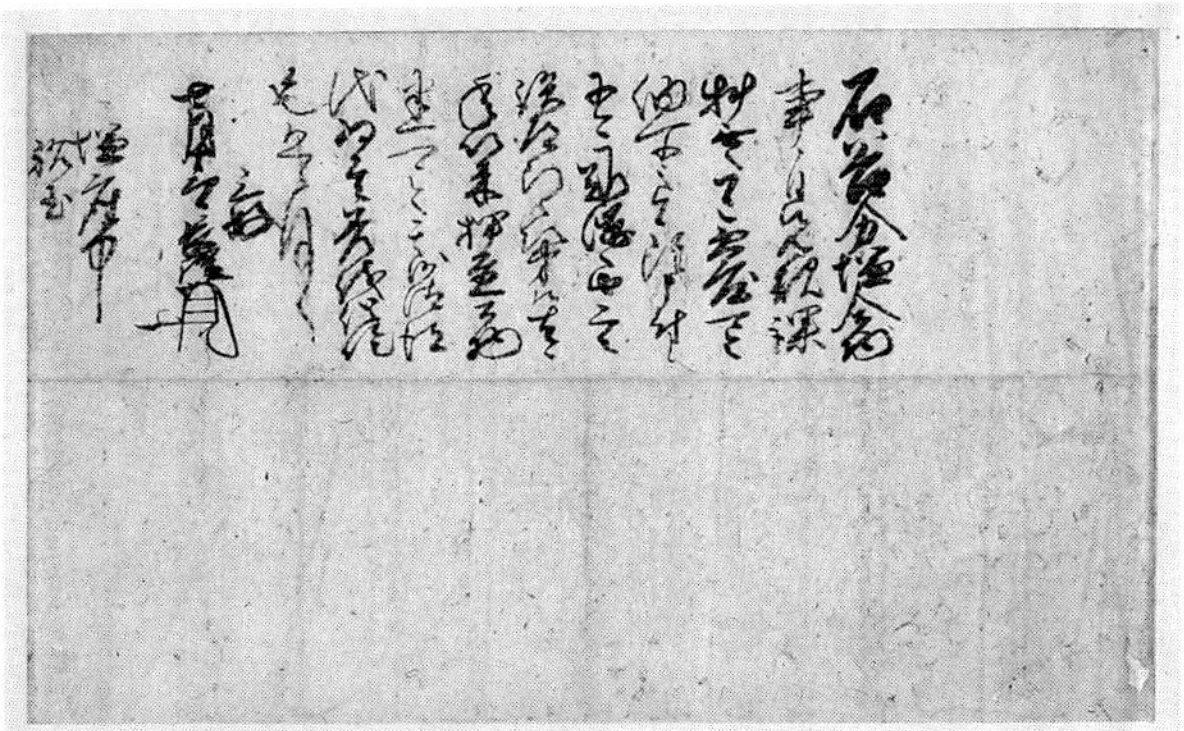

全形

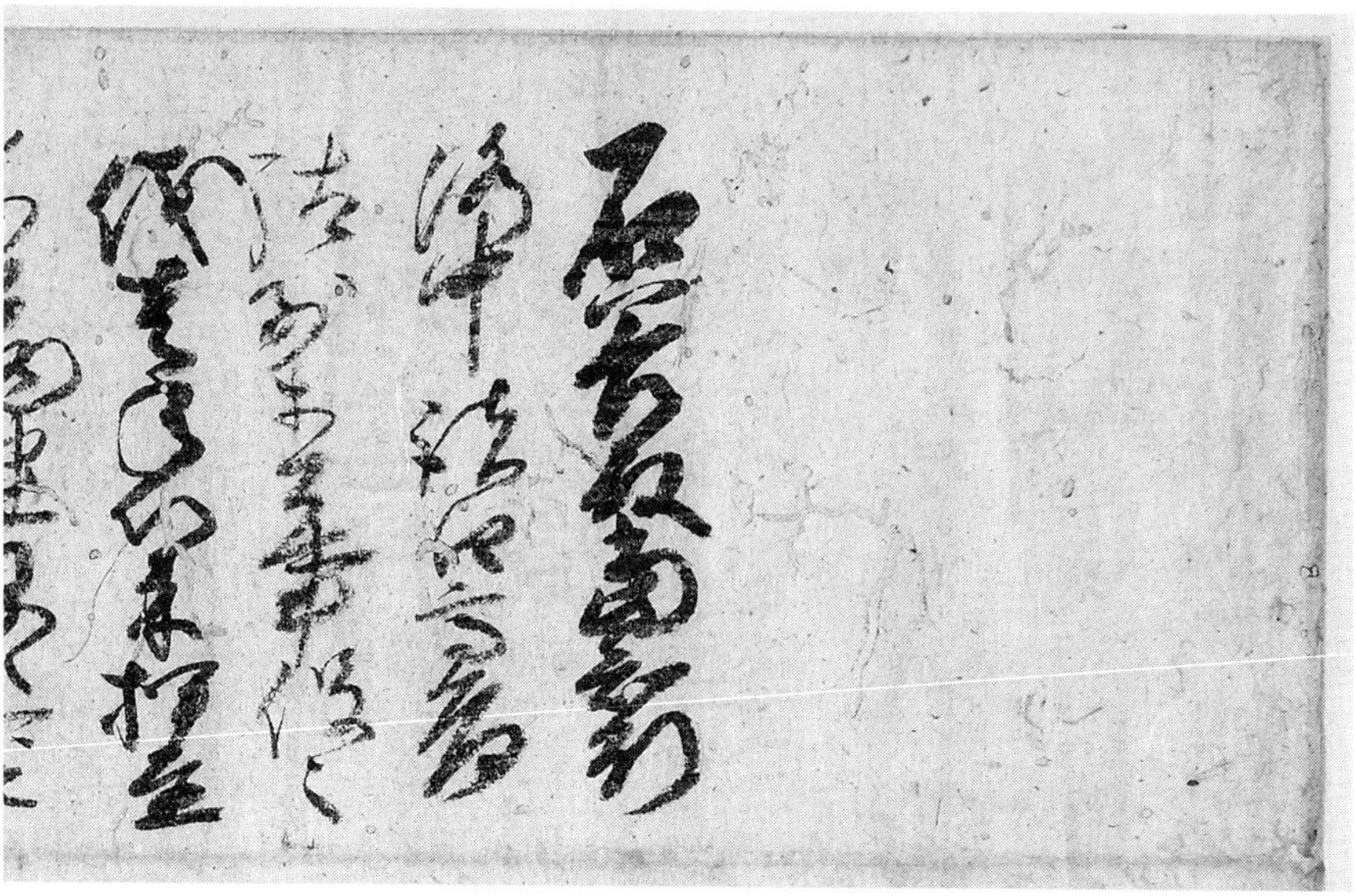

46 三好長慶書状

石谷殿当知行
洛中諸口*高荷
駄別等*公事役之
儀、去年以来押置
分公物、悉早々可令
納所、度々雖申付候、
于今難渋之由候間、
差越催促候也、
恐々謹言

三好
七月十三日　長慶（花押）

石谷分
上下諸口代官中
洛中問屋中

*高荷（たかに）…馬の背などに高く積み上げた荷物。
*公事役（くじやく）…課役。

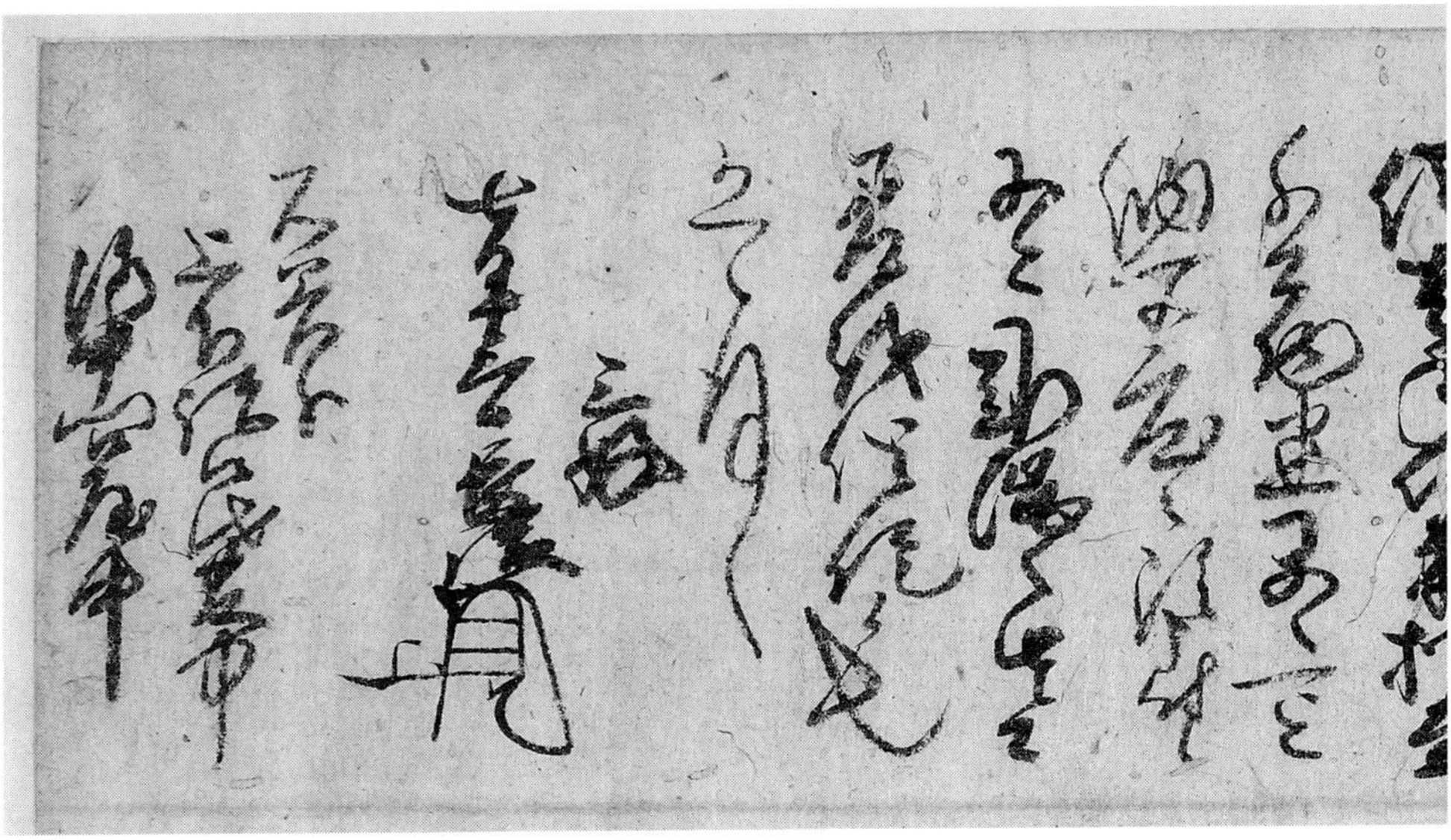

解説

史料45と同じく、三好長慶が石谷氏知行である洛中諸口の高荷駄別等公事役に関して、去年以来押し置いた公物を速やかに納めるように命じたもの。史料45と同日付であることから、塩座と洛中問屋中に対して一斉に命じた可能性が考えられる。

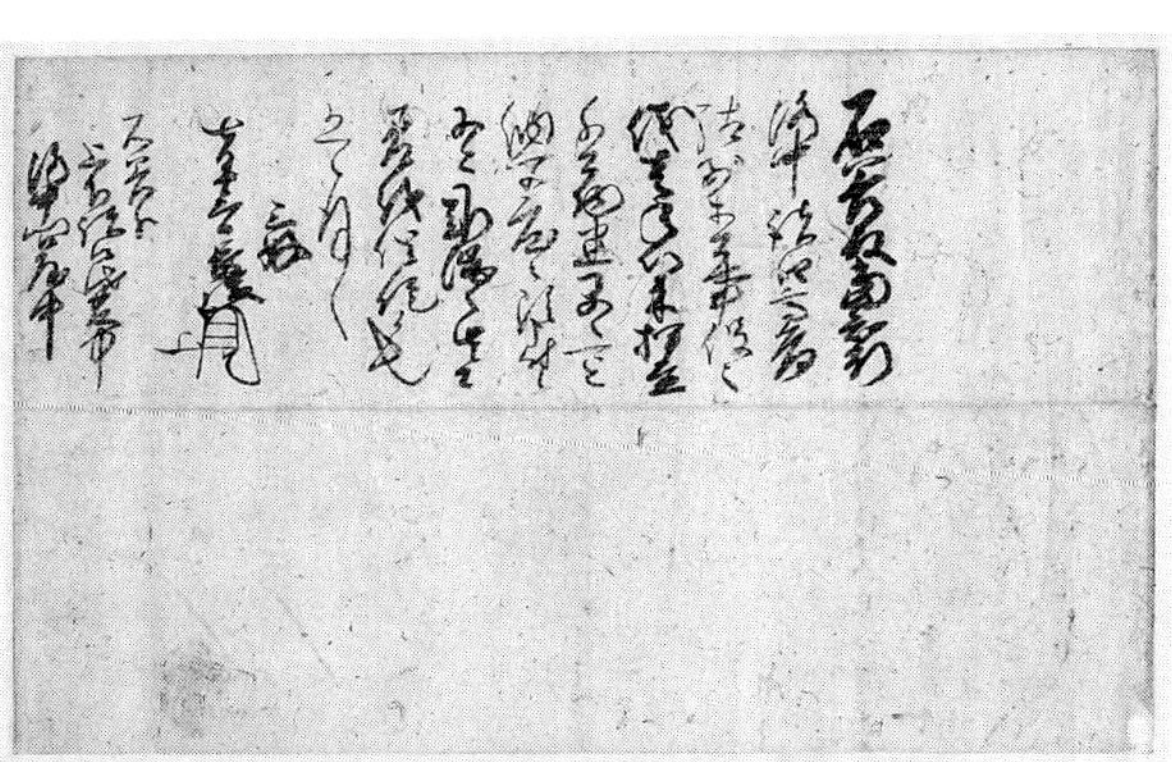

全形

47 福家長顕書状

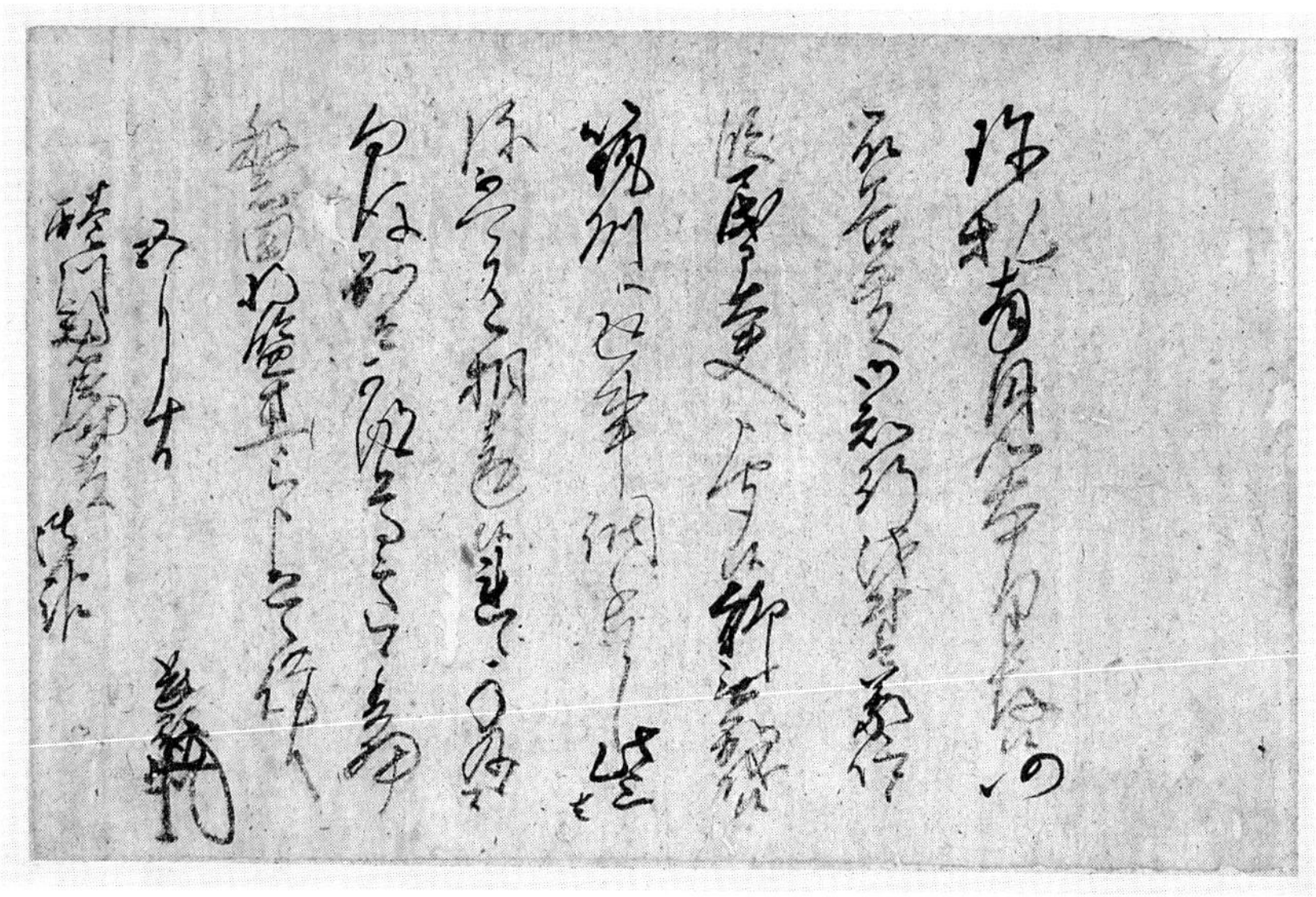

珍札拝見本望存候、仍
石谷殿御知行儀付而蒙仰候
段、*民部大夫(十河一存)ニ申聞候、聊無別儀候、
筑州(三好長慶)へ返事*調進之候、此上者
弥不可有相違候、連々承及候間、
向後別而可得尊意候、委細
繁田将監方可被申候、恐々謹言

五月十日　*(福家)長顕（花押）

*蜷川新右衛門殿(親俊)

御報

解説

本書状は、室町幕府政所代蜷川親俊が三好長慶側に対して石谷氏知行のことを依頼した返書である。文中に十河一存が見えることから、永禄三年（一五六〇）までには書かれたものと考えられる。石谷光政が当時一番の権力を有していた三好氏への仲介を、蜷川親俊に依頼したのだろう。年末詳ではあるが、史料22・24・40・41・44～46の内容から、これらの三好氏の動きと関係があるのかもしれない。

---

*民部大夫…十河一存（そごうかずまさ）。三好長慶の弟。十河氏を継ぎ、三好氏の分国讃岐を支配。

*調進（ちょうしん）…注文に応じ、品物をととのえて差し上げること。調達。

*長顕…福家長顕。三好長慶の被官。

*蜷川新右衛門…政所執事伊勢貞孝の家宰（かさい）。

足利義昭と石谷氏

内池英樹

天正四年（一五七六）、足利義昭《あしかがよしあき》が鞆《とも》に逃れた。その後も、義昭が御内書《ごないしょ》を各地の戦国大名に送っていたことは先学の研究で明らかになっている（奥野高広『足利義昭』、藤田達生「「鞆幕府」論」〈『芸備地方史研究』二六八・二六九号〉、水野嶺「足利義昭の栄典・諸免許の授与」〈『国史学』二一一号〉、谷口克広『信長と将軍義昭』ほか）。そして、長《ちょう》宗我部《そかべ》氏にも、年末詳ながら六月一六日付の香宗我部《こうそかべ》親泰《ちかやす》に宛てた御内書と、同日付の真木島昭光《まきしまあきみつ》添状が知られる（『土佐国蠹簡集《とかんしゅう》』）。

石谷家文書に、足利義昭の御内書は含まれていないが、真木島昭光から空然《くうねん》（光政）・頼辰《よりとき》に宛てた六通の書状が含まれていた。天正一一年（一五八三）五月一一日付真木島昭光書状（史料12）の文中に、「元親へ両度被成　御内書付而、為御礼被指越御使僧候」と見え、五月一一日の時点で義昭からの御内書が長宗我部元親《もとちか》のもとへ送られ、それに対する礼が元親から出されていたことがうかがえる。したがって、これまで知られていない時点で、義昭からの御内書が元親に出されていた可能性が考えられるだろう。

以上のように、石谷光政や頼辰を経由して、長宗我部元親に足利義昭らからのアプローチがみられた。今後の研究が俟たれるところではあるが、以下の二点から、長宗我部氏の正式な取次は、香宗我部親泰であったのではないかと考えられる。

① 徳川家康家臣や織田信雄《おだのぶかつ》らから香宗我部親泰に宛てた書状はあるが、石谷氏には現時点では見当

足利義昭像（等持院所蔵）

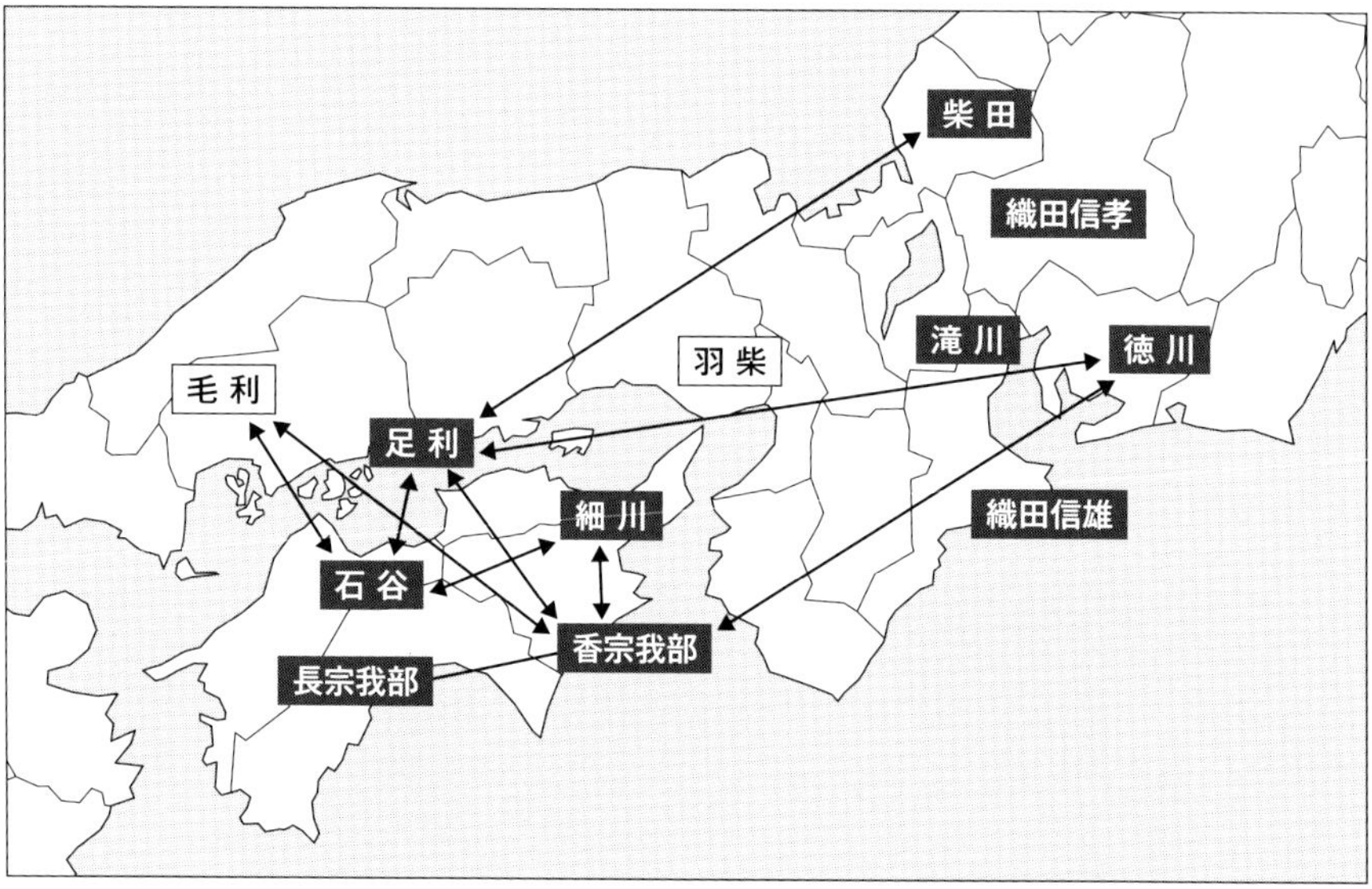

石谷家文書等から見える天正11～13年の主な勢力の関係図

たらないこと。

② 石谷氏には室町幕府の関係者（真木島昭光、小林家孝）からの書状が主であること。

そうしてみると、史料1の近衛前久も空然（光政）や蜷川道標《にながわどうひょう》をたよってのことであり、石谷氏が京都にいた際の人脈が、天正一〇年以後も有効に機能していたこととなる。元親からすると、石谷光政や頼辰を介することで、室町幕府や朝廷の人間の考えや、動向を比較的スムーズに情報収集ができたともいえるだろう。

ただし足利義昭からすると、兄足利義輝《よしてる》の奉公衆だったとはいえ、その後浪人して明智氏や長宗我部氏に付いているため、直接連絡することは憚られたのであろうか。また、史料43からは義輝亡き後、後継の足利義栄《よしひで》の配下にいた可能性も考えられることから、義昭と石谷氏との関係は必ずしも良好ではなかったこともあるかもしれない。

羽柴秀吉が天下人になろうとする中、その対抗する勢力として毛利氏はもちろんのこと、徳川氏や柴田氏、さらには長宗我部氏の協力を得ながら、義昭は入洛を目指したのであろう。

コラム7

石谷民部少輔と長宗我部氏

野本　亮

土佐郡布師田《ぬのしだ》に金山城《かなやま》という中世城郭がある。『土佐国古城略史』などの編纂物によれば、城主は石谷民《いしがいみん》部少輔《ぶのしょう》。実名は重信《しげのぶ》。父は石谷常陸介重固（未詳）という。この民部少輔の一族は清和源氏土岐《とき》氏の子孫と伝え、美濃国石谷が発祥地とされる。ということは、「石谷家文書」に名を遺す、石谷兵部大輔光政《みつまさ》や同兵部少輔頼辰《よりとき》とは同族ということになる。第一三代将軍足利義輝の奉公衆を勤めた光政らとは異なり、この民部少輔の一派は、土佐国守護代細川氏（上野氏ともいう）と密接に連動していたようである。確証はないが、守護代細川氏は、土佐の中央部に位置する香美《かみ》・長岡・土佐三郡の支配強化のため、一族縁者の有力者を段階的に下向させ、各拠点に配置した可能性がある。守護代館周辺（香美郡田村）は在地国人である入交《いりまじり》氏や千屋《ちや》氏を家臣化して治めさせる一方、長岡郡南部の要衝十《とお》市《ち》城と池《いけ》城には、一族の細川（十市）氏らを配置。さらには大津城（長岡郡）には天竺《てんじく》氏を置いていたが、この天竺氏の家臣として石谷民部少輔の名が現れるのである。

ところで、長岡郡岡豊《おこう》城主長宗我部氏はというと、守護代細川氏との関わりは極めて薄い。そもそも、元弘三年（一三三三）ごろより足利尊氏の直接的な指揮下にあったとみられる長宗我部氏は、古刹吸江庵《ぎゅうこうあん》の俗別当（寺奉行）に任じられるなど、他の国人とは一線を画する存在だった。後に土佐国守護、管領《かんれい》である細川京兆家の内衆《うちしゅ》（被官）となったようで、こうした歴史的背景からみても、守護代にとっては厄介な存在だったのかもしれない。『長元記』等に記述される、永正五年（一五〇八）の山田・大平・吉良・本山氏ら有力国人による岡豊城攻撃、そして長宗我部元秀（兼序）自刃の背景には、守護代の指揮系統に属さない長宗我部氏の独自性・自立性を、他の国人から疎まれて

宗卜の署名・花押
（左下、土佐神社文書）

いたとする見方もある。

　さて、岡豊城落城の際に脱出したとされる元秀の子息千雄丸《せんゆうまる》は、後に元服して「国《くに》親《ちか》」と名乗った。先学の研究では、岡豊城帰還を果たすため、かつて父元秀を討伐した山田氏らが支持する細川高国《たかくに》に属し、「国」の一字拝領を受けたものと推測されている。しかし、その後国親が細川晴元に属するようになったため、対立の構図が復活したようである。こうした状況のなか、土佐国守護代最後の当主とみられる細川高《たか》益《ます》は、細川高国の養子である氏綱《うじつな》（室町幕府最後の管領）に属したため、反氏綱派（晴元派）の国親を封じ込めようとした。しかし、享禄四年（一五三一）以降、守護代の権力が衰退し始めると、国親は期を逃さず、天文一六年（一五四七）、大津城主天竺氏を攻め滅ぼした。さらに十市・池氏をも屈服させ、南方からの脅威を払拭した。続いて天竺氏の家臣であり、西方から国親を監視していたとみられる石谷氏を降伏させた。また、東方の脅威であった山田氏を天文一八年ごろに降伏させ、包囲網を破壊することに成功したのである。

細川管領家と土佐守護代家・土佐国人相関図（推定）

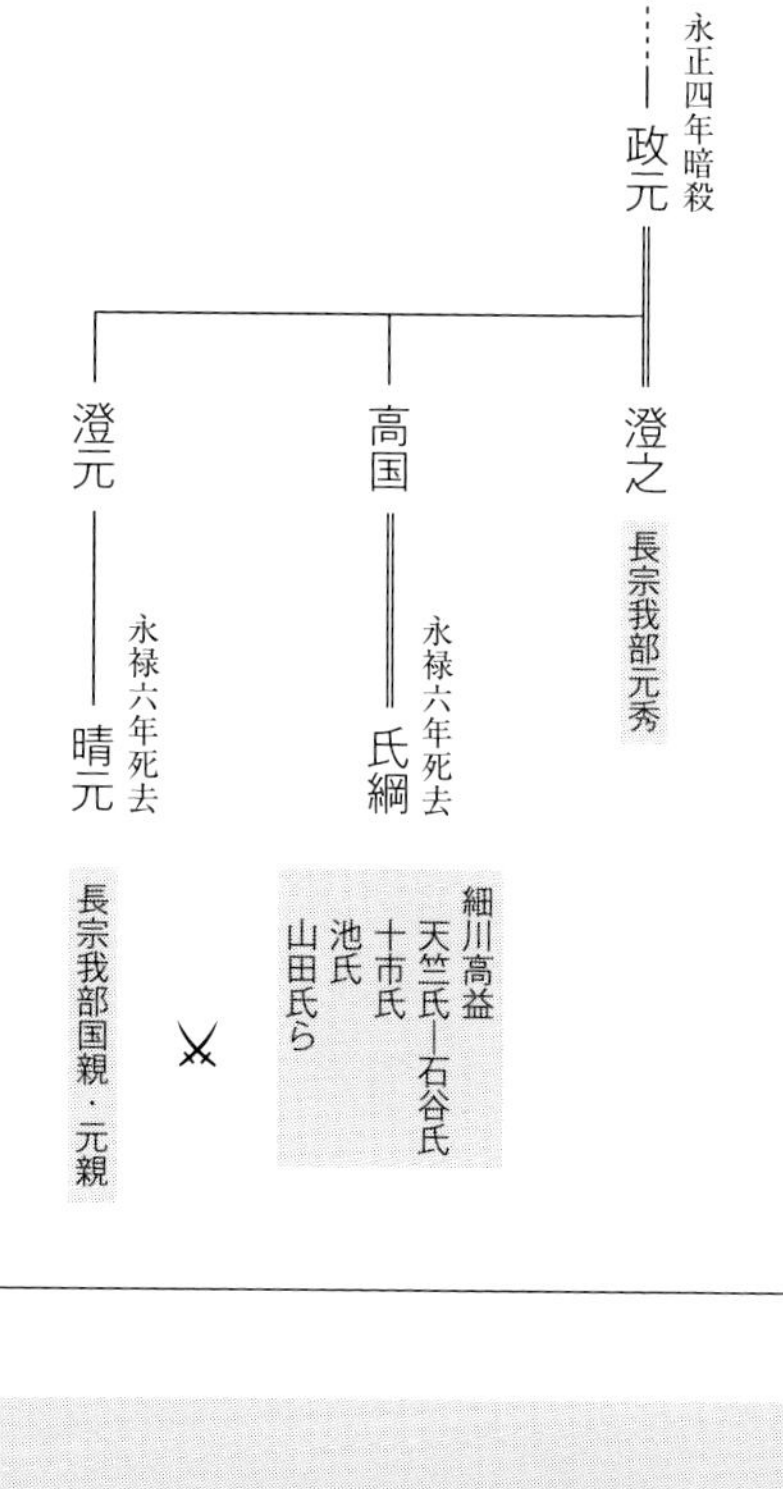

市村高男氏作成の細川氏家系図をもとに加筆した

　石谷民部少輔はその後どうなったのだろう。一説によれば、国親の命によりただちに武士を捨て、近郊の一宮神社の神職になったという。一〇〇〇石を与えられ神社の境内に居住したというから破格の待遇である。後に入道して執行宗卜《しゅぎょうそうぼく》と称し、神主永吉飛騨守ら七五人の神職ともども国親に仕えた。ちなみに、後に国親の嫡男元親の家老となる谷忠兵衛忠澄《ただずみ》も同神社の神職出身といわれており、石谷氏との外交を考えるうえで、一宮神社の果たした役割は極めて重要である。

さて、こうした状況を一つ一つ踏まえていくと、国親の死後、元親が、正室として石谷兵部大輔光政の娘を迎えることができたのは、本人の才覚というより、父の代に家臣化していた執行宗ト、すなわち石谷民部少輔の取り次ぎがあったから、という仮説にたどり着く。天竺氏を滅ぼしておきながら、その家臣であった民部少輔を破格の待遇で生かしたのは、嫡男元親の嫁取りを睨んだ国親の外交戦略とみるべきだろう。そうでなければ、何の関係性もないところに突然幕府奉公衆石谷氏の娘が嫁ぐことはあり得ない。

「治代普顕記《ちたいふけんき》」によれば、元親の婚姻は永禄六年（一五六三）だったという。管領細川氏との結び付きが完全に絶たれたその年に、石谷氏を通じ直接将軍に繋がる道を確保することに成功したのである。一方の石谷氏にしても、主君義輝と三好長慶や三好一派との関係が破綻した際の保険として、三好氏の本拠地阿波の後方に位置する土佐の有力国人との婚姻は戦略上重要な意味があったと思われる。

あとがき

美術館・博物館に勤務する学芸員にとって第一の仕事は、良い展覧会を開催することであり、そのためには展示する資料の調査・研究が必要不可欠である。このたびの石谷家文書の発見は、私にとり日常的な業務の一つだったのだが、発表後の反響は大きく、こちらの想定をはるかに超えたものであった。石谷家文書は、天文四年（一五三五）〜天正一五年（一五八七）の石谷光政と頼辰の親子二代にわたる文書群で、室町幕府奉公衆の立場からやりとりした書状等が含まれている。研究を開始した当初、共同研究者の内池英樹氏と、どのような形で公表するのが良いのか、何度も話し合いを重ねた。その結果、文書の内容が多岐にわたり、互いに関連するものも多く含まれているため、調査がほぼ済んで展示できるものから展覧会で公開し、最終的には史料集を作成して、すべての書状を平等に見てもらった方が良いのではないか、との結論にいたった。

本書はこのような経緯をへて、石谷家文書の全容を初めて紹介する。編者の二人は戦国時代が専門ではなく、細部の理解や解釈には雑な部分があるかもしれないが、類例のない石谷家文書の内容に免じてご寛恕のほど、お願い申し上げたい。今後、本書がひとつのきっかけとなって、戦国期研究の進展につながるのならば、美術館・博物館に奉職するものとしてこれ以上の喜びはない。なお津野倫明氏、野本亮氏、内池昭子氏の三氏には、調査時からお世話になったご縁で、コラムを寄稿していただいた。

本書が出版にいたるまでには、多くの方々にご尽力いただいている。とくに、金子拓氏、村井祐樹氏には翻刻に際しさまざまなご教示をたまわった。また、天野忠幸氏、桐野作人氏、土井通弘氏、森田健介氏、和田裕弘氏など、歴史や文化財の専門家に多くをお教えいただいた。その他、岡山県立博物館、株式会社林原、林原美術館のスタッフ、そして石谷家文書に関わったすべての方々に感謝申し上げる。

文化財を保存し後世に伝えていくための活動をおこなうのが美術館や博物館の使命だが、その文化財によって館もまた守られているのだということを知った。

二〇一五年三月

編者を代表して

浅利尚民

本書は、公益財団法人山陽放送学術文化財団第五二回（平成二六年度）学術研究助成（第四五回谷口記念賞「石谷家文書の包括的研究」、代表研究者浅利尚民）による研究成果の一部である。

参考文献

著作

山本大『長宗我部元親』（吉川弘文館、一九六〇年）
山本大編『高知の研究　第二巻』（清文堂出版、一九八二年）
今谷明『戦国　三好一族』（新人物往来社、一九八五年。のち洋泉社、二〇〇七年）
高柳光寿『明智光秀』（吉川弘文館、一九八六年）
『長宗我部元親―四国の雄、三代の栄光と苦悩―』（学習研究社、一九九二年）
谷口研語『流浪の戦国貴族 近衛前久―天下統一に翻弄された生涯―』（中央公論社、一九九四年）
奥野高広『足利義昭』（吉川弘文館、一九九六年）
藤田達生『謎とき本能寺の変』（講談社、二〇〇三年）
川岡勉『中世の地域権力と西国社会』（清文堂出版、二〇〇六年）
桐野作人『だれが信長を殺したのか―本能寺の変・新たな視点―』（PHP研究所、二〇〇七年）
谷口克広『検証　本能寺の変』（吉川弘文館、二〇〇七年）
山本浩樹『西国の戦国合戦』（吉川弘文館、二〇〇七年）
金子拓『織田信長という歴史―『信長記』の彼方へ―』（勉誠出版、二〇〇九年）
福島克彦『畿内・近国の戦国合戦』（吉川弘文館、二〇〇九年）
藤田達生『証言　本能寺の変―史料で読む戦国史―』（八木書店、二〇一〇年）
天野忠幸編『阿波三好氏』（岩田書院、二〇一二年）
池上裕子『織田信長』（吉川弘文館、二〇一二年）
津野倫明『長宗我部氏の研究』（吉川弘文館、二〇一二年）
今谷明・天野忠幸編『三好長慶―室町幕府に代わる中央政権を目指した織田信長の先駆者―』（宮帯出版社、二〇一三年）
天野忠幸『三好長慶―諸人之を仰ぐこと北斗泰山―』（ミネルヴァ書房、二〇一四年）
小和田哲男『明智光秀と本能寺の変』（PHP研究所、二〇一四年）
金子拓『織田信長〈天下人〉の実像』（講談社、二〇一四年）
神田千里『織田信長』（筑摩書房、二〇一四年）
桐野作人『織田信長―戦国最強の軍事カリスマ―』（新人物往来社、二〇一一年。のちKADOKAWA、二〇一四年）
谷口克広『信長と将軍義昭―連携から追放、包囲網へ―』（中公公論新社、二〇一四年）

谷口研語『明智光秀―浪人出身の外様大名の実像―』（洋泉社、二〇一四年）
津野倫明『長宗我部元親と四国』（吉川弘文館、二〇一四年）
東近伸『中世土佐幡多荘の寺院と地域社会』（リーブル出版、二〇一四年）
平井上総編『織豊大名の研究１　長宗我部元親』（戎光祥出版、二〇一四年）
松下浩『織田信長　その虚像と実像』（サンライズ出版、二〇一四年）

研究論文
長節子「所謂「永禄六年諸役人付」について」（『史学文学』四巻一号、続群書類従完成会、一九六二年）
染谷光廣「織田政権と足利義昭の奉公衆・奉行衆との関係について」（藤木久志編『織田政権の研究』吉川弘文館、一九八五年）
古田憲司「室町幕府奉公衆石谷氏について」（岐阜県高等学校教育研究会・公民地歴部会『会報』三六、一九九七年）
秋澤繁「織豊期長宗我部氏の一側面―土佐一条家との関係（御所体制）をめぐって―」（『土佐史談』二一五、二〇〇〇年）
朝倉慶景「長宗我部政権の特質について」（『土佐史談』二一五、二〇〇〇年）
中平景介「天正前期の阿波をめぐる政治情勢」（『戦国史研究』六六、二〇一三年）
水野嶺「足利義昭の栄典・諸免許の授与」（『国史学』二一一、二〇一三年）
磯川いづみ「天文期伊予河野氏の対京都外交」（『戦国史研究』六七、二〇一四年）

図録
『沼田藩―土岐時代の歴史と文化―』（群馬県立歴史博物館、一九九〇年）
『雑賀衆と織田信長』（和歌山市立博物館、一九九八年）
『長宗我部元親・盛親の栄光と挫折』（高知県立歴史民俗資料館、二〇〇一年）
『長宗我部盛親』（高知県立歴史民俗資料館、二〇〇六年）
『戦国南予風雲録』（愛媛県歴史文化博物館、二〇〇七年）
『長宗我部氏と宇喜多氏―天下人に翻弄された戦国大名―』（高知県立歴史民俗資料館、二〇一四年）

史料
「永禄六年諸役人附」（『群書類従』二九輯、一九五九年）
『岐阜県史　史料編　古代・中世　四』（岐阜県、一九七三年）
岡山大学池田家文庫等刊行会編『信長記』（全一五巻、福武書店、一九七五年）
『高知県史　古代中世資料編』（高知県、一九七七年）
『真宗史料集成　第四巻』（同朋舎出版、一九八二年）

■関連地図

山城
若狭
越前
岐阜
信濃
甲斐
美濃
三河
遠江
駿河
摂津
吉田
鞆
淡路
讃岐
大和
伊勢
阿波
伊予
土佐
紀伊
華渓寺
豊後
和泉
河内
戸次川
0
200km

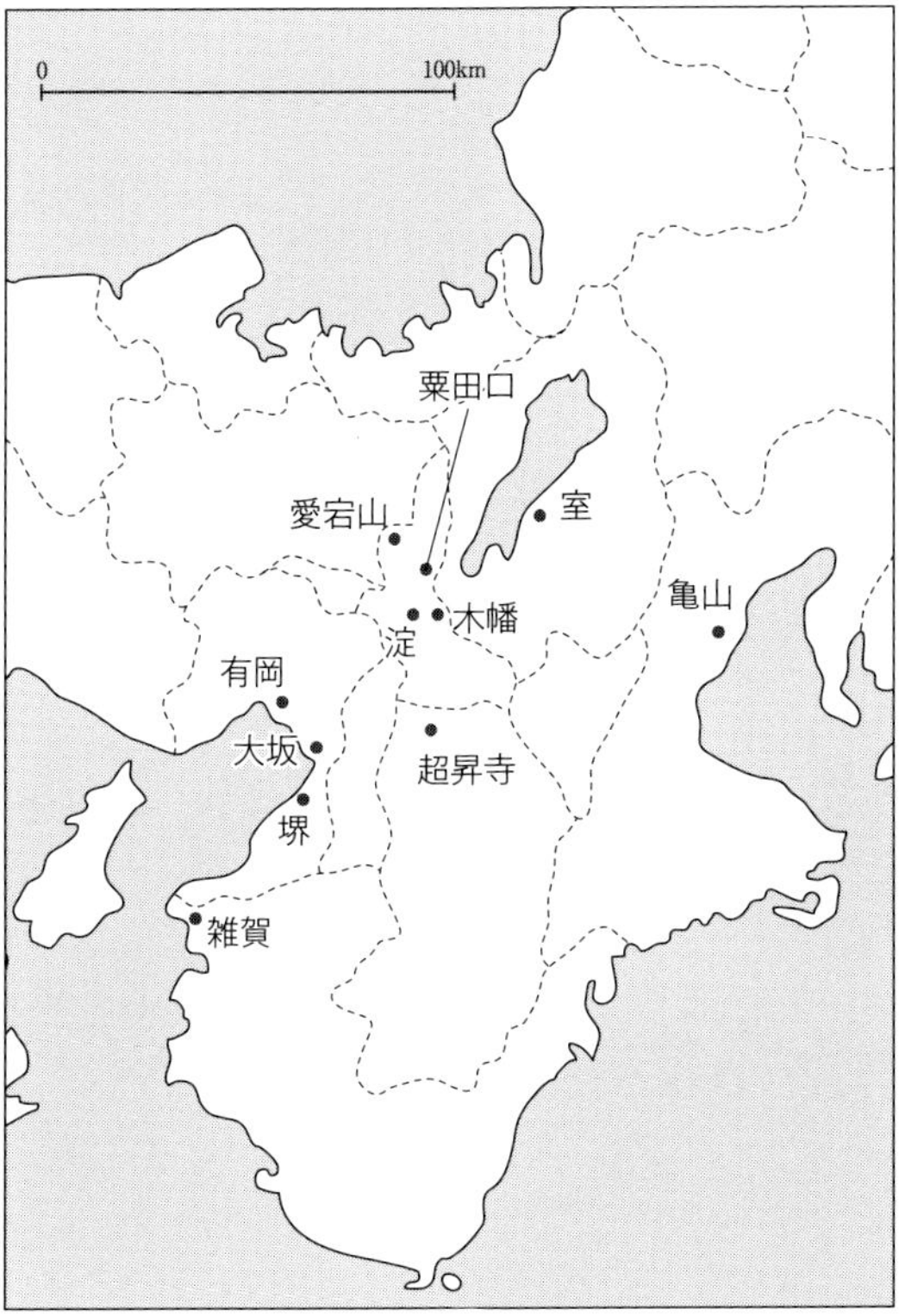
0
100km
粟田口
室
愛宕山
亀山
淀
木幡
有岡
大坂
超昇寺
堺
雑賀

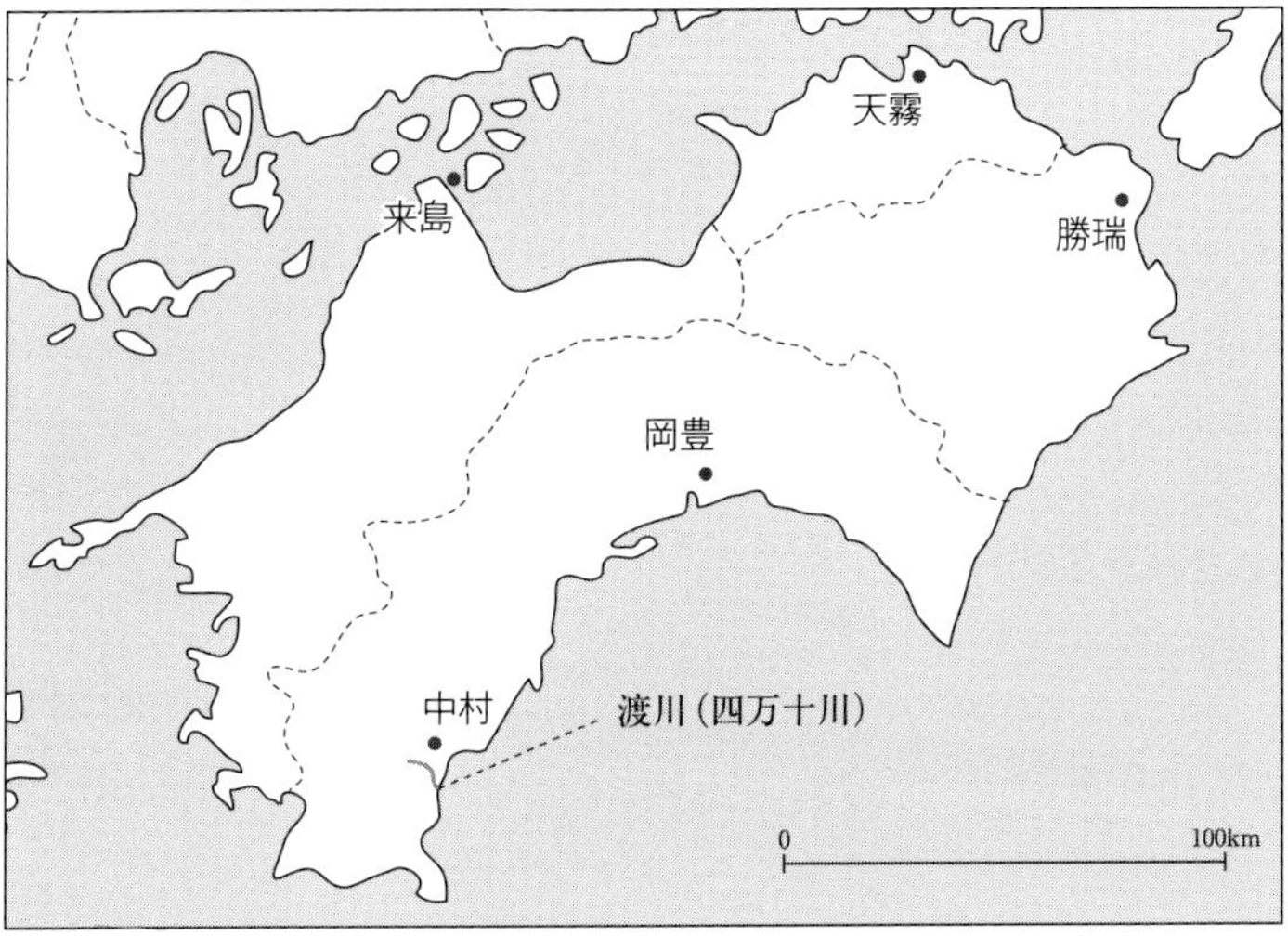
天霧
来島
勝瑞
岡豊
中村
渡川（四万十川）
0
100km

石谷家文書一覧

No.	ジャンル	法量(タテ×ヨコ)	史料名	宛名	差出人	年代	西暦
1	253-1	12.3×50.9cm	近衛前久書状	石谷頼辰・光政	近衛前久	(天正11年)2月20日	1583
2	253-1	8.7×39.4	正親町三条公仲書状	石谷光政・頼辰	正親町三条公仲	(天正11年ヵ)6月27日	1583
3	253-1	17.4×45.9	細川信良書状	石谷光政・頼辰	細川信良	(天正12年ヵ)4月2日	1584
4	253-1	10.5×40.3	細川信良書状	石谷光政	細川信良	(天正11年)6月6日	1583
5	253-1	11.8×40.1	細川信良書状	石谷頼辰	細川信良	(天正11年ヵ)1月17日	1583
6	253-1	12.0×38.5	細川信良書状	石谷頼辰	細川信良	(天正11年ヵ)9月15日	1583
7	253-1	16.6×44.3	岌州書状	何払斎	岌州	(天正元年ヵ)3月25日	1573
8	253-1	11.1×48.0	斎藤利宗ヵ書状	石谷頼辰	斎藤利宗ヵ	(天正11年)1月20日	1583
9	253-1	12.6×36.5	寿顕書状	石谷頼辰	寿顕	(天正14年ヵ)7月5日	1586
10	253-1	11.6×47.9	真木島昭光書状	石谷頼辰	真木島昭光	(天正11年)3月16日	1583
11	253-1	11.4×43.0	真木島昭光書状	石谷光政・頼辰・香川信景	真木島昭光	(天正11年)3月24日	1583
12	253-1	11.2×44.1	真木島昭光書状	石谷頼辰	真木島昭光	(天正11年)5月11日	1583
13	253-1	11.3×43.9	真木島昭光書状	石谷光政	真木島昭光	(天正11年)2月23日	1583
14	253-1	12.7×41.3	兼俊書状	石谷頼辰	兼俊	(天正3年)8月9日	1575
15	253-1	13.7×45.5	兼俊書状	石谷頼辰	兼俊	(天正3年)9月6日	1575
16	253-1	14.5×25.3	兼俊書状	石谷頼辰	兼俊	(天正3年)10月4日	1575
17	253-1	13.0×20.8	木俣秀勝書状	石谷頼辰	木俣秀勝	(天正11年)6月4日	1583
18	253-2	11.2×50.7	長宗我部元親書状	石谷頼辰	長宗我部元親	(天正6年)12月16日	1578
19	253-2	11.4×50.3	長宗我部元親書状	斎藤利三	長宗我部元親	(天正10年)5月21日	1582
20	253-2	11.2×44.5	長宗我部元親書状	小笠原又六	長宗我部元親	(天正15年)1月22日	1587
21	253-2	11.2×41.7	長宗我部元親書状	斎藤利宗	長宗我部元親	(天正15年)1月22日	1587
22	253-2	16.3×48.9	松山重治書状	石谷光政	松山重治	(永禄5年ヵ)10月16日	1562
23	253-2	11.7×39.4	斎藤利宗ヵ書状	石谷頼辰	斎藤利宗ヵ	(天正11年ヵ)3月18日	1583
24	253-2	11.1×28.7	三好長慶書状	石谷光政 (天文18～永禄7年)	三好長慶	(年未詳)12月28日	(1549～1564)
25	253-2	11.3×69.7	小林家孝書状	石谷光政・頼辰	小林家孝	(天正11年)7月5日	1583
26	253-2	11.4×21.5	小林家孝書状	石谷頼辰	小林家孝	(天正11年)7月5日	1583

27	253・2	11・4×17・9	小林家孝書状	石谷頼辰	小林家孝	（天正11年）7月5日	1583
28	253・2	9・6×15・8	中島重房書状	河村新内	中島重房	（年未詳）6月10日（天正6～10年）	（1578～1582）
29	253・2	9・5×76・6	中島重房・忠秀書状	井上	中島重房・忠秀	（天正6年ヵ）11月24日	1578
30	253・2	11・2×54・0	稲葉一鉄書状	石谷頼辰	稲葉一鉄	（天正11年ヵ）2月13日	1583
31	253・2	11・8×53・3	稲葉一鉄書状	石谷頼辰	稲葉一鉄	（天正11年ヵ）3月15日	1583
32	253・2	11・5×38・7	斎藤利三書状	石谷光政	斎藤利三	（天正10年）1月11日	1582
33	253・2	15・4×49・1	小早川隆景書状	石谷頼辰	小早川隆景	（天正11年ヵ）5月22日	1583
34	253・2	14・4×82・0	小松谷寺覚桜書状	近左	小松谷寺覚桜	乃刻（天正11～同14年）	（1583～1586）
35	253・3	29・0×47・1	室町幕府奉行人連署奉書	石谷光政	布施元通・飯尾為時	天文4年7月29日	1535
36	253・3	28・5×46・7	室町幕府奉行人連署奉書	問丸中	布施元通・勧修寺晴秀	天文11年2月26日	1542
37	253・3	28・5×46・5	細川晴元奉行人奉書	石谷光政	飯尾為清	天文11年7月6日	1542
38	253・3	28・6×46・3	細川晴元奉行人奉書	洛中洛外諸口諸商売人中	飯尾為清	天文11年8月28日	1542
39	253・3	29・0×46・3	室町幕府奉行人連署奉書	諸口諸商人中	飯尾貞広・松田盛秀	天文16年2月28日	1547
40	253・3	27・5×45・1	三好長慶書状	京淀当座中	三好長慶	（年未詳）9月28日（天文18～永禄7年）	（1549～1564）
41	253・3	26・1×44・8	十河一存書状	三好長慶	十河一存	（年未詳）5月10日（天文18～永禄7年）	（1549～1564）
42	253・3	26・8×44・9	室町幕府奉行人連署奉書	当所諸役所中	松田藤弘・中沢光秀	永禄5年3月10日	1562
43	253・3	27・9×46・0	室町幕府奉行人連署奉書	所々諸侍并地下人中	中沢光俊・松田藤弘	永禄11年3月6日	1568
44	253・3	25・2×41・8	三好長慶書状	粟田口・白河惣中	三好長慶	（年未詳）7月6日（天文18～永禄7年）	（1549～1564）
45	253・3	27・4×45・8	三好長慶書状	塩座中・祐玉（ヵ）	三好長慶	（年未詳）7月13日（天文18～永禄7年）	（1549～1564）
46	253・3	27・3×45・6	三好長慶書状	石谷分上下諸口代官中 洛中問屋中	三好長慶	（年未詳）7月13日（天文18～永禄7年）	（1549～1564）
47	253・3	24・7×38・5	福家長顕書状	蜷川親俊	福家長顕	（年未詳）5月10日（天文18～永禄3年）	（1549～1560）

■年表

和暦（西暦）	石谷家文書 月日	石谷家文書 年代特定できたもの	石谷家文書 年代特定が難しいもの	全国のおもな出来ごと	土佐	阿波・讃岐・伊予
天文4年（1535）	7月29日	室町幕府奉行人連署奉書〈35〉				
天文5年				7月、天文法華の乱		
天文11年	2月26日 7月6日 8月28日	室町幕府奉行人連署奉書〈36〉 細川晴元奉行人奉書〈37〉 細川晴元奉行人奉書〈38〉				
天文15年				12月、足利義輝、室町幕府一三代将軍に就任		
天文16年	2月28日	室町幕府奉行人連署奉書〈39〉				
天文18年			（天文18～永禄7年の期間） 7月6日　三好長慶書状〈44〉 7月13日　三好長慶書状〈45〉 7月13日　三好長慶書状〈46〉 9月28日　三好長慶書状〈40〉 12月28日　三好長慶書状〈24〉 5月10日　十河一存書状〈41〉 5月10日　福家長顕書状〈47〉	6月、江口の戦い、三好一門の内部紛争、細川晴元政権の崩壊		
天文20年				8月、大寧寺の変、大内氏滅亡		
永禄元年（1558）				11月、足利義輝と三好長慶、和睦		
永禄3年				5月、桶狭間の戦い	長宗我部元親、長浜戸の本の合戦で初陣（22歳）	
永禄5年	3月10日 10月16日	室町幕府奉行人連署奉書〈42〉 松山重治書状〈22〉				
永禄6年					元親、石谷光政の娘と婚姻。春、長宗我部親貞、吉良氏を継ぐ	
永禄7年				8月、三好長慶、病死		
永禄8年				5月、永禄の変、三好三人衆が足利義輝を殺害		一条氏の加勢として南伊予に兵を送る〈伊〉
永禄11年	3月6日	室町幕府奉行人連署奉書〈43〉		9月、織田信長、将軍足利義昭を奉じて上洛	冬、本山氏の滅亡	

永禄12年					8月、安芸城の落城。香宗我部親泰、安芸城主となる。11月、吉良親貞、蓮池城を落とす	
元亀年中						南伊予攻略を計画し、久武親信吉良親貞を軍将とする〈伊〉
元亀2年（1571）						春、長宗我部親益、有馬への湯治の途中、海部宗寿に殺害される〈阿〉
元亀4年				7月、信長、足利義昭を放逐し、室町幕府の滅亡		
天正元年（1573）	3月25日	岌州書状〈7〉		8月、一乗谷城の戦い、小谷城の戦い	この頃、蜷川道標が土佐へ下向。9月、土佐一条兼定の隠居、子息内政の家督相続	
天正2年				1月、越前一向一揆。9月、長島一向一揆の鎮圧	2月、一条兼定、豊後（大友氏）へ追放。5月頃、一条内政、大津城へ移る	
天正3年	8月9日 9月6日 10月4日	兼俊書状〈14〉 兼俊書状〈15〉 兼俊書状〈16〉		4月、信長は河内に侵入し、高屋城主三好康長を降伏させる（高屋城の戦い）。阿波三好家の分裂。5月、長篠の戦い	渡川の戦い、一条兼定と対決。元親は、家臣を在京させて小笠原秀清から弓法を学ばせる。元親は、京都天竜寺妙智院住持策彦周良から「雪渓」号が贈られ、雪渓恕三と号す（蜷川道標の上洛により）。7月、土佐統一。9月元親夫人も「水心理因」の号を受ける（蜷川道標の上洛により）	末、阿波の海部城を陥落させ、香宗我部親泰を城将とする〈阿〉
天正4年				義昭が、毛利氏を頼って鞆に落ち着く		阿波白地へ侵入。大西覚養を味方につけるが、後に離反〈阿〉。南伊予に出兵〈伊〉

和暦（西暦）	月日	石谷家文書 年代特定できたもの	石谷家文書 年代特定が難しいもの	全国のおもな出来ごと	土佐	阿波・讃岐・伊予
天正5年						久武内蔵助親信を、南伊予二郡の軍代に任命する〈伊〉。3月、三好長治、殺害される〈阿〉。春、元親、雲辺寺に登り、自分を「名工の鋳た薬罐の蓋」にたとえ、住職は元親の野望をたしなめた〈讃〉。7月、小早川隆景が讃岐に上陸して香川氏を助け、長尾・羽床氏を攻める（元吉合戦）〈讃〉。11月17日、日和佐氏宛長宗我部親泰起請文（阿波侵攻にあたり日和佐氏の身上を保障する）〈阿〉
天正6年	11月24日 12月16日	中島重房・忠秀書状〈29〉 長宗我部元親書状〈18〉	（天正6～10年カ） 中島重房書状〈28〉	3月、三木合戦（～天正8年1月）。7月、荒木村重、信長に対し謀叛。有岡城の戦い（～天正7年10月）。10月26日、信長から元親の長男弥三郎へ偏諱がなされる		阿波の白地の大西上野介の才覚によって、湯築の河野氏の家臣らを、河野氏から分離させて味方とする〈東伊予方面〉〈伊〉。1月、十河存保、阿波勝瑞城に移る〈阿〉。2月、白地の大西覚養を降参させ、覚養の弟で、養子の上野介を人質として岡豊へ送らせる。しかし、覚養は阿波勝瑞城の十河存保に寝返ったため、上野介を嚮導して白地に侵入し、覚養を討って讃岐へ敗走させた。白地は、谷忠澄に守らせる〈阿〉。夏、藤目の城主斎藤下総守は、縁者大西上野介のとりなしで、元親へ降る。しかし、聖通寺山の城主奈良太郎兵衛が、十河存保の命をうけて藤目城を奪回する〈讃〉。9月12日、長宗我部元親が日和佐氏に対して起請文を出す〈阿〉。冬、元親は藤目城を奪回し、財田城を奪取する〈讃〉。暮、元親は香川信景と和睦のため、その弟観音寺景全の家老香川備前守に使僧を派遣する。信景は、元親の次男親和を娘婿に迎えることに決定する〈讃〉

天正7年				11月、信長は、大友宗麟の子義統に対し、毛利氏支配下の周防・長門をあたえるとの朱印状を出す		宇和郡河原淵を攻略。地蔵嶽城主大野直之が、攻撃前に帰順。河野氏が毛利氏に助けを請い、小早川隆景の兵が喜多郡長浜に上陸する〈伊〉。3月、細川頼弘を討ち、仁保（仁尾）城の落城〈讃〉。春、香川信景、岡豊へ来る〈讃〉。久武内蔵助親信に、伊予西南部の早急な統一を命じる〈伊〉。4月、元親は羽床を攻撃して、香川信景の斡旋により降伏させる（讃岐の西部・中部は、元親の勢力範囲内。十河・虎丸は、十河存保の拠点）〈讃〉。5月、宇和郡三間郷に着陣して戦略をねり、岡本城を攻撃するが、長宗我部勢は敗北する〈伊〉。夏、三好（十河）存保の麾下、重清豊後守（小笠原長政）の守る重清城を落とす。岩倉城の攻撃を命じるが、城主三好式部少輔は戦わずして降る〈阿〉。12月、三好（十河）存保は、長宗我部方に敗北〈阿〉。香川信景の養子となった親和は、讃岐へ行き天霧城へ入る〈讃〉
天正8年				1月、信長、播磨の三木城を攻略して城主別所長治を自殺させる。8月、信長、石山本願寺を屈服	6月26日、信長へ音信（鷹一六聯、砂糖三〇〇〇斤）。夏、元親の妹婿波川玄蕃清宗が反逆。大津御所の一条内政も連判したとの風聞。12月、信長の石山本願寺服属を賀して音信（伊予鶏五居）	三好（十河）存保は、讃岐十河城へ逃げる〈阿〉。春、鵜足郡長尾に進出し、長尾大隅守を降す〈讃〉。6月12日、信長は、三好式部少輔に異心がなく、阿波で元親と式部少輔が良好な関係であることを確認し、元親の意向を信長が承認する（信長朱印状）〈阿〉。三好康長は、元親の阿波平定を喜び、式部少輔の処遇を取りはからってくれるよう元親に依頼する〈阿〉

和暦（西暦）	月日	石谷家文書 年代特定できたもの	石谷家文書 年代特定が難しいもの	全国のおもな出来ごと	土佐	阿波・讃岐・伊予
天正9年					2月、大津御所を廃絶し、当主一条内政を伊予に追放。後半期頃、信長は、元親に伊予・讃岐を返納させて、土佐国と阿波南半国を与えると告げる。元親は拒絶	東伊予の金子元宅と同盟を結ぶ〈伊〉。1月、三好康長は、阿波に渡海につき馬揃えの軍役を免除される。（阿波三好家の再興を意図）〈阿〉。三好康長が信長の命により、阿波に入り勝瑞城をとりもどす〈阿〉。3月、三好康長は、数千の兵を率いて讃岐から阿波の岩倉城に入る。式部少輔に元親と絶つことを進め、十河存保と連合して中国出兵中の羽柴秀吉に通じ、阿波・讃岐の地を回復する計画を立てる〈阿〉
天正10年	1月11日 5月21日	斎藤利三書状〈32〉 長宗我部元親書状〈19〉		2月9日、信長は、甲州の武田勝頼攻めの軍令を出す。3月、天目山の戦い、武田氏滅亡。5月、羽柴秀吉、備中高松城を水攻め。6月2日、本能寺の変。6月13日、山崎の戦い、秀吉が明智光秀を討つ。斎藤利三、打首となる。6月27日、清洲会議。信長の後継者は、孫の三法師に決まる。12月、秀吉、岐阜城の神戸信孝を包囲して和睦。12月2日、秀吉、長浜城を攻撃。柴田勝家の養子勝豊を降伏させる		来島氏は、河野氏から織田信長側についたため、毛利氏および河野氏による攻撃を受けた。村上（来島）通総は、備中国にあった羽柴秀吉の下に逃走する（来島落城）〈伊〉。信長は、三好康長に阿波渡海を命じる（出陣は5月はじめの予定）〈阿〉。四国征討のため、先鋒三好康長が勝瑞城へ入る〈阿〉。5月7日、信長は、讃岐国を信孝に、阿波国を康長に与えるとし、残りの伊予・土佐二ヵ国は、自身が淡路島に出馬してから申し渡すと命じた（四国国分令）〈阿〉。信長の三男信孝・丹羽長秀が阿波へ出発の予定。本能寺の変がおこり、三好康長は阿波を退出〈阿〉。6月、長宗我部信親は、一宮・夷山の二城を回復〈阿〉。7月、香川親和、讃岐藤尾城を攻略〈讃〉。8月、中富川の戦い〈阿〉。9月21日、勝瑞城の落城。十河存保は、讃岐の虎丸城に逃れる〈阿〉。10月、岩倉城の落城〈阿波統一〉。元親、讃岐へ侵入し、十河城を包囲〈讃〉

天正11年	1月17日	細川信良書状〈5〉	（天正11年以降）乃刻 小松谷寺覚桜書状〈34〉	1月、伊勢の滝川一益、勝家に味方して挙兵。2月、秀吉、伊勢亀山城へ進攻4月23日、賤ヶ岳の戦い、羽柴秀吉が柴田勝家軍を破る。4月29日または5月2日、織田信孝、切腹。8月、西伯耆・備中高梁川以西を毛利領とし、毛利氏は人質を秀吉に送った（中国国分）	7月22日、元親夫人死去	閏1月7日、元親が、織田信孝へよしみを通じる書状を送る〈阿〉。4月22日、十河存保は秀吉に援兵を請うたので、秀吉は仙石秀久に援を命じ、元親は秀久の軍を引田で撃破する〈讃〉
	1月20日	斎藤利宗ヵ書状〈8〉				
	2月13日	稲葉一鉄書状〈30〉				
	2月20日	近衛前久書状〈1〉				
	2月23日	真木島昭光書状〈13〉				
	3月15日	稲葉一鉄書状〈31〉				
	3月16日	真木島昭光書状〈10〉				
	3月18日	斎藤利宗ヵ書状〈23〉				
	3月24日	真木島昭光書状〈11〉				
	5月11日	真木島昭光書状〈12〉				
	5月22日	小早川隆景書状〈33〉				
	6月4日	木俣秀勝書状〈17〉				
	6月6日	細川信良書状〈4〉				
	6月27日	正親町三条公仲書状〈2〉				
	7月5日	小林家孝書状〈25〉				
	7月5日	小林家孝書状〈26〉				
	7月5日	小林家孝書状〈27〉				
	9月15日	細川信良書状〈6〉				
天正12年	4月2日	細川信良書状〈3〉		3月7日、小牧・長久手の戦い開始。4月9日、徳川・織田連合軍が羽柴軍を破る。11月15日、秀吉と織田信雄、桑名で講和を結ぶ。11月16日、秀吉と徳川家康、和睦		正月、常磐城の御荘氏、降伏〈伊〉。3月、元親、恵良で毛利軍と戦う〈伊〉。6月11日、十河城の落城〈讃岐をほぼ統一する）。8月、小早川軍により御代島砦が陥落〈伊〉。9月、久武親信の弟親直を軍代とし、宇和郡に侵入して深田城を落とす〈伊〉。10月19日、黒瀬城の落城。（南伊予平定）〈伊〉
天正13年				6月16日、秀吉、四国征討の軍令を発す	8月6日、元親、羽柴秀長軍に降伏。土佐一国を安堵。10月、元親、三男親忠を連れ上洛	春、河野通直が降伏。（四国をほぼ統一する）

和暦（西暦）	石谷家文書			全国のおもな出来ごと	土佐	阿波・讃岐・伊予
	月日	年代特定できたもの	年代特定が難しいもの			
天正14年	7月5日	寿顕書状〈9〉		7月、秀吉、九州攻めを開始。 12月12日、戸次川の戦い、長宗我部信親と石谷頼辰は戦死	1月、元親、参賀のため大坂に赴く。 9月、元親・信親、秀吉の九州攻めに従軍	
天正15年	1月22日 1月22日	長宗我部元親書状〈20〉 長宗我部元親書状〈21〉				
天正16年					春、元親、秀吉より羽柴姓を賜る。 冬、岡豊城より大高坂（高知城の前身）に移る	
文禄元年（1592）					元親父子、秀吉の朝鮮出兵に従軍	
慶長2年（1597）					6月、元親、秀吉の朝鮮出兵に再度従軍	
慶長4年					4月23日、元親、盛親を伴い上洛し、秀頼に謁見。5月19日、元親、伏見の邸にて死去（61歳）	
慶長5年					11月、関ヶ原合戦で西軍について敗れ、領国没収。盛親は土佐を去る	

註：阿波は〈阿〉、讃岐は〈讃〉、伊予は〈伊〉と表記した。

索引（人名・地名を中心に採取した）

編者

浅利《あさり》尚民《なおみ》（一九七六年生まれ・就実大学准教授）

内池《うちいけ》英樹《ひでき》（一九七二年生まれ・岡山県立博物館学芸課主幹）

執筆者

内池《うちいけ》昭子《あきこ》（一九七三年生まれ・岡山地方史研究会会員）

津野《つの》倫明《ともあき》（一九六八年生まれ・高知大学教授）

野本《のもと》　亮《あきら》（一九六三年生まれ・高知県立歴史民俗資料館学芸課長）

石谷家《いしがいけ》文書　将軍側近のみた戦国乱世

二〇一五年（平成二十七）六月十日　第一刷発行
二〇一八年（平成三十）三月二十日　第二刷発行

編　者　浅《あさ》利《り》尚《なお》民《み》　内《うち》池《いけ》英《ひで》樹《き》

発行者　吉川道郎

発行所　株式会社　吉川弘文館
郵便番号一一三―〇〇三三
東京都文京区本郷七丁目二番八号
電話〇三―三八一三―九一五一〈代表〉
振替口座〇〇一〇〇―五―二四四
組版・装幀　有限会社ハッシィ
印刷　藤原印刷株式会社
製本　ナショナル製本協同組合

ISBN978-4-642-08263-1

岡山大学附属図書館・林原美術館編

天下人の書状をよむ

岡山藩池田家文書

B5判・一六〇頁・原色口絵二頁

二四〇〇円

戦国乱世を乗り切り、近世大名として成長した岡山藩主池田家。信長・秀吉・家康ら天下人より送られた書状類96点を一挙公開。史料には現代語訳と解説を付し、天下人の言動や人柄、藩主や家族の生きざまや心性に迫る。